Elizabeth Holloway

Supervision in psychosozialen Feldern

Ein praxisbezogener Supervisionsansatz

Elizabeth Holloway

Supervision in psychosozialen Feldern

Ein praxisbezogener Supervisionsansatz

**Aus dem Amerikanischen von
Elisabeth Feuersenger**

**Herausgegeben von
Charlotte Christoph-Lemke & Willem Lammers**

Junfermann Verlag • Paderborn
1998

Published by Arrangement with Sage Publications, Inc.
Originaltitel: Clinical Supervision – A Systems Approach
Die Originalausgabe ist 1995 bei Sage Publications, Inc., erschienen.
Die deutsche Ausgabe ist gegenüber der Originalausgabe – erschienen bei Sage Publications, Inc. – mit Einverständnis der Autorin gekürzt.
Übersetzung aus dem Amerikanischen: Elisabeth Feuersenger
Covergestaltung: Petra Friedrich

Satz: adrupa Paderborn

Die Deutsche Bibliothek – CIP-Einheitsaufnahme
Holloway, Elizabeth:
Supervision in psychosozialen Feldern: Ein praxisbezogener Supervisionsansatz / Elizabeth Holloway. [Übers.: Elisabeth Feuersenger]. – Paderborn: Junfermann, 1998.
Einheitssacht.: Clinical Supervision <dt.>
ISBN 3-87387-381-8

ISBN 3-87387-381-8

Inhalt

Verzeichnis der Tabellen

Verzeichnis der Abbildungen

Verzeichnis der Transkripte

Anmerkung der Übersetzerin

Das vorliegende Buch ist im amerikanischen Original in drei aufeinander bezogene und sich gegenseitig erklärende Formate gegliedert:

- den fortlaufenden Text, der das Modell erklärt und mit Inhalt füllt,
- Transkripte, die Querverweise auf die einzelnen Konzeptpunkte enthalten und zur Illustration dienen und
- Berichte wissenschaftlicher Untersuchungen in den USA, die die inhaltliche Grundlage für Elizabeth Holloways Schlußfolgerungen und ihre Konzeptbildung darstellen und untermauern.

Im Gespräch mit Elizabeth Holloway wurde deutlich, daß die Forschungsergebnisse, die aus der Untersuchung der amerikanischen Situation stammen, für die deutschsprachigen Leser nicht nur wenig aussagen, sondern, im Gegenteil, möglicherweise den Blick für Probleme der deutsch-europäischen Situation trüben, da die kulturellen, institutionellen und gesundheitspolitischen Gegebenheiten in Europa sich wesentlich von den amerikanischen unterscheiden. Aus diesem Grund erscheint die deutsche Ausgabe ohne die Forschungsberichte, die im amerikanischen Original enthalten sind. Für interessierte Leser sind aber die Autoren und Quellen der amerikanischen Studien auch in der deutschen Ausgabe (siehe Literatur) nachzulesen.

Elizabeth Holloways Konzept ist in sich schlüssig, und vielleicht ermutigt es deutschsprachige Supervisionspraktiker und -forscher dazu, das Modell mit europäischen Untersuchungsergebnissen zu untermauern. Das Anliegen der Autorin ist es, wie sie sagt, „Brücken zu bauen“. Europäische Supervisionssituationen zu untersuchen und die Ergebnisse in ihr Modell zu integrieren, das wäre in der Tat ein Brückenbau zwischen Autorin und Lesern, zwischen Kontinent und Kontinent.

Elisabeth Feuersenger

Einleitung

Wir freuen uns, unseren Kolleginnen und Kollegen im deutschen Sprachgebiet dieses vollkommen neue Buch über Supervision vorzustellen. Im ursprünglichen Sinne bedeutet Supervision, einen übergeordneten Standpunkt einzunehmen. Dies gelingt Professor Elizabeth Holloway mit diesem Buch in vielfältiger Weise. Ihre empirischen Studien und ihre reiche praktische Erfahrung ermöglichen uns Lesenden eine tiefe und umfassende Einsicht in Supervisionsprozesse. Wir schauen einer leidenschaftlichen Wissenschaftlerin über die Schulter, wie sie empirisch gewonnene Erkenntnisse mit der Intuition der Praxis verbindet.

Vorgestellt wird ein Meta-Modell der Supervision. Die Autorin bezieht dieses auf klinische Supervision und zeigt dabei die Komplexität und gegenseitige Abhängigkeit relevanter Faktoren im Supervisionsprozeß auf. Historisch betrachtet hat Supervision sich zunächst im Kontext von Sozialarbeit und klinischer Psychologie entwickelt. Holloway beschränkt sich längst nicht mehr auf diesen Bereich und bietet weit mehr als ein Modell für klinische Supervision. Der amerikanische Titel des Buches (*Clinical Supervision*) könnte in diesem Zusammenhang sogar als irreführend betrachtet werden. Die Autorin stellt uns eine Meta-Matrix für Supervision vor, anhand derer Supervisoren und Supervisionsausbilder aller Bereiche die vielfältigen Inhalte und Prozesse von Supervision, Coaching, Lehrsupervision und Beratung konzeptualisieren können.

Die Autorin bündelt die Ergebnisse ihrer jahrelangen empirischen Arbeit zur Supervision in einem differenzierten Theoriemodell und zeigt in diesem Buch sowohl theoretisch wie anhand von Fallbeispielen und Transkripten die Umsetzung in die Praxis. Sie lehrt mit diesem Buch das „**S**ystemorientierte **A**rbeiten in der **S**upervision (SAS)“ und ermöglicht Supervisoren und Supervisionsausbildern, „das, was sie in der Supervision tun, zu reflektieren, ihre eigene Intuition zu entdecken und dabei eine Sprache zu benutzen, mit der sie anderen vermitteln können, was sie wissen“. So können sie lernen, warum sie tun, was sie tun.

Im SAS-Modell beschreibt Elizabeth Holloway sieben Aspekte oder Dimensionen, die in Supervisionsprozessen untersucht werden können. Im Zentrum des

Modells steht die Supervisionsbeziehung. Wichtige Aspekte der Person des Klienten, der Fachperson und des Supervisors werden analysiert – im Kontext der Institution, in der die Fachperson ihre Tätigkeit ausübt. Für die Mikro-Analyse des Supervisionsprozesses stellt Holloway uns ein einzigartiges Instrument zur Verfügung, die *Supervisionsmatrix*. In dieser Matrix können Ziele und Interventionen auf nachvollziehbare Weise fortlaufend eingeordnet werden.

Der Wert des SAS-Modells beschränkt sich nicht auf den klinischen Bereich. Es ist einsetzbar für viele verschiedene Formen der Beratung am Arbeitsplatz, ob diese jetzt als Supervision, Coaching, Praxisberatung oder Teamentwicklung definiert werden. Das Modell bietet auch eine ausgezeichnete Vorlage für die Planung und Gestaltung von Ausbildungen in diesem Bereich, wie wir aus eigener Erfahrung bestätigen können.

München/Maienfeld, im Frühjahr 1998

Charlotte Christoph-Lemke
Willem Lammers

Anfragen richten Sie bitte an eine der beiden nachfolgenden Anschriften:

MITA – Münchner Institut für Integrative Psychotherapie
und Transaktions-Analyse
Ausbildungsinstitut der EAS
Lerchenfeldstr. 11
D-80538 München

IAS – Institut für Angewandte Sozialwissenschaften
Bahnhofstr. 1
CH-7304 Maienfeld

Vorwort
Die Reise einer Praktikerin in die Wissenschaft

Eine Kollegin, die seit langem sowohl Supervision lehrt als auch selbst supervidiert und darüber hinaus als Prozeßforscherin anerkannt ist, dachte kürzlich über eine Bemerkung nach, die ein hochgeschätzter psychologischer Berater ihr gegenüber gemacht hatte: „In unserem Beruf ist die wissenschaftliche Erforschung der Supervision ein einziger, großer Witz. Es gibt nicht einmal einen genau definierten Forschungsgegenstand."

Man muß zugeben, daß Supervision als Teilbereich des größeren Fachgebietes Psychologie weitgehend unterbewertet oder unbemerkt geblieben ist. Bis jetzt ist das Unterfangen der Supervision nicht viel mehr als eine Fußnote der professionellen Psychologie und das zweifellos wegen seiner Anbindung an die Praxis (*Holloway* & *Wolleat* 1994).

Tatsächlich wird Supervision als eigenständige Tätigkeit erst seit den 80er Jahren überhaupt anerkannt. Ausbilder gingen oft davon aus, daß sich das Lehren von Beratung von der Tätigkeit des Beratens an sich kaum unterscheidet – so daß Berater einfach deshalb zu Supervisoren werden, weil sie selbst Berater sind.

Daß Supervision eigenständige theoretische Grundlagen hat, wurde schließlich durch den Einsatz empirischer Forschung für die Entwicklung von Praxismodellen offenbar. Dies trifft zu, obwohl Supervision ironischerweise aus der „Praxis" und dem „Unterricht der Praxis" hervorgeht. Auch das durch die praktische Arbeit gewonnene Wissen wurde bisher weder in die empirischen Forschungsergebnisse integriert noch in der fachspezifischen Forschungsliteratur gewürdigt. Dabei ist das Erlernen der praktischen Arbeit und die systematische und absichtsvolle Anwendung praxisbezogener Prinzipien entscheidend für das Lehren von Supervision. Fachstudenten wollen wissen, „was und wie man es macht". Sie brauchen auch Kriterien, um „effektives Handeln" erkennen zu können. Unglücklicherweise sind bis heute die Forschungsarbeiten für wissenschaftlich-praktizierende Supervisoren selten relevant.

Meine Bemühungen, das stillschweigende Wissen der praktizierenden Supervisoren ans Tageslicht zu bringen, wurden von Menschen mitgestaltet, mit welchen ich in den letzten 19 Jahren in Forschung, Praxis und Unterricht zusammengearbeitet habe. Diese aus meinen Erfahrungen gewonnenen Erkenntnisse zusammenzufügen ist das Ziel dieses Buches. Ich versuche die relevanten und entscheidenden Fragen in den Vordergrund zu stellen, Fragen, die über die flüchtigen Gedanken meiner eigenen Überlegungen hinausgehen. Ich muß zugeben, daß dies das erstemal ist, daß ich auf diese Weise über Supervision schreibe – bisher habe ich nur darüber gesprochen. Obwohl ich seit vielen Jahren Supervision empirisch erforsche und Workshops zur praktischen Supervision leite, habe ich erst dann damit begonnen, die Erkenntnisse aus der Praxis der Supervision mit den wissenschaftlichen Erkenntnissen zu verbinden, als ich ein klares Ziel vor Augen hatte.

Die Entwicklung meiner unterschiedlichen Fragestellungen ist intrinsisch mit dem Gegenstand dieses Buches verwoben. Ein typisches Trainingshandbuch, in welchem Techniken unter „Erstens, Zweitens, Drittens" aufgelistet sind, habe ich nicht geschrieben. Statt dessen sollen die einzelnen Kapitel sowohl praktizierende als auch lehrende Supervisoren dazu herausfordern, darüber nachzudenken, *was sie tun*, die *Bedeutung* ihrer Arbeit zu untersuchen, ihre eigene *Intuition* ans Tageslicht zu bringen, und das, was sie wissen, anderen gegenüber zu *artikulieren.*

Bei dem Versuch, eine Synthese aus Forschung und praktischem Wissen über Supervision zu bilden, habe ich nach Beispielen und Modellen gesucht, die für analytisch denkende Supervisoren unmittelbar praktikabel und relevant sind. Diese Beispiele bieten nur einen kleinen Einblick in die Möglichkeiten, die in den vielschichtigen Beziehungen der Supervision liegen. Beim Durcharbeiten dieser Beispiele kann eine Methode herausgeschält werden, um den Bezugsrahmen des Systembezogenen Arbeitens mit Supervision (SAS) auf die tatsächliche Supervisionsarbeit anzuwenden. Dieser Bezugsrahmen stammt zunächst aus der praktischen Arbeit, führt dieser aber gleichzeitig eine spezifische Fachsprache zu. Er ist ein Modell, das zur kritischen Analyse unseres Handelns und dessen Einfluß auf Supervisanden und Klienten führt. Aus der gedanklichen Analyse des Beziehungskontextes können wir lernen, unsere Bemühungen zu artikulieren. Ich habe schließlich entdeckt, daß wir gemeinsam profitieren, wenn wir uns grundsätzlich und kritisch mit Supervision auseinandersetzen.

Ich erinnere mich an eine Geschichte, die mir eine Kollegin einmal über ihre Lehrtätigkeit erzählt hat: Sie hatte Studenten zu einer geleiteten Phantasie eingeladen, in der sie sich selbst in der Rolle forschender Wissenschaftler sehen sollten. Die Bilder, die sie entwickelten, zeigten Menschen, die alleine waren, von ihren Freunden entfremdet, in weißen Mänteln, die Haare streng zurückgebunden in einer sterilen Umgebung. Beim Zuhören fühlte ich mich von der Vorstellung, die

die Studenten vermittelten, wie erschlagen. Zu forschen hieß für sie, sich in einer phantasielosen Welt einsam und einzeln mit etwas zu beschäftigen. Für sie war die Welt der Forschung vollkommen abgesondert von der, in welcher sich die meisten Studenten sahen: der Welt der Praxis, die ausgefüllt war mit lebendigen Geschichten und empfundenen Erfahrungen.

Das Bild der Forschung, das diese Studenten entwarfen, unterscheidet sich deutlich von meiner eigenen Erfahrung und hat weitreichende, zuwiderlaufende Auswirkungen für die Entwicklung eines praxisrelevanten Fundus an theoretischen und empirischen Erkenntnissen in der Supervision. Deshalb füge ich hier zwei Geschichten ein, in welchen ich meinen persönlichen Prozeß der Synthese meines praktizierenden und meines wissenschaftlichen Selbst artikuliere. Neben der Beschreibung und Würdigung beteiligter Ereignisse und Personen sind die Geschichten ein intrinsischer Bestandteil des eigentlichen Prozesses. Die folgende Geschichte (s. *Holloway* 1992a) dient als Beispiel dafür, wie jeder absichtsvolle Ausdruck einer Lernerfahrung zum nächsten Baustein von Erkenntnis werden kann.

Die Beschwerde

Kürzlich bin ich zur Universität von Wisconsin zurückgekehrt, wo für mich alles angefangen hatte. Viele Erinnerungsbilder flackern in meiner Vorstellung auf. Ich bewege mich in denselben Räumen, in welchen ich mich vor 15 Jahren bewegte, um mich auf mein künftiges Leben vorzubereiten. Aus der Entfernung betrachte ich mein altes Büro, dessen Fenster der Innenschau diente. Dort habe ich meine Supervisionsarbeit begonnen, denn zu meinen Aufgaben gehörte es, die Beratungsarbeit der Magisterstudenten zu supervidieren. Eine Erfahrung hat die Betrachtungsweise aller anderen geprägt.

Während seines letzten Praktikumsturnus wurde ich seine Supervisorin. Nie hatte ich das Gefühl, daß er anwesend war. Seine Klienten bettelten um seine Aufmerksamkeit, obwohl er oft mit ihnen sprach. Als ich seine Arbeit beobachtete, fühlte ich mich von seinem mangelnden Kontakt zu sich selbst wie erschlagen. Ich machte Beratung. Ich dokumentierte. Ich arbeitete daran, ihm beim Lernen zu helfen. Mit der Unterstützung meines Vorgesetzten teilte ich ihm mit, daß ich ihn nicht bestehen lassen konnte.

Er bat darum, seine Sitzungen aufnehmen zu lassen, damit er seine Fertigkeiten erweitern, sie verbessern konnte. Natürlich sagte ich zu. Später erhielt ich eine Mitteilung: Ich wurde zu einer Unterredung mit dem Beschwerdekomitee des gesamten College gebeten.

Als ich den Raum betrat, erwarteten mich fünf ranghohe Professoren. Vor ihnen auf dem riesigen Holztisch stand ein kleiner, schwarzer Kassettenrecorder. Ich wußte, daß er meine Supervisionsgespräche enthielt. Ich nahm Platz, schaute sie über den Tisch hinweg an und begann, ihre Fragen – meine Arbeit mit diesem Studenten betreffend – zu beantworten. Klar und artikuliert bezog ich mich auf meine Notizen zu Sitzungen, Klienten und Beurteilungskriterien ...

Innerlich schrie ich – „Sie hören meine Worte. Habe ich überhaupt die leiseste Ahnung von Supervision? Von ihm? Werden meine Worte mich verraten?"

Die Zeit war um. Sie drängten weiter. Ich hörte meine eigene Stimme. Ich hörte seine Stimme. Ich hörte unser Gespräch, zusammenhanglos und gezwungen. Mißbilligend schauten sie mich an. Ob ich selbst aus diesem wirren Gerede klug wurde? Konnten sie denn nicht erkennen, daß es genau daran lag? Ich bemühte mich, die Bedeutung dieses interaktionalen Prozesses zu erklären? Was sie hier hörten, war genau dasselbe, was sie hören würden, wenn sie seinen Gesprächen mit Klienten zuhörten. War dieser Mann jemand, zu dem sie gehen würden, wenn sie Hilfe brauchten? Er schied aus. Aus ihm wurde kein Berater. Ich machte eine Dissertation über Supervision.

Während ich meine Supervision begründete, erkannte ich plötzlich, daß es nicht ausreicht, nur zu „handeln". Man muß auch den Prozeß des eigenen Handelns so reflektieren, daß er anderen zugänglich wird. Für mich als Lehrende bestand nun das Ziel darin, Wissenschaft mit dem wahren Wesen der Supervision, der Praxis, zu verbinden.

Wissenschaftliches Entdecken

Ich kam nach Santa Barbara, um an der Universität zu arbeiten. Ich kaufte mir passende Kleidung und packte meine Daten aus. Das Supervisionsgespräch faszinierte mich nach wie vor. Ein Jahr lang hatte ich weitere Kartons mit Tonbandaufnahmen gesammelt. Ich supervidierte, unterrichtete Supervision und erforschte sie. Diese drei Tätigkeiten wurden nie bewußt miteinander in Verbindung gebracht. Ich erinnere mich an die Zeiten, die ich zusammen mit meinem Mitarbeiter im Computerraum der Uni verbrachte. Er war gerade dabei, die letzten Ausdrucke zu kopieren, und ich jammerte über Methoden der Statistik, über die Gültigkeit von Vergleichsdaten und über die Analyse von Sequenzen: „Warum können wir es denn nicht so machen? Warum funktioniert denn das nicht? Gibt's denn da keine andere Methode? Da ist doch noch eine offene Frage?"

Er schaute von seinem Zahlenwirrwarr auf, sein Gesicht war ganz ruhig, seine Augen glitzerten amüsiert, er sagte: „Ich glaube, du brütest da eine große Sache aus." Ich war begeistert. Ich lachte. Ich tanzte im Raum umher. Ich war stolz.

Für mich liegt das große Potential der Supervision darin, die Verbindung zwischen wissenschaftlich gewonnenen Erkenntnissen und praktischer Erfahrung explizit aufzuzeigen. Das Ergebnis wird eine wissenschaftlich fundierte Praxis sein, die nicht nur die Erkenntnisse traditioneller Forschung, sondern auch diejenigen Erkenntnisse überträgt, die aus der Untersuchung von Befragungsmethoden gewonnen werden. Vor allem anderen ist es die Thematisierung unserer Forschungsergebnisse – welche Erkenntnisse wenden wir an, wie kommen wir zu diesen Erkenntnissen, und worin besteht die Relevanz für die unmittelbaren Schwierigkeiten von Klienten und Supervisanden –, die der Kern eines systematischen und absichtsvollen Supervisionsprozesses sind.

Jeder von uns findet seinen eigenen Stil heraus, den Supervisionsprozeß aufzudecken, ihn zu organisieren und zu verstehen. Viele von uns haben eine persönliche Geschichte als Supervisand, als Supervisor und in der Ausbildung zum Supervisor. Wenn wir gemeinsam denken, miteinander sprechen und schreiben, dann können wir unsere Entdeckungen in Begeisterung und Demut miteinander teilen, wir können unsere unterschiedlichen Fachsprachen kennenlernen und uns für sämtliche Aspekte unserer Arbeit öffnen. Ich hoffe, daß dieses Buch zur Entwicklung einer Fachsprache der Supervision, zu Methoden der Fragestellung und einer Möglichkeit, Erkenntnisse auszudrücken, beiträgt, so daß empirisches Arbeiten bedeutungsvoller wird.

Danksagungen

Die Ursprünge dieses Buches liegen in meiner gemeinsamen Arbeit mit *Martin Acker* an der Universität von Oregon. Unsere stundenlangen Gespräche über die Praxis und das Lehren von Supervision mündeten in unseren ersten, gemeinsamen Workshop für die Gesellschaft für Beraterausbildung und Supervision von Oregon im Jahre 1988. Im Mittelpunkt unserer Arbeit stand ein Bezugssystem zur Analyse von Aufgabe und Funktion der Supervision – Engagement und Macht in der Klinischen Supervision (Engagement and Power in Clinical Supervision: EP-ICS). Aus diesem Konzept wurde Kapitel 2 entwickelt. Auf dieser Grundlage entwikkelten wir eine Reihe von Skizzen, in welchen Schwierigkeiten der Supervision veranschaulicht werden. Einige dieser Skizzen erscheinen als Transkripte in diesem Buch. Später entwickelten wir die Analyse eines Interviews, die das Kapitel 5 dieses Buches bildet. Martys Beitrag zur Supervision wird in seinen Überlegungen als Supervisor dieses Interviews deutlich. Unsere gemeinsame Arbeit, während der Jahre in Oregon, hat mir Mut gemacht, und durch sie habe ich gelernt, wissenschaftliche und praktische Erkenntnisse über Supervision zu integrieren. Martys komplexes Denken und die Freundlichkeit seines Wesens haben meine Arbeit und mein Leben bereichert.

1 Das Wesen der Supervision

Was ist Supervision?

Supervidieren heißt „von oben betrachten", die Arbeit eines anderen mit den Augen der erfahrenen Klinikerin, des einfühlsamen Lehrers, des kritischen Experten anschauen. Supervision bietet dem Studenten die Möglichkeit, das Wesen des psychotherapeutischen Prozesses, so wie es vom Supervisor artikuliert wird und wofür er gleichzeitig Modell ist, zu erfassen und danach seinen eigenen Prozeß in der aktuellen Beratungsbeziehung zu gestalten.

Im Idealfall kommt es nicht dazu, daß der Supervisand die Methoden und Ansichten des Supervisors unkritisch übernimmt. Statt dessen entwickelt er ganz persönliche Improvisationen auf die Prinzipien und Instrumentarien, die der Supervisor mit seinen Fachkenntnissen zur Verfügung stellt. Die Aufgabe des Supervisanden besteht darin, jede Sitzung so neuzugestalten, daß sie jedem einzelnen Klienten zu jedem einzelnen Zeitpunkt des Beratungsprozesses gerecht wird.

Durch die Untersuchung der Supervisionsbeziehung betont dieses Buch die Herausforderung, die in der Aufgabe des Supervisors liegt, nämlich eine Lernumgebung zu schaffen, die folgende Fähigkeiten des Supervisanden fördert: relevante Bezugsrahmen zu schaffen und aus diesen wirksame Strategien für die Arbeit mit Klienten abzuleiten. Auch wenn Supervisanden in erster Linie Techniken und Prinzipien anwenden, die ein Ergebnis wissenschaftlicher Forschung sind, ist über das weite Gebiet der „Kreativität" in der Praxis noch viel zu sagen. Diese letztere Art des Wissens zu ermutigen, diese „Kreativität als Übung der Intelligenz" (*Schon* 1983, 12) ist eine entscheidend wichtige Aufgabe des Supervisors.

> Die Möglichkeit, alle Formen kreativen, professionellen Arbeitens zu erlernen, hängt wenigstens teilweise von ... der Freiheit ab, durch Tun zu lernen, und zwar in einer Situation, die relativ wenige Risiken birgt und in der Studenten von Betreuern begleitet werden, die sie „in die Traditionen der Zunft" einführen und ihnen durch „die rechte Art der Mitteilung" dabei helfen, für sich selbst und auf ihre eigene Weise das zu erkennen, was zu erkennen sie am meisten brauchen (*Schon* 1983, 17).

Die höchste Berufung für Ausbilder in Supervision liegt darin, die Bestandteile der Unterweisung zu artikulieren. Innerhalb der helfenden Berufe wurden bereits eine Anzahl von Verfahren angewandt, um die Komplexität, die in der Methodologie der Supervisionsunterweisung liegt, zu entwirren. Bei der Bewältigung dieser Aufgabe haben Psychologie, Psychiatrie, Sozialarbeit und das Erziehungswesen entscheidende Beiträge geleistet.

Darüber hinaus beschreiben die Konzepte des „reflektierenden Praktikers" von *Schon* (1983) die Prozesse von Supervision oder Ausbildung in den unterschiedlichsten Ausbildungsbereichen, wie Architektur, Musik und Wirtschaft. Die im Erziehungswesen beliebte Analogie zum Modell Handwerksmeister und Lehrling erfaßt aber diejenigen Elemente des Supervisionsprozesses nur unzureichend, die in den Bereichen der angewandten Wissenschaften Garanten für wirkungsvolle Dienstleistungen sein sollen. Überall, wo ein Bedarf an Dienstleistungen besteht, wird logischerweise die zwischenmenschliche Interaktion zum vorherrschenden Ausbildungsprinzip.

Die praktische Anwendung von Wissen erfordert bestimmte Elemente, die erst dann erkannt werden, wenn ein Bedarf an Dienstleistung offenbar wird. Im Verlauf der Supervision müssen Fachleute gelehrt werden, jeden Fall individuell zu behandeln, die Situation zu verstehen und zu konzeptualisieren und dann aus bekannten Methoden die angemessenen auszuwählen und anzupassen. Fachleute müssen dazu in der Lage sein, sich strategisch anzupassen, an die fortschreitenden Bedürfnisse des Klienten und von Augenblick zu Augenblick überlegt und bewußt zu intervenieren. Die wichtigste Aufgabe des Supervisors liegt aber darin, einerseits den verborgenen Prozeß dieser dynamischen Situation zu identifizieren und zu beschreiben, andererseits den Lernenden dabei zu helfen, ihre eigenen Prozesse zu artikulieren.

Die Aufgabe der Supervision besteht in der Artikulation der verschiedenen Ebenen des Denkens, des Verständnisses, der Konzeptbildung und deren Anwendung.

Der Supervisor übersetzt Theorie und Forschung in Praxis. *Holloway* und *Wolleat* (1994) meinen dazu, daß

> Supervision zu den komplexesten aller Aktivitäten im Bereich der praktischen Psychologie gehört, weil es das Ziel klinischer Supervision ist, Wissenschaft und Praxis miteinander zu verbinden. Kompetente klinische Supervisoren müssen nicht nur den Bereich der wissenschaftlichen Psychologie beherrschen, sondern in gleichem Maße die Arbeit mit Klienten und die Förderung Auszubildender. Kompetente Supervisoren müssen nicht nur die Vernetzung dieser verschiedenen Wissensgrundlagen verstehen, sondern sie auch in jedem Einzelfall anwenden. (S. 30)

Um Zweck und Struktur von Supervision zu verstehen, muß zuerst die Frage gestellt werden, ob die Supervisionssituation in erster Linie in einem administrativen oder in einem klinischen Zusammenhang steht. Betrifft die Supervision den Bereich Verwaltung oder Management, so besteht ihre Aufgabe in der Beaufsichtigung, Leitung und Beurteilung von Klinikern, Studenten und Mitarbeitern in einer bürokratischen Organisation. Ihr Ziel besteht darin, das reibungslose und effektive Funktionieren der Organisation zu fördern. Zu den klar definierten Aufgaben einer administrativen Supervisorin können die Beschaffung, die Delegation und die Leitung von Arbeit gehören; ebenso ein Puffer im Management zu sein und innerhalb der Organisation eine Vermittlerfunktion zu erfüllen (*Kadushin* 1985).

Im Gegensatz dazu konzentriert sich die klinische Supervision auf die Entwicklung professioneller Fähigkeiten des Supervisanden innerhalb der Organisation. In der klinischen Supervision stehen pädagogische und unterstützende Funktionen im Vordergrund.

Diese beiden Bereiche werden durch den vorrangigen Zweck der Supervisionsrolle unterschieden. Geht es in erster Linie darum, der betreffenden Organisation zu dienen oder um die professionelle Weiterentwicklung der Supervisanden? Hat eine Supervisorin ein klares Verständnis ihrer Prioritäten, dann kann sie für die eigentliche Supervisionssituation eine geeignete Struktur finden.

Administrative Supervision findet oft auf Bedarfsbasis statt oder wird wegen einer dringenden Notwendigkeit, einer veränderten Politik oder einer termingebundenen Beurteilung herangezogen (*Kadushin* 1985). Sowohl in der Sozialarbeit als auch im Erziehungswesen wird vom administrativen Supervisor nicht erwartet, daß er dauerhafte Arbeitsbeziehungen eingeht. Die hierarchische Struktur einerseits und die organisatorische Rolle der Supervisorin andererseits bestimmen den vorübergehenden (kurzlebigen) Charakter der Supervisionsbeziehung.

Der Schwerpunkt der professionellen Psychologie liegt fast ausschließlich auf der klinischen Supervision. Da Supervision in erster Linie als Unterrichtsmethode in den frühen Ausbildungsphasen von Psychologen (z.B. Durchführung von Interviews, Praktika, Assistenzzeit) betrachtet wird, wurden die erzieherischen und unterstützenden Funktionen der Supervision extensiv erforscht (*Holloway* 1992b; *Holloway* & *Poulin*, im Druck; *Russell, Crimmings* & *Lent* 1984). Eng verbunden mit dieser Studie ist die Rolle der Evaluation. Obwohl man in der Anfangszeit fand, daß Beurteilungsfunktion und Ausbildungsfunktion voneinander getrennt sein sollten, betonen die Theoretiker der Gegenwart eindeutig, daß die Beurteilung ein wesentlicher Bestandteil der Lehrfunktion ist (*Bernard* & *Goodyear* 1992). Klinische Supervisoren sind am besten in der Lage, die Leistung (Performanz) der Supervisanden zu beurteilen, weil sie deren Arbeit und Kompetenz aus unmittelbarer Anschauung kennen. Tatsächlich steht der Supervisor in einem ständigen Beurteilungsprozeß des Supervisanden, die Beurteilung ist eine Funktion seiner

Rolle als Ausbilder (*Mueller* & *Kell* 1972); deshalb ist die Beurteilung eines der entscheidendsten Elemente beim Aufbau der Supervisionsbeziehung.

In diesem Buch bezieht sich der Begriff *Supervision* auf klinische Supervision. Klinische Supervision findet zwischen zwei Einzelpersonen statt, von welchen eine als Supervisor, die andere als Supervisand oder Auszubildender bezeichnet wird. Während der Dauer der Supervision treffen sich die beiden Personen regelmäßig und diskutieren diejenigen klinischen und berufsbezogenen Themen, die für das berufliche Wachstum des Supervisanden relevant sind. Auch wenn die organisatorische Umgebung und die administrative Politik eines jeden Arbeitsplatzes ihren Einfluß auf die Supervisionsbeziehung haben, besteht der Hauptzweck klinischer Supervision dennoch nicht in der Ausführung von Aufgaben des Managements oder der Verwaltung.

Modelle für Supervision

Seit den 50er Jahren ist Supervision im Bereich der helfenden Berufe ein Gegenstand beachtlicher Spekulation. *Ekstein* und *Wallerstein* (1958) unterscheiden zwischen der *Praxis* der Psychotherapie und dem Problem, Psychotherapie zu *lehren* und sie zu *lernen*. In ihrem wegweisenden Text betonten sie, daß es darum geht, „wie die Fertigkeiten (der Psychotherapie) anderen zu vermitteln sind, wie zu supervidieren ist, anstatt wie man Psychotherapie macht" (S. XII). Zunächst bietet Supervision Spiegelbilder der Beratungstheorie. Es überrascht nicht, daß diese Modelle Imitate von Beratungstheorien sind, wie z.B. klientenzentrierter Supervision (*Patterson* 1983), Supervision des sozialen Lernens (*Hosford* & *Barmann* 1983) und Supervision in rational-emotiver Therapie (*Wessler* & *Ellis* 1983). Wenngleich Modelle dem Zweck dienen sollen, die Interpretation komplexer Phänomene zu erleichtern und das Erlernen komplexer Fähigkeiten zu unterstützen, so boten die „beratungs-gebundenen" Modelle der Supervision für die Forschung und für die Praxis nur wenige Richtlinien (*Russell* u.a. 1984). Diese Fachblindheit ist der Grund dafür, daß wichtige Erkenntnisse aus verwandten Disziplinen, wie Entwicklungs-, Erziehungs- und Sozialpsychologie unbeachtet blieben. Untersuchungen des Supervisionsprozesses haben ergeben, daß Supervisoren ihre Supervisionsarbeit anders durchführen als ihre Beratungsarbeit; ein Supervisionsinterview hat andere Charakteristika als ein Beratungsinterview (*Russell* u.a. 1984). Als Folge dieser kritischen Hinterfragung werden beratungsgebundene Modelle durch solche ersetzt, die die Erkenntnisse aus den verwandten psychologischen Subdisziplinen einbeziehen und für empirische Untersuchungen einen Bezugsrahmen bieten. Wird die Tatsache anerkannt, daß das Lehren von Supervision etwas anderes ist als die Tätigkeit des Supervidierens, so spiegelt sich dies in Supervisionsmodellen, die theorieübergreifend Aspekte individueller Unterschiede, die Theorie gesellschaftlicher Rollen und die Psychologie des Lehrens mit einbeziehen. Seit 1979 sind zwei theorieübergreifende Richtungen entstanden: entwicklungsorientierte Modelle und Modelle sozialer Rollen.

Entwicklungsorientierte Modelle bauen auf Entwicklungspsychologie auf, darunter den Theorien von *Loevinger* (1976), *Perry* (1970), *Chickering* (1969) sowie auf den Modellen der Übereinstimmung von Umgebung und Person von *Hunt* und *Sullivan* (1974) aus dem Bereich der Pädagogik. Von den 18 verschiedenen entwicklungsorientierten Modellen, die beschrieben werden, werden aber in erster Linie diejenigen von *Stoltenberg* (1981), *Loganbill*, *Hardy* und *Delworth* (1982) und in jüngerer Zeit auch die von *Stoltenberg* und *Delworth* (1988) wissenschaftlich untersucht (*Worthington* 1987). In den Arbeiten von *Holloway* (1987, 1988), *Stoltenberg* und *Delworth* (1988), *Worthington* (1987) und *Bernard* und *Goodyear* (1992) sind Besprechungen entwicklungsorientierter Modelle erschienen. Im wesentlichen vertreten diese Modelle den Standpunkt, daß die Aufgabe des Supervisors darin besteht, Supervisionsstruktur und Supervisionsstil dem Entwicklungsstand des angehenden Beraters anzupassen.

Eine ähnliche Richtung wird von *Abbey*, *Hunt* und *Weiser* (1985) vertreten, die in ihrem Modell des Lernens durch Erfahrung Person und Umgebung aufeinander abstimmen. Sie stützen sich auf *Kolb*s (1985) Theorie der Lernstile, berücksichtigen aber in ihrem Modell nicht die entwicklungsbezogenen Gesichtspunkte. Sie erwähnen aber Unterschiede in Denk- oder Lernstilen der einzelnen Auszubildenden und sehen darin die Grundlage für die Strukturierung der Supervisionsumgebung (*Sugarman* 1985).

Boyd (1978), *Bernard* (1979), *Hess* (1980), *Littrell*, *Lee-Borden* und *Lorenz* (1979) beschreiben Modelle, die auf sozialen Rollen aufbauen. In diesen umfaßt die Position des Supervisors eine Reihe von Rollen, die, wenn sie ausgeübt werden, ganz bestimmte Erwartungen, Überzeugungen und Einstellungen hervorbringen. Zeigt ein Supervisor diese Verhaltensweisen immer wieder, und stimmen sie mit der von ihm erwarteten Rolle überein, so ermöglicht er damit dem Auszubildenden eine Erfahrung, die durch Beständigkeit und Sicherheit des Verhaltens gekennzeichnet ist. Wenngleich diese Richtungen ihr Schwergewicht fast ausschließlich auf den Supervisor als Rollenmodell legen, so wird aber auch vom Auszubildenden erwartet, gewisse Rollen zu übernehmen (*Holloway* 1984). Typischerweise wenden diejenigen Beratungspsychologen, die mit den empfohlenen Supervisionsrollen vertraut sind, diese Modelle als heuristische Werkzeuge für die Unterweisung in der praktischen Arbeit an (*Hess* 1980). Über die direkte Erprobung von Modellen, die mit sozialen Rollen arbeiten, gibt es aber so gut wie keine Forschungsergebnisse (*Holloway* 1992b). Dennoch haben theorieübergreifende und empirische Untersuchungen eine Grundlage für den Transfer von Theorie und Forschung auf die Praxis geschaffen. Das Systembezogene Arbeiten mit Supervision (SAS), eine Theorie der Praxis, die in den folgenden Kapiteln entwickelt wird, beruht auf diesen Anfängen.

Theorie und Forschung für die Praxis

Sergiovanni (1983) fordert für eine Theorie der Praxis vier Fragestellungen:

1. Was ist in einem gegebenen Zusammenhang Wirklichkeit?
2. Was sollte Wirklichkeit sein?
3. Welche Bedeutung haben Ereignisse, die diese Wirklichkeit schaffen, für Einzelpersonen und Gruppen?
4. Was sollen Supervisoren tun, wenn diese drei Dimensionen vorausgesetzt werden? (S. 177)

Supervisionsausbilder und -praktiker brauchen also vier Voraussetzungen: (a) eine beschreibbare Grundlage, (b) Richtlinien, in welchen gemeinsame Ziele und Forderungen formuliert werden, (c) eine Methode, mit der die Bedeutsamkeit für Teilnehmer und den Fachbereich entdeckt werden kann, und (d) eine systematische Untersuchungsform, mit deren Hilfe Ziele und Strategien der Interaktion im Supervisionsprozeß festgelegt werden können.

Ziel dieses Buches ist es, ein Modell zur Verfügung zu stellen, das diesen vier Kriterien genügt. Der systemorientierte Ansatz zum Verständnis von Supervision liegt in einer Synthese aus bereits bestehender konzeptueller und empirischer Literatur einerseits und dem reflektierten Fachwissen andererseits, das meine Kollegen, Studenten und ich in jahrelanger praktischer Erfahrung in Unterricht und Supervision erworben haben. Ich habe ein heuristisches Werkzeug entworfen, in welchem drei Erkenntnisquellen zusammenfließen – Theorie, Forschung und Praxis. Die Grundlagen dieser Erkenntnisse werden in unterschiedlicher Form dargestellt, wie Texten, Transkripten und Grafiken. Die Gesamtkonzeption des Buches soll die verschiedenen Quellen miteinander verbinden, deren eigenständige Identität aber gleichzeitig bewahren.

Grundsätzliches zur systembezogenen Arbeit

Für einen Zugang zu verschiedenen Erkenntnisgrundlagen hat die Erfahrung den Wert systembezogenen Arbeitens deutlich gemacht, das auf denjenigen Grundsätzen aufbaut, die das Arbeitsbündnis zwischen Supervisoren und Supervisanden und dessen vernetzte Beziehungsfaktoren betont. Das Ziel der Supervision besteht in der Förderung der Professionalität und Kompetenz des Studenten, wobei die Supervision, da sie ein interpersönlicher Prozeß ist, dem Supervisanden die Möglichkeit bietet, sich für dieses Ziel mit seiner ganzen Person zu engagieren. Dabei bekommt der Supervisand die Mittel an die Hand, Haltungen, Fertigkeiten, Fähigkeiten und Wissen zu erwerben für eine unabhängige, wirkungsvolle und professionelle Praxis. Während der Supervisor „das Gesamtbild" im Auge behält, ist er gleichzeitig in der Lage, während der Supervision Strategien und Haltungen zu erschließen, die die bestmögliche Lernumgebung für einen bestimmten Supervisanden schaffen. Ist das gesamte System bekannt, können sowohl Supervisor als auch Supervisand innerhalb ihres Kontextes spezifischer, relevanter Supervisionsfaktoren bewußte Entscheidungen treffen.

In folgender Weise hängen die Grundannahmen über Förderung und Beziehung mit der SAS zusammen:

- Das Ziel der Supervision liegt darin, dem Supervisanden die Möglichkeit zu schaffen, wirksam und mit Unterstützung ein breites Spektrum an professionellen Haltungen, Fertigkeiten, Fähigkeiten und an Wissen zu *erlernen.*
- Erfolgreiche Supervision spielt sich im Rahmen einer komplexen, dauerhaften und von gegenseitigem Engagement geprägten, *professionellen Beziehung* ab.
- Die Supervisionsbeziehung ist die wichtigste Grundlage für das *Engagement des Lernenden,* um die Supervisionsziele zu erreichen. Das Wesentliche dieses interpersönlichen Prozesses liegt darin, daß beide aus der Entwicklung ihrer Beziehung *Befähigung (Kraft/Power)* gewinnen.
- Für den Supervisor sind sowohl *Inhalt* als auch *Prozeß* integrale Bestandteile für die Entwicklung didaktischer Methoden innerhalb der Supervisionsbeziehung.
- Durch die Unterweisung des Supervisors erweitert der Supervisand seine Fähigkeiten in zwei Bereichen: (a) er erwirbt Techniken und Wissen in seinem Fachbereich, (b) und er lernt durch das unmittelbare Erfahren und Artikulieren der interpersönlichen Situationen.

Deshalb besteht das vorrangige Ziel der Supervision darin, eine dauerhafte Beziehung einzugehen, innerhalb derer der Supervisor ganz spezifische Lernaufgaben und Lehrstrategien entwickelt, die auf den professionellen Entwicklungsstand des

Supervisanden zugeschnitten sind. Darüber hinaus ermöglicht der Supervisor dem Supervisanden den Zugang zur Berufstätigkeit dadurch, daß er ihm ein Verständnis für berufsnotwendige Haltungen, Fertigkeiten, Fähigkeiten und Kenntnisse vermittelt und die Beziehung strategisch so leitet, daß Auszubildende die professionellen Standards erreichen können.

Klinische Supervision ist fachbezogene Ausbildung und orientiert sich deshalb an einem Modell, das den Gebrauch von Fachwissen und fachlichen Fertigkeiten unterstützt. Dieses Modell beinhaltet aber nicht die Vorstellung, daß Einzelpersonen von Experten als alleiniger Quelle von Kompetenz und Lernfähigkeit abhängig sind und sich auf diese verlassen müssen. Supervision bietet Fachleuten eine Gelegenheit, ihre eigenen Ressourcen in Verbindung mit noch zu erwerbenden Kenntnissen und Fähigkeiten zu erkennen. Bleibt der Lernende ausschließlich vom Supervisor abhängig, dann hat erfolgreiche Supervision nicht stattgefunden. Natürlich ist die Entwicklung einer derartigen Unabhängigkeit ein Prozeß, in welchem mehr über sich selbst, über den Endabnehmer solcher Dienstleistungen und über den Beruf insgesamt gelernt wird. *Rappaport* (1986) definiert Ausbildung im Sinne des „in die Lage Versetzens“, als ein Gefühl der Autonomie, das aus dem Bewußtsein kommt, auf die eigene Welt und die Welt der anderen einwirken zu können. Dieses Bewußtsein entsteht durch den Erwerb von Wissen und Fähigkeiten, die dazu beitragen, sich selbst und anderen dabei zu helfen, ihr Leben selbst zu bestimmen. Deshalb sind Supervisoren gut beraten, wenn sie dem Supervisanden Raum für ureigenste Improvisationen, für Abwandlungen und die Erfindung eigener Methoden und Stile in der Praxis zugestehen. Man kann von einem Supervisanden nicht erwarten, daß er den Arbeitsstil seines Supervisors übernimmt. Eine Situation für professionelles Wachstum zu schaffen ist für Supervisoren eine schwierige und fordernde Aufgabe, und zwar nicht nur, weil sie dabei mit ihren eigenen narzißtischen Bedürfnissen und Neigungen zur Selbstüberschätzung konfrontiert sind, sondern weil sie darüber hinaus zwischen ihrer Verantwortung, die professionellen Möglichkeiten des einzelnen Supervisanden zu erweitern einerseits und der professionellen Forderung, dessen Kompetenz zu beurteilen, andererseits unterscheiden müssen.

Ein Modell für systemorientiertes Arbeiten

Aus dem empirischen, konzeptuellen und praktischen Supervisionsgrundwissen haben sich sieben Dimensionen ergeben. Diese Dimensionen wurden konzeptuell als sieben Faktoren des Gesamtmodells in das SAS integriert. In Abbildung 1.1

werden diese sieben Faktoren als sechs Flügel und eine Achse dargestellt, wobei sechs Faktorenflügel durch die Achse der Supervisionsbeziehung miteinander verbunden sind. Aufgabe und Funktion werden im Vordergrund der Interaktion dargestellt, während, ein wenig verdeckt, die Einflußfaktoren Supervisor, Auszubildender, Klient und Institution im Hintergrund erscheinen. Die Beziehung ist der Hauptfaktor und beinhaltet den Prozeß der Supervisionsinteraktion. Diese Darstellung ist die Grundlage des SAS. Als System betrachtet, wurde dieses Modell so gestaltet, daß es die Möglichkeit bietet, jeden Flügel unabhängig von den anderen zu untersuchen, aber auch im Zusammenhang mit einem bestimmten Thema. Es versteht sich, daß die Bestandteile des Modells auch in einem dynamischen Prozeß zueinander stehen, sich gegenseitig beeinflussen und in höchstem Maße vernetzt sind. Der Prozeß wird von jedem der einzelnen Faktoren beeinflußt, und umgekehrt beeinflußt der Prozeß selbst jeden einzelnen Faktor (s. Kapitel 4, Abbildung 4.1, vollständiges Modell).

Stellen Sie sich dieses Bild als ein sich drehendes Rad vor einem Licht vor, das Schatten auf eine Fläche wirft. Die projizierten Bilder wären dann eine Wiedergabe idiosynkratischer Muster von Aufgabe, Funktion und den Faktoren des Gesamtzusammenhangs, und zwar in ihrer besonderen Relevanz für jeden einzelnen Augenblick der Interaktionen zwischen Supervisor und Supervisand. Eine detaillierte Untersuchung der Fläche würde den aktuellen Informationsstand über folgende Bereiche ergeben: (a) die Art der Aufgabe, (b) die augenblickliche Funktion des Supervisors, (c) das Wesen der Beziehung und (d) die Faktoren des Gesamtzusammenhangs, die für den Prozeß relevant sind. Mit dem grafischen Modell können Angelpunkte dieses komplexen Prozesses identifiziert werden und Supervisoren die wesentlichsten Faktoren eines bestimmten Arbeitsabschnittes entdecken und benennen.

Es ist das Anliegen dieses Buches, Fragen darüber aufzuwerfen, was jeder einzelne von uns als Supervisor tut, anstatt Supervisoren zu sagen, was sie zu denken und zu tun haben. Das systemorientierte Modell bietet eine gemeinsame Fachsprache der Supervision, die für Supervisoren und Lehrende unterschiedlicher theoretischer Orientierung relevant ist. Es bedarf einiger Anstrengung, eine bedeutsame Methode für Verständnis und Praxis der Supervision zu schaffen. Trotz dieser Anstrengungen läßt sich das Wesentliche dieses Phänomens, das Kreative in der Supervision, nicht erfassen. Fragen zu stellen, so denke ich, ist an sich schon eine Entdeckung von Bedeutung und für die Entwicklung einer Epistemologie der Praxis entscheidend.

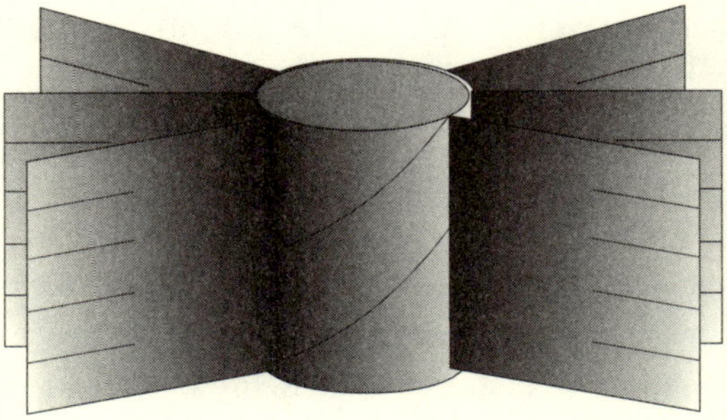

Abb. 1.1: Systemorientiertes Arbeiten mit Supervision: Sieben Dimensionen

Zur Veranschaulichung der vielfältigen Einflüsse, die untrennbar mit der Supervisionserfahrung verbunden sind, werden in den folgenden Kapiteln Beispiele für die Mannigfaltigkeit und Vernetztheit von Lernmöglichkeiten dargestellt. Die Inhalte werden in verschiedenen Formaten vermittelt, wie (a) Tabellen für Transkripte und Überlegungen zu deren Bedeutung oder (b) Grafiken, die die unterschiedlichen Forschungsbereiche markieren.

Das Kapitel 2 beginnt mit einer Darstellung der zwei Hauptfaktoren, Aufgaben und Funktionen, durch welche Supervisionstätigkeit bestimmt wird. In Kapitel 3 wird die Supervisionsbeziehung diskutiert. In Kapitel 4 werden die Faktoren des Supervisionskontextes, nämlich Supervisor, Auszubildender, Klient und Institution dargelegt. Das Kapitel 5 enthält ein vollständiges Supervisionsinterview, mit kritischen Kommentaren der Teilnehmer und einer SAS-Analyse. Kapitel 6 demonstriert die Anwendung des Modells auf Supervisionsfälle innerhalb einer Konsultationsgruppe zum Thema Supervision. Im Buch dienen Dialoge und Beispiele tatsächlicher Supervisionsinteraktionen durchgängig zur Definition und Illustration der Schlüsselkonzepte des Modells. Einige dieser Beispiele aus der Praxis habe ich ohne weitere Erklärungen präsentiert, so daß die Leser, wenn sie ihre persönliche Erfahrung oder ihr praktisches Wissen aus Beratungs- oder Supervisionstätigkeit nützen, herausfinden können, in welcher Weise diese Beispiele für sie selbst bedeutsam sind.

2 Aufgaben und Funktionen der Supervision

Im wesentlichen besteht das Ziel der Supervision darin, eine dauerhafte Beziehung aufzubauen, deren spezifische Aufgaben darin liegen, die professionelle Entwicklung des Supervisanden zu fördern. In der Systemorientierten Arbeit mit Supervision (SAS) bestehen die Lehraufgaben und die Supervisionsfunktionen in der Beschreibung von Supervisionstätigkeit und -prozeß. Dieses Kapitel erläutert die Charakteristika von Aufgabe und Funktion so, wie sie in der empirischen und praxisbezogenen Literatur definiert sind. Darüber hinaus enthält es Prozeßtranskripte von Supervision.

Identifikation von Aufgaben und Funktionen in der Praxis

Zur Illustration aller Aufgaben und Funktionen der Supervision werden Originalexzerpte aus Supervisionsinterviews in Transkript 2.1 bis 2.5 wiedergegeben. Da während der Supervision der Schwerpunkt oft schnell wechselt, erklärt der Begleittext jedes Charakteristikum einzeln, damit der Gesamtzusammenhang des Interviews nicht verlorengeht. Der Begleittext bezieht sich auch auf weiter zurückliegende Beispiele aus dem Gesamttranskript. In der linken Spalte wird die Supervisionsinteraktion dargestellt, in der mittleren die Supervisionsaufgaben und in der rechten die Supervisionsfunktion. Aufgaben und Funktionen werden zum leichteren Erkennen in **fetter** Schrift gedruckt.

Es empfiehlt sich, die Ausführungen des Begleittextes im Sinnzusammenhang mit den Transkripten zu lesen. Wenn Sie also im Text Definitionen der Supervisions*aufgaben* lesen, dann suchen Sie Entsprechendes in den linken und mittleren Spalten. Beim Lesen der Definitionen von Supervisions*funktionen* sehen Sie in den linken und äußersten rechten Spalten nach.

Supervisionsaufgaben

Aufgabe wird hier als „eine klar definierte Arbeitseinheit, wie sie einer Person übertragen oder von ihr erwartet wird“ (*Stein* 1975) verstanden. Die Aufgaben der Supervision werden durch umfangreiche Fachkenntnisse, die die Grundlage der Psychotherapeutenrolle sind, definiert. Diese fachlichen Wissensgrundlagen können „domänenspezifisch“ genannt werden, die Definition der Domäne ist nicht eindeutig und ist im Bereich der Pädagogik Gegenstand beträchtlicher Diskussionen. Nach ausgiebiger Durchsicht der Literatur im Bereich Lehrerfortbildung und pädagogischer Psychologie kamen *Alexander* und *Judy* (1988) zu dem Schluß, daß „domänenspezifisches“ Fachwissen jedes beliebigen Bereiches drei Typen von Wissen umfaßt: deklaratives Wissen, prozedurales Wissen und konditionales Wissen. Auch wenn diese drei Typen sich untereinander überschneiden, können sie dennoch wie folgt definiert werden:

> *Deklaratives Wissen* meint Informationen über Tatsachen (Kenntnisse von Tatsachen). *Prozedurales Wissen* ist die Umsetzung von Tatsachenwissen in funktionale Einheiten, zu welchen „domänenspezifische“ Strategien gehören (Kenntnisse von Vorgehensweisen). *Konditionales Wissen* beinhaltet das Verständnis für Bedingungen, also Zeitpunkt und Situation, unter welchen bestimmte Tatsachenkenntnisse herangezogen und spezielle Vorgehensweisen angewandt werden [Kursiv von der Autorin] (*Alexander* & *Judy* 1988, 376).

Obwohl diese Kenntnisbereiche miteinander verbunden sind, gibt es kaum Forschungsergebnisse darüber, wie sie während des Lernprozesses aufeinander einwirken. Dennoch sind zwei Erkenntnisse unbestritten: Erstens: Personen, die ein Wissensgebiet bereits kennen, können neue Informationen besser verstehen und behalten (z.B. *Chi* 1985; *Glaser* 1984). Zweitens: Personen, die ihre eigenen Lernprozesse betrachten und steuern, während sie mit einer Aufgabe beschäftigt sind, sind leistungsstärker als solche, die dies nicht tun (z.B. *Flavell* 1981; *Garner* 1987).

Die oben genannten Definitionen von Wissen scheinen besonders für die Lehrtraditionen im Bereich der psychologischen Beratung relevant zu sein. In Texten über Vorgehensweisen in der psychologischen Beratung wird oft vom Wissen darüber gesprochen, was mit dem Problem eines Klienten zu tun sei, wie das Verfahren der Intervention zu artikulieren oder wie darauf eingewirkt werden könne und zu welchem Zeitpunkt dies zu geschehen habe (*Cormier* & *Hackney* 1993; *Egan* 1982; *Ivey* 1993).

Auch wenn die Charakterisierung der Faktoren, die für Psychotherapie entscheidend sind, noch ziemlich umstritten ist (*Bergin* & *Garfield* 1986; *Greenberg* & *Pinsof* 1986), so haben Supervisoren doch eine ganze Reihe allgemeiner Erwartungen hinsichtlich der Fertigkeiten und Fähigkeiten, die für die fachkompetente

Ausübung der psychologischen Beratungstätigkeit – d.h. für „domänenspezifische" Beratungsaufgaben – notwendig sind. Aus diesem größeren Wissensfundus wählen Supervisoren und Studenten diejenigen spezifischen Lernziele, die den individuellen Bedürfnissen des Auszubildenden entsprechen. Zu diesen Zielen können deklaratives, prozedurales oder konditionales Wissen oder alle drei Bereiche gehören. Auch wenn in den vergangenen 10 Jahren erhebliche Fortschritte auf dem Gebiet der Bestimmung kritischer Prozeßvariablen gemacht worden sind, so gibt es über die Definition effektiver Praxis immer noch große Meinungsunterschiede. Supervisoren beurteilen die Leistungen ihrer Supervisanden nach Kriterien beobachtbaren Verhaltens und stillschweigendem Wissen über „richtig" und „falsch" (*Polanyi* 1967) in der praktischen Arbeit. Es liegt auf der Hand, daß dieses stillschweigende Wissen nicht nur schwer zu quantifizieren ist, sondern daß es ebenso schwer ist, darüber von jemandem Rechenschaft zu verlangen; dennoch ist es ein Bestandteil fachlicher Leistungsbeurteilung, das jeder Supervisor wissentlich oder unbewußt anwendet. Supervisoren stehen also vor der Aufgabe, die Anwendung dieses Grundwissens in verständlicher und relevanter Weise zu artikulieren, damit sie den Studenten demonstrieren können, wie man Fähigkeiten einer höheren Ebene anwendet. Oft sehen sich Supervisoren nicht in der Lage, diejenigen kognitiven Prozesse zu identifizieren, mit welchen sie zu bestimmten Konzeptbildungen oder Interventionsentscheidungen gelangt sind. Da wir in der Literatur sehr wenig finden, was über allgemeine Untersuchungsbereiche hinausgeht, liegt die Verantwortung bei den Supervisoren selbst, aktiv darüber nachzudenken, wie sie ihre Kenntnisse zur Erarbeitung und Erfüllung „domänenspezifischer" Ziele benutzen.

Operationalisierung der Aufgaben

Die vielfachen Charakteristika und Fähigkeiten, die in der Literatur genannt werden, können in fünf große Bereiche eingeteilt werden. Zu den Kategorien der Lehrziele gehören: Methodenkompetenz, fallbezogene Konzeptbildung, professionelle Rolle, emotionale Achtsamkeit für intra- und interpersonale Vorgänge und die Selbsteinschätzung (*Holloway* & *Acker* 1988) (s. Abb. 2.1).

Methodenkompetenz

Zur Supervision der Methodenkompetenz gehören unter anderen: Kommunikationsmuster, Empathie, Personalisation und Beratungstechniken, wie Symptomverschreibung, Desensibilisierung und Verstärkung, oder solche Fertigkeiten, die die Supervisorin ganz allgemein für Grundvoraussetzungen psychologischer Methodenkompetenz hält, die aber auch für die jeweiligen Supervisanden individuell relevant sind. Der Aufgabenbereich psychotherapeutischer Fähigkeiten befaßt sich mit der Frage, welche Interventionen für den Klienten angemessen sind (s. Transkript 2.1, Exzerpt 2, Spalte 2, S. 35ff.). Es ist wesentlich, daß die Supervisorin, wenn der Ausbildungskandidat seine emotionalen Reaktionen auf einen Klienten beschreibt, dieses Anliegen zwar würdigt, aber ihren Supervisionsfokus dennoch auf das Vermitteln von Interventionsstrategien legt, und nicht darauf, die Bedeutung der Gefühle des Supervisanden zu ergründen.

Abb. 2.1: Die Supervisionsaufgaben

Fallbezogene Konzeptbildung

Fallbezogene Konzeptbildung erfordert, daß sowohl Supervisorin als auch Supervisand die psychologische Geschichte und das dargestellte Problem der Klientin kennen. Die Entwicklung eines Konzeptgerüstes, das für ein weites Spektrum verschiedener Kliententypen anwendbar ist und den Wertvorstellungen der Therapeutin über persönliche Entwicklung und Veränderung entspricht, ist für die

Ausbildung von entscheidender Bedeutung. Häufig steht die fallbezogene Konzeptbildung im Mittelpunkt der Ausbildung, weil der Supervisor die Auszubildenden dahin führen will, daß sie das Verhalten des Klienten verstehen und es dann vor dem Hintergrund theoretischer Erkenntnisse betrachten. In den meisten Supervisionssitzungen geht es um die Diskussion der Klientensituation, um die Beratungsbeziehung und um den Verlauf des therapeutischen Prozesses, woraus dann Diagnose und Therapieplan abgeleitet werden.

Den Sinn des Klientenverhaltens zu analysieren und zu „enträtseln“, ist für die Formulierung strategischer Interventionen entscheidend. Im Verlauf der Konzeptbildung wird die beratungstheoretische Ausrichtung des Teilnehmers deutlich, während der Supervisor beispielsweise seine eigenen praxisbezogenen deklarativen, prozeduralen und konditionalen Kenntnisse zeigt.

In Exzerpt 1 des Transkripts 2.1 (S.34f.) wird fallbezogene Konzeptbildung als Schwerpunkt der Arbeit dargestellt. Der Supervisor setzt den Akzent auf das Verständnis der Dynamik zwischen Supervisand und Klient. Er formuliert zunächst eine Strategie um zu intervenieren, wenn der Klient Geschichten erzählt, und er demonstriert dann eine Supervisionstechnik (Rollenspiel), mit der dieses Ziel erreicht werden kann. Aus den Transkripten geht hervor, daß fallbezogene Konzeptbildung fast immer ein Teil des Supervisionsgespräches ist und psychologischen Beratern die Grundlage für die Ausarbeitung des Interventionsplanes mit ihren Klienten schafft.

Professionelle Rolle

Die professionelle Rolle befaßt sich mit Fragen, wie Supervisanden (a) angemessene Mittel von außerhalb für den Klienten einsetzen; (b) Grundsätze professioneller und ethischer Handlungsweisen anwenden; (c) Verfahrensweisen kennenlernen, um regelmäßige Aufzeichnungen zu erstellen, um Vorgehensweisen zu beherrschen und angemessene, fachübergreifende Beziehungen zu pflegen; und (d) aktiv an der Supervisionsbeziehung teilhaben. Die Gestaltung der Supervisionsbeziehung ist entscheidend für die fachliche Entwicklung, weil sie Teil des vertraglich vereinbarten Engagements im Lernprozeß des Beraters ist. Wie in Kapitel 1 erläutert wurde, gibt diese Beziehung dem Auszubildenden die Möglichkeit, sich seinen eigenen zwischenmenschlichen Stil bewußt zu machen und gleichzeitig diese Erkenntnisse auf die Beraterrolle anzuwenden und zu artikulieren. Um eine ethische und wirkungsvolle Lernumgebung zu schaffen, ist es für alle Beteiligten von entscheidender Bedeutung, sowohl die Grenzen als auch die Verantwortlichkeiten ihrer jeweiligen Rolle zu beachten. In Transkript 2.2 (Seite 41ff.), setzt der

(Fortsetzung Seite 39)

TRANSKRIPT 2.1
Aufgaben und Funktionen der Supervision

Exzerpt 1

Supervisionsgespräch	*Supervisionsaufgaben*	*Supervisionsfunktion*
Supervisand Na ja, also dann werde ich wahrscheinlich fragen … also vielleicht stelle ich ihm eine Frage oder so und er, also häufig antwortet er dann mit einem ganz kurzen Satz und erzählt dann seine Geschichte weiter, es ist also, verstehst du, als ob er mir für eine Minute seine Aufmerksamkeit schenkt, aber auf eine Weise, als ob er mich irgendwie beiseite schiebt und dann mit seiner Geschichte weitermacht.	Der Supervisand stellt seine Wahrnehmung der Interaktionsdynamik der Beratungssitzung dar und liefert Informationen für die **fallbezogene Konzeptbildung**.	
Supervisor OK, du bleibst also in der Situation stecken, daß er dir Geschichten erzählt …	Der Supervisor beginnt mit der **Konzeptbildung** über die Interaktionsabläufe.	Der Supervisor **erklärt** dem Supervisanden seine Deutung der Dynamik in der Beratungsbeziehung.
Supervisand Mhm, ah …		
Supervisor Du hast also das Gefühl, daß er dir die Führung abnimmt, so daß du dein Ziel nicht verfolgen kannst, etwas zu erforschen, was du anscheinend erforschen willst. Und du hast also den Eindruck, daß sein Geschichtenerzählen eine Vermeidungsstrategie ist.	Der Supervisor benennt die Interpretation des Supervisanden, warum der Klient Geschichten erzählt, und führt damit die **fallbezogene Konzeptbildung** weiter aus.	Der Supervisor **erklärt** dem Supervisanden seine Meinung.
Supervisand Ich denke schon … Ich bin mir nicht ganz sicher, was all seine Gründe sind, warum er Geschichten erzählt. Aber das ist es …	Der Supervisand stellt die Interpretation des Supervisors in Frage.	

(Fortsetzung)

TRANSKRIPT 2.1 Fortsetzung

Supervisionsgespräch	***Supervisionsaufgaben***	***Supervisionsfunktion***
Supervisor Das ist dein Gefühl …	Der Supervisor fördert die **emotionale Selbstwahrnehmung** des Supervisanden.	Der Supervisor **unterstützt** den Supervisanden darin, seine Gefühle wahrzunehmen.
Supervisand Ja, ich habe den Eindruck, daß das seine Art ist, sich wohlzufühlen vielleicht, und mhm, auch seine Art, zu mir eine Beziehung herzustellen. Vielleicht reagieren viele Leute sehr positiv darauf, vielleicht sagen sie, er kann gut erzählen, vielleicht sagen sie: „Mensch Hank, das ist aber eine interessante Geschichte" oder so was.	Der Supervisand beginnt damit, ein **Konzept** zu **bilden** über die Dynamik des Falles, wobei er das Verhalten des Klienten in der Beratung auf Anzeichen hin untersucht, die Rückschlüsse auf ein generalisiertes Verhaltensmuster im Leben des Klienten erlauben.	
Supervisor OK. Es gibt verschiedene Möglichkeiten. Eine davon ist, daß seine Geschichten etwas damit zu tun haben, was er braucht. Hast du daran schon mal gedacht? Haben sie am Rande etwas mit Antworten auf deine Fragen zu tun?	Der Supervisor ermutigt den Supervisanden zu seiner **fallbezogenen Konzeptbildung**.	Der Supervisor unterbreitet dem Supervisanden verschiedene Hypothesen, die einen Bezug zum Klientenverhalten haben könnten, und **stellt** dem Auszubildenden **zielgerichtete Fragen**, um spezifischere Informationen zu erhalten.
Exzerpt 2		
Supervisor Ich denke, das ging in die richtige Richtung, ich meine aber, daß du hier intervenieren solltest. Das, was du zum Ausdruck bringen willst, ist erstens: „Hör mal, du verbrauchst hier Sendezeit mit Geschichtenerzählen, die anscheinend nichts mit dem zu tun	Der Supervisor lenkt das Gespräch auf **Methoden**, die zur Intervention beim Geschichtenerzählen des Klienten angewandt werden könnten.	Zunächst **unterstützt** der Supervisor den Supervisanden, dann demonstriert er eine Intervention und **erklärt** ihm schließlich, wie er intervenieren kann.

(Fortsetzung)

TRANSKRIPT 2.1 Fortsetzung

Supervisionsgespräch	***Supervisionsaufgaben***	***Supervisionsfunktion***
haben, was hier unsere Ziele sind." Ich denke, du kannst sogar noch direkter sein, und zwar in dem Sinn, daß du mit ihm das Geschichtenerzählen thematisierst. Du hast nämlich Gefühle über seine Erzählerei. Wegen anderen Interventionen oder Dinge, die er dir sagt oder die Art und Weise, wie er sich dir gegenüber verhält, hast du keine negativen Gefühle.	Der Supervisor erwähnt zwar die Gefühle des Supervisanden, sie sind aber nicht das zentrale Thema. Das Schwergewicht liegt immer noch auf **Methodenkompetenz.**	
Ich denke, daß du jetzt in einer Position bist, in der du ihm gegenüber direkter sein kannst. Darüber, was du wahrnimmst, wie er mit der Sitzung selbst umgeht, statt darüber, wie er sich im Leben außerhalb der Sitzungen verhält und den Geschichten, die er dir erzählt.		
Supervisand OK.		
Supervisor Es ist wichtig, daß er sich bestimmte Fragen anschaut. Besonders hat es den Anschein, daß es um Fragen geht, die Gefühle betreffen. Im Grunde genommen ist das seine Art zu vermeiden, über Gefühle zu sprechen. Es könnte aber auch seine Art sein, über Gefühle zu sprechen.	Der Supervisor wendet sich wieder der **fallbezogenen Konzeptbildung** zu und teilt eine Hypothese über die Motivation des Klienten mit.	Der Supervisor **erklärt** dem Supervisanden seine Meinung.
Ich denke aber, daß es zu den Dingen zählen könnte,	Der Supervisor fordert den Supervisanden abschließend	Weiterhin steht die Funktion des **Erklärens** im

(Fortsetzung)

TRANSKRIPT 2.1 Fortsetzung

Supervisionsgespräch	***Supervisionsaufgaben***	***Supervisionsfunktion***
die du ihm beibringen kannst, daß es auch andere Möglichkeiten gibt über Gefühle zu sprechen, als Geschichten zu erzählen. Wenn wir also von diesen wenigen Punkten ausgehen, wie könntest du deine Intervention umstrukturieren?	auf, darüber nachzudenken, welche **Methode** er für den Klienten hätte benutzen können.	Vordergrund, aber der Supervisor geht dazu über, dem Supervisanden Empfehlungen über Interventionsmöglichkeiten mit dem Klienten zu geben.
Supervisand Also, ich habe ... also, ich sollte dir sagen, daß ich Bedenken habe, das zu tun. Als du es beschrieben hast, ist mir eingefallen, ich denke, es ist ein Gefühl, als ob ... ich meine, was ist das schon, wir hatten ja erst fünf Sitzungen.	Der Supervisand kommt noch einmal auf das unmittelbare interpersonale **Gefühlserleben** in der Supervisionssitzung zurück.	
Supervisor Aha, mhm.		
Supervisand Wenn das seine wichtigste Art ist, sich zu mir in Beziehung zu setzen, dann werde ich ein bißchen nervös, wenn ich aus heiterem Himmel plötzlich sage: „Also, jetzt halt mal die Luft an, wir ändern jetzt die Regeln." Ich meine, also, du bist so, ... weißt du ... Es ist, also, ich habe das Gefühl, daß ich möglicherweise unsere Beziehung gefährde, wenn ich zu massiv werde und ihn damit konfrontiere. Ist das nicht ... ist das nicht ... also kann ich das wirklich tun, ohne unsere Beziehung zu gefährden?		

(Fortsetzung)

TRANSKRIPT 2.1 Fortsetzung

Supervisionsgespräch	*Supervisionsaufgaben*	*Supervisionsfunktion*
Supervisor Ja, ich denke du kannst, und ich denke auch, daß deine Bedenken gerechtfertigt sind. Du möchtest ihn nicht abweisen, und das Geschichtenerzählen ist für ihn ein sehr wichtiges Instrument. Also, weißt du was, ich denke, wir könnten das im Rollenspiel machen; könnte eine nette Sache sein, es so auszuprobieren und daran weiterzuarbeiten. OK?	Der Supervisor würdigt die **emotionale Achtsamkeit** des Klienten und nutzt sie für die Entwicklung der **Methodenkompetenz** des Supervisanden.	Der Supervisor würdigt die Bedenken des Supervisanden, aber **erklärt** ihm, was er tun kann, und empfiehlt ihm eine Technik, mit welcher der Supervisand seinen eigenen Vorschlag umsetzen kann.
Supervisand Mhm ... Mhm ...		
Supervisor Ich denke nicht, daß du ihn damit zurückweist, ich denke sogar, daß du ihn damit vielleicht sogar enger in die Beziehung einbindest. Weißt du, mit Konfrontationen weist man Menschen nicht zurück, sie können wirklich eine Bindung schaffen, wenn du sie durcharbeitest. OK? Du hast also hier die Gelegenheit, diese Intervention zu machen und vielleicht sogar eure Beziehung zu stärken. Es kommt darauf an, wie du es machst.	Der Supervisor baut die **fallbezogene Konzeptbildung** weiter aus, indem er die Auswirkungen der Intervention diskutiert und konzentriert sich dann auf die **Beratungsmethode** der Konfrontation.	Der Supervisor **erklärt** unmittelbar, welche Auswirkungen die Konfrontationstechnik haben kann und welches besondere Potential sie für die Beratungsbeziehung hat.
Supervisand Ja sicher, ich möchte das sehr behutsam machen, verstehst du.		
Supervisor Wir können das im Rollenspiel machen, wenn du magst, kann ich der Klient sein, und wir gehen es mal durch. Oder	Vorrangiges Lehrziel ist immer noch die Beratungsmethode.	Der Supervisor fragt den Supervisanden nach seiner Meinung über eigene Lernschritte bei dieser Technik (**zielgerichtetes Fragen**).

(Fortsetzung)

TRANSKRIPT 2.1 Fortsetzung

Supervisionsgespräch	*Supervisionsaufgaben*	*Supervisionsfunktion*
möchtest du den Klienten machen und ich den Berater?		
Supervisand Ich denke, wenn ich Hank spiele, dann bekomme ich ein besseres Gefühl dafür, wie es ist, damit konfrontiert zu werden.	Der Supervisand **schätzt sich selbst ein** und kommt zu einem Urteil darüber, wie er die beste Lernerfahrung machen kann.	
Supervisor Gute Idee. OK, machen wir das.		Der Supervisor **unterstützt** den Supervisanden in seiner Entscheidung über die Art und Weise, das Rollenspiel durchzuführen.
(Supervisor und Supervisand beginnen, die Intervention im Rollenspiel durchzuführen.)	In der Rolle des Beraters wird der Supervisor die Beratungstechnik der Konfrontation demonstrieren.	Dieses Transkript endet unmittelbar vor dem Rollenspiel. Der Supervisor **ist** als Berater **Modell** für diese Intervention.

Dieses Transkript wurde der Videoserie *Engagement und Autorität in der Klinischen Supervision* von Martin Acker und Elizabeth Holloway, Universität von Oregon, 1988, entnommen. Veröffentlichung genehmigt von Martin Acker und Elizabeth Holloway. (Die Videobänder sind im Handel nicht erhältlich.)

(Fortsetzung von Seite 33)

Ausbildungsleiter zwischen den unterschiedlichen Rollen als Supervisor, Auszubildender und Ausbildungsleiter klare Grenzen. Beachten Sie, daß der Ausbildungsleiter seine Aufmerksamkeit fast ausschließlich auf Merkmale der Supervisionssituation der Auszubildenden richtet. Obwohl die Supervisandin emotional um Hilfe bittet, läßt sich der Leiter nicht davon ablenken, über den Klienten zu diskutieren.

Emotionale Achtsamkeit: intra- und interpersönlich

Im Bereich der emotionalen Achtsamkeit geht es darum, daß Auszubildende ihre eigenen Gefühle, Gedanken und Verhaltensweisen wahrnehmen, die aus der

Arbeit mit Klienten und Supervisoren resultieren. Sowohl die intra- als auch die interpersönliche Achtsamkeit sind für Beratungs- und Supervisionsarbeit relevant. Viele Beratungstheorien betonen, wie wichtig es ist, das eigene emotionale Material sowohl historisch als auch in der unmittelbaren Situation mit Klienten zu verstehen. Auch die emotionalen Reaktionen der Partner einer Supervisionsbeziehung können für deren Arbeit mit Klienten von Bedeutung sein. So kann die Supervisorin aufmerksam machen auf die emotionale Reaktion eines Supervisanden, auf etwas, was in der Supervision gesagt wurde oder auf die Reinszenierung der emotionalen Dynamik der Supervisionsbeziehung. Der letztere Vorgang, der üblicherweise als eine Aufgabe emotionaler Achtsamkeit betrachtet wird, wird oft als *Parallelprozeß* bezeichnet. Der Kontext, in welchem sich Parallelprozesse entwickeln, wird in Kapitel 4 unter Klientenfaktoren detaillierter erörtert. In Transkript 2.3 (S. 46ff) sind diejenigen Themen emotionaler Achtsamkeit, die die Supervisionsbeziehung beeinflussen, vorrangige Aufgabe der Supervision.

Selbsteinschätzung

Für alle Berater ist Selbsteinschätzung eine notwendige Aufgabe ihrer Arbeit mit Klienten. Bereitschaft und Fähigkeit, die Grenzen der eigenen Kompetenz, die Effektivität und Fortschritte beim Klienten zu erkennen, sind ethische Verantwortung und entscheidend für fortschreitendes professionelles Wachstum von Beratern. Besonders in einem Bereich, in welchem ein Großteil der Arbeit im Rahmen der Vertraulichkeit geleistet wird, so daß nur Beraterin und Klientin Zeugen dieser Arbeit sind, ist es entscheidend, die Grenzen der eigenen Kompetenz und die Effektivität erkennen zu lernen. Auch dann, wenn die Beraterin supervidiert wird, hängt die Supervisorin vom Urteil der Supervisandin darüber ab, was notwendiger Gegenstand der Supervision sein soll. Für den Vorgang der Selbsteinschätzung dient der Supervisor ständig als Modell; dennoch ergeben sich Gelegenheiten, bei welchen die Aufgabe der Selbsteinschätzung ausdrücklicher im Vordergrund steht. Transkript 2.4 (Spalte 2, S. 50ff.) gibt ein Beispiel für die supervisorische Förderung der Selbsteinschätzungsprozesse auf Seiten des Studenten. Hier wird erkennbar, wie der Supervisor den Supervisanden dazu ermutigt, das Geschehen im Beratungsgespräch unter die Lupe zu nehmen und dessen Wirkung auf den Klienten zu bestimmen. Anstatt selbst das Verhalten des Supervisanden zu beurteilen, akzentuiert er ständig dessen Selbstbeurteilungsprozeß.

TRANSKRIPT 2.2
Aufgaben und Funktionen der Supervision

Supervisionsgespräch	*Supervisionsaufgaben*	*Supervisionsfunktion*
Leiter Wie geht's dir, Laura?		
Supervisandin Also, ich bin ein bißchen, mhm ... sauer, glaub ich, wegen eines Klienten, den ich habe, und deshalb wollte ich kommen und mit dir darüber reden. Ich bin irgendwie entmutigt und frustriert. Der Grund, warum ich gerade zu dir komme ist, mhm, ich habe schon mit so vielen Leuten geredet und, also, ich hätte gerne eine Anregung, eine Idee ... ähm, eine andere Meinung, was ich tun könnte, wenn ich überhaupt etwas tun kann.	Die Studentin sagt zunächst, warum sie gekommen ist. Aus ihren Erklärungen geht hervor, daß sie sich schon mit einer Reihe von Leuten beraten hat, ehe sie sich an den Ausbildungsleiter um Hilfe wandte. Außerdem drückt sie ihre **Gefühle darüber aus, wie sie die Beratungsbeziehung wahrnimmt.**	
Leiter Du bist bei Doug in Supervision, sehe ich das richtig?	Der Leiter beginnt das Gespräch, indem er sofort die **Supervisionsbeziehung** klärt.	Der Leiter **stellt kritisch fest**, in welcher Supervisionssituation sich die Studentin befindet.
Supervisandin ... ahm ah mhm.		
Leiter Hattest du schon Gelegenheit, mit ihm darüber zu sprechen, über diesen Klienten?	Der Leiter findet heraus, ob sie ihre Supervision schon für die Diskussion dieses Klienten genutzt hat.	Er führt die **kritische Bestandsaufnahme** weiter, wobei er die Ereignisse, die dazu geführt haben, daß die Studentin seine Hilfe sucht, herausfindet.
Supervisandin Oh ja, ja. Mit diesem Klienten beschäftigen wir uns schon eine ganze Weile, hin und her, hin und her. Was kann ich noch tun? Ich bin immer noch ziemlich frustriert.	Die Studentin streift kurz die Aufgabe der **professionellen Rolle**, kehrt aber sofort zu ihrer Unzufriedenheit mit dem Prozeß zurück und wiederholt ihre **intrapersönliche Wahrnehmung (emotionale Achtsamkeit).**	

(Fortsetzung)

TRANSKRIPT 2.2 Fortsetzung

Supervisionsgespräch	***Supervisionsaufgaben***	***Supervisionsfunktion***
Leiter Du hast erwähnt, daß du auch mit anderen Beratern über diesen Klienten gesprochen hast.	Der Leiter erfragt weitere Informationen darüber, was die Supervisandin getan hat, um sich beraten zu lassen.	Der Leiter **stellt kritisch** die Situation **fest**, wobei er das Beratungsverhalten der Studentin abfragt.
Supervisandin Na ja, also, du weißt schon, wie man eben so mit Kollegen redet, wenn man sich trifft. Man erwähnt es auch in der Gruppensupervision ... du weißt schon, in der man ständig arbeitet und so was. Ich habe also diesen Klienten zur Sprache gebracht, weil ich dermaßen frustriert mit diesem Klienten bin. Was soll ich mit diesem Menschen nur machen. Also ja, ich habe mit einigen Leuten gesprochen und sie gefragt: „Was würdest du in so einer Situation machen?"	Die Supervisandin geht wieder über das Thema der **professionellen Handhabung** hinweg und kommt auf ihre Unzufriedenheit zurück, über die Hilfe, die sie für ihre klinische Arbeit bekommt.	
Leiter Und sind die Antworten, die du von diesen Leuten bekommst, anders als das, was Doug dir sagt?	Der Leiter kommt zum Thema der **professionellen Handhabung** ihrer Supervisionsbeziehung zurück.	Hier führt der Leiter in erster Linie eine **kritische Bestandsaufnahme** durch; gleichzeitig klärt er möglicherweise die Supervisionseffizienz ab, denn als Leiter ist er auch für die Leistungen der Supervisoren verantwortlich.
Supervisandin Ja, schon. Ich bekomme von ihnen ein anderes Feedback, aber es ist für mich immer noch nicht befriedigend. Weißt du, ich bringe diese Informationen mit in die Sitzungen und benutze sie, aber ich bin mir einfach nicht sicher ... ich	Die Studentin antwortet kurz auf die Frage zu ihren Supervisionserfahrungen und kehrt wieder zurück zur **emotionalen Wahrnehmung** ihrer Unzufriedenheit mit der Supervisions- und Beratungsbeziehung.	

(Fortsetzung)

TRANSKRIPT 2.2 Fortsetzung

Supervisionsgespräch	*Supervisionsaufgaben*	*Supervisionsfunktion*
habe nicht den Eindruck, daß der Klient sich in irgendeiner Richtung bewegt.		
Leiter Mhm, mhm.		
Supervisandin Mein Eindruck ist, daß mein Klient ziemlich viel Widerstand zeigt und mhm, je stärker sein Widerstand wird, um so frustrierter werde ich in den Sitzungen.		
Leiter Weißt du, ich kann schon verstehen, wie frustriert du bist, mhm, mir geht es aber hier darum, ich meine, ich will nicht in Dougs Arbeit mit dir einsteigen. Ich möchte mich nicht über ihn hinwegsetzen und mit einer seiner Supervisandinnen arbeiten. Weißt du, ich würde sehr gerne Supervision machen und helfen, wenn ich helfen kann. Es ist mir aber auch wichtig, und ich denke, es ist auch für Dougs und deine Beziehung zueinander wichtig, daß, sollte uns gemeinsam etwas einfallen, was du mit deinem Klienten ausprobieren könntest, daß du vorher Doug darüber informierst.	Der Leiter würdigt die Gefühle der Studentin, beschäftigt sich dann aber mit dem Thema, außerhalb der Supervisionsbeziehung zu arbeiten, und äußert seine Bedenken darüber, wie ihr ständiger Supervisor das auffassen könnte. Er klärt seine **professionelle Rolle als Ausbildungsleiter** und verdeutlicht die Grenzen seiner Bereitschaft zu helfen.	Hier **unterstützt** der Leiter die Studentin, aber es wird deutlich, daß es ihm in erster Linie um das Thema von Grenzsetzung innerhalb der Supervision geht. Er teilt ihr seine Überlegungen zu diesem Thema mit. Hier **teilt er sich mit**, was seine Gefühle über seine Teilnahme an der Supervisionsbeziehung angeht, **erklärt** ihr aber deutlich seine professionelle Verantwortung gegenüber ihrem Supervisor.
Meine nächste Frage ist: Weiß Doug, daß du bei mir bist und mit mir über diesen Klienten diskutierst?	Der Leiter setzt Grenzen im Zusammenhang mit Supervision und ist Modell für die **Handhabung** von Grenzen in professionellen Beziehungen.	Wieder **stellt er kritisch fest**, wie sich die Studentin gegenüber ihrem eigenen Supervisor verhalten hat.

Dieses Transkript wurde der Videoserie *Engagement und Autorität in der Klinischen Supervision* von Martin Acker und Elizabeth Holloway, Universität von Oregon, 1988, entnommen. Veröffentlichung genehmigt von Martin Acker und Elizabeth Holloway. (Die Videobänder sind im Handel nicht erhältlich.)

Supervisionsfunktionen

Eine Funktion ist „die Art der Handlung oder Tätigkeit, die einer Person oder einem Gegenstand eigen ist; der Zweck, für welchen etwas da ist oder entworfen wurde; die Ausführung einer spezialisierten Handlung oder Tätigkeit" (*Stein* 1975). Rollenbezeichnungen (s. Kapitel 1) sind insofern nützlich, als sie eine gemeinsame Fachsprache für die Beschreibung der pädagogischen und psychologischen Supervisionsfunktionen bieten. Supervisorische Verhaltensweisen wurden gleichgesetzt mit den Rollen des Lehrers und Beraters (*Ellis* & *Dell* 1986; *Ellis, Dell* & *Good* 1988), und die Ergebnisse von Prozeßforschung bestätigen die Autoritätsstrukturen gängiger Supervisionsrollen (*Holloway* & *Poulin* 1995). Man beachte, daß die Form dieser Rollen hier verändert (von Substantiven in Verben) und dahingehend vereinfacht wurde, daß einerseits ihr dynamischer Charakter betont wird und andererseits die Rolle des Supervisors in einem größeren Zusammenhang gesehen wird.

Die fünf wichtigsten Funktionen des Supervisors in der Interaktion mit dem Supervisanden sind:

a: kritische Bestandsaufnahme und Beurteilung,
b: Lehren und Erklären,
c: Modell / Vorbild sein,
d: zielgerichtetes Fragen sowie
e: unterstützen und persönlicher Austausch (*Holloway* & *Acker* 1988).

Jede dieser Funktionen wird durch die jeweils rollentypischen Verhaltensweisen gekennzeichnet und durch die Autoritätsverhältnisse innerhalb der Beziehung, die diese Funktion bestimmen.

Die konzeptuelle Verbindung von Rolle, Funktion und Autorität überbrückt zwei Strömungen der Supervisionsforschung – zum einen die Erforschung sozialer Rollen, zum anderen die Erforschung der Supervisionsprozesse. Die Klassifikation von Autoritätsstrukturen von *French* und *Raven* (1960) werden zur Bestimmung von Supervisionsverhalten angewandt, und zwar nach fünf verschiedenen Arten von Autorität (s. Tabelle 2.1, S. 54).

Die Arten von Autorität, die in der Rolle des Supervisors liegen, sind Beurteilungsautorität (Belohnung und Bestrafung), Fachautorität, gesetzliche Legitimation und die Beziehungsautorität. Diese ist ein Ergebnis persönlicher und zwischenmenschlicher Attribute des Supervisors, sie kann sich nur im Rahmen der Beziehung entwickeln. Die Partner in einer fortschreitenden Beziehung, wie sie zur Supervision gehört, lernen gegenseitig ihre Werte, Einstellungen, Überzeugungen und ihr Verhalten kennen. Die zwischenmenschlichen Attribute des Supervisors können den Supervisanden dazu ermutigen, jenem Beziehungsautorität zuzubilligen. Andererseits kann der Supervisand den Supervisor zwischenmenschlich auch sehr unattraktiv finden und ihm deshalb keine Beziehungsautorität zugestehen. Beide Partner beeinflussen den Lehr- und Lernprozeß; im SAS-Modell ist aber der Supervisor dafür verantwortlich, für den Auszubildenden eine förderliche Lernumgebung zu schaffen. Die Supervisandin befindet sich in einer Position, in welcher sie Fähigkeiten und Fachkompetenz sucht und in der Ausübung ihres Berufes keine andere Legitimation hat (abhängig von den gesetzlichen Grundlagen für Ausbildung und Ausübung des psychologischen Beratungsberufes in verschiedenen Ländern – *Anmerkung der Übersetzerin*) als die, in der Ausbildung zu sein. Deshalb steht im Zentrum des SAS-Modells der Umgang des Supervisors mit seiner Autorität. Damit ist nicht gemeint, daß Supervisanden innerhalb der Supervisionsbeziehung über keinerlei Autorität verfügen, sondern daß sie nicht das gleiche Maß an Verantwortung im Bereich der formalen Beurteilung und Ausbildung tragen.

Die Funktionen (i.S. von Autorität) ändern sich, je nach Art des Gesprächs und im Verlauf der Beziehung. Deshalb ist es notwendig, daß die Beziehungen so flexibel bleiben, daß sie für die unterschiedlichen Funktionen (z.B. die Verteilung der Autorität) in Übereinstimmung mit den unmittelbaren supervisorischen Zielen ausreichend Gelegenheit bieten. Auch wenn beispielsweise der Supervisor über die Autorität der Legitimation und der Beurteilung verfügt (Belohnung und Bestrafung), so wird dessen Wirksamkeit in der Ausübung seiner Fachautorität und seiner persönlichen Autorität dennoch von der wachsenden Kompetenz, den persönlichen Bedürfnissen und dem Stil der Selbstdarstellung auf seiten des Studenten beeinflußt. Zusammenfassend bietet das Autoritätskonzept von *French* und *Raven* (1960) mit seiner Beschreibung der Autoritätstypen in der Supervisionsrolle eine nützliche Arbeitshypothese, die wir im SAS-Modell anwenden, um die Supervisionsfunktionen zu definieren.

TRANSKRIPT 2.3
Aufgaben und Funktionen der Supervision

Supervisionsgespräch	*Supervisionsaufgaben*	*Supervisionsfunktion*
Supervisorin Grüß dich, Anne, worüber möchtest du heute sprechen?		Die Supervisorin **stellt** eine **zielgerichtete Frage**, damit die Supervisandin die Supervisionsthemen identifiziert.
Supervisandin Ich glaube, ich möchte über die Klientin meiner letzten Sitzung sprechen ... Die Situation ist ziemlich interessant; ich weiß nicht so recht, ich bin ein bißchen verblüfft. Ich vermute, daß es mir erst jetzt auffällt, mir sind so einige nonverbale Sachen, aber auch Verbales aufgefallen, das im Zusammenhang mit den nonverbalen Sachen auf ein Thema hinweisen könnte. Ich glaube, daß eines der Dinge, die mir aufgefallen sind ... die Klientin ist mir nähergekommen, also tatsächlich körperlich näher. Unsere Stühle stehen auf einem bestimmten Platz, und es ist mir aufgefallen, daß wir jetzt näher beieinander sind als zuvor.	Die Studentin stellt die Dynamik des Klientenverhaltens vor und ihre eigene emotionale Reaktion darauf, wobei sie ein **fallbezogenes Konzept** bildet und ihre eigene **emotionale Achtsamkeit** in der Beratungsbeziehung darstellt.	
Supervisorin Welche Klientin ist das?		Die Supervisorin **stellt eine zielgerichtete Frage** zur Klärung.
Supervisandin Jill.		
Supervisorin OK ... Sie scheint also näher zu dir hinzurücken.	Die Supervisorin erfragt weitere Klienteninformationen, um eine Grundlage für **fallbezogene Konzeptbildung** zu haben.	Die Supervisorin führt den **zielgerichteten Frageprozeß** fort, um Informationen zum Fall zu erhalten.

(Fortsetzung)

TRANSKRIPT 2.3 Fortsetzung

Supervisionsgespräch	*Supervisionsaufgaben*	*Supervisionsfunktion*
Supervisandin Ja, es ist interessant. Ich weiß, wir sehen uns jetzt schon eine ganze Weile, aber mir scheint, daß von ihrer Seite aus mehr tatsächliche Berührungen ausgehen.	Die Studentin fährt fort in der Diskussion der Klientin und der Beratungsinteraktion, um den Prozeß der **fallbezogenen Konzeptbildung** weiterzuführen.	
Supervisorin Wie fühlst du dich dabei?	Die Supervisorin wechselt über zur **emotionalen Achtsamkeit** der Studentin in ihren Reaktionen auf das Verhalten der Klientin.	Die Supervisorin **stellt eine zielgerichtete Frage** im Hinblick auf den emotionalen Zustand der Supervisandin.
Supervisandin Mhm ... (lange Pause). Also, es fällt mir schon eine ganze Weile auf, und ich denke, daß zuvor die körperliche Berührung kaum eine Rolle gespielt hat. Ich denke, es war auf beiden Seiten recht angemessen, wie zum Beispiel um etwas zu betonen oder so. Aber jetzt habe ich den Eindruck, daß etwas anderes damit zusammenhängt, es kommt mir eher unangemessen vor. Es kommt mir so vor, als ob sie mit der Berührung nicht etwas betont, sondern ähm, die Berührung ausdehnt, und mein Eindruck ist, daß es damit zusammenhängt, daß sie eine größere Bereitschaft zeigt, mir in allem, was ich sage, zuzustimmen.	Die Studentin reagiert nicht auf die Frage nach emotionaler Achtsamkeit, sondern fährt fort in der **fallbezogenen Konzeptbildung**, in der Diskussion der Klientin und der Beratungsbeziehung.	
Supervisorin Und welche Bedeutung hat das für dich?	Auch die Supervisorin geht wieder zurück zur **fallbezogenen Konzeptbildung** und fordert die Supervisan-	Die Supervisorin **stellt eine zielgerichtete Frage** nach der Meinung der Supervisandin.

(Fortsetzung)

TRANSKRIPT 2.3 Fortsetzung

Supervisionsgespräch	*Supervisionsaufgaben*	*Supervisionsfunktion*
	din auf, die Bedeutung des Klientinnenverhaltens zu reflektieren.	
Supervisandin Mhm (Pause). Es scheint, daß sie es mir besonders recht machen will, daß ich für sie sehr wichtig geworden bin; darüber haben wir in der Beziehung auch gesprochen und wie das ist, wenn man (in Therapie) gehen muß. Sie hat früher schon gesagt, daß sie es sehr positiv findet und daß sie die Beziehung, die wir gepflegt haben, als sehr hilfreich erlebt. (Pause)	Die Studentin fährt mit der **fallbezogenen Konzeptbildung** fort.	
Supervisorin Es interessiert mich, ob du dir irgendwelcher eigener Gefühle bewußt bist. Wie reagierst du auf ihr liebevolles Verhalten dir gegenüber? Das, was du unangemessene Berührungen nennst? Emotionen ... welche Gefühle empfindest du?	Die Supervisorin geht noch einmal zur Aufgabe der **emotionalen Achtsamkeit** der Studentin zurück.	Die Supervisorin **unterstützt** die emotionale Selbsteinschätzung der Studentin.
Supervisandin ... Also, im Grunde denke ich, daß die Alarmglocken klingeln, weil ich nicht schlau daraus werde, was im Beziehungszusammenhang zwischen uns geschieht; ich meine, um was es geht. Bis zu einem gewissen Grad fühle ich mich auch geschmeichelt. In gewisser Weise könnten Bemerkungen, Ideen oder Vorschläge oder Interpretationen,	Die Studentin reagiert mit Bedenken anstatt mit Gefühlen. Schließlich wendet sie sich aber doch ihren **Gefühlen** zu und gibt an, sich geschmeichelt zu fühlen.	

(Fortsetzung)

TRANSKRIPT 2.3 Fortsetzung

Supervisionsgespräch	***Supervisionsaufgaben***	***Supervisionsfunktion***
die ganz offensichtlich ein Interesse an der anderen Person ausdrücken, Schmeichelei sein. Ich bin aber wirklich beunruhigt, ich bin mir nicht ganz sicher, ich glaube nicht, daß ich mich in dieser Situation geschmeichelt fühlen möchte.		
Supervisorin Was ist mit der Beunruhigung?	Die Supervisorin bleibt dran und beachtet die zwischenmenschliche **emotionale Achtsamkeit** in ihrer Bedeutung für die **Beratungsbeziehung**.	Die Supervisorin **stellt eine zielgerichtete Frage**, um **Informationen** über die Studentin zu erhalten. Die Supervisorin **unterstützt** die eigene Gefühlserforschung der Studentin in bezug auf die **Beratungsbeziehung**.
Supervisandin Also, ich denke, daß (Pause) ... also, auf alle Fälle möchte ich dieses Gefühl, dieses Bedürfnis geschmeichelt zu sein, in mir nicht kultivieren ... weißt du, meinen Anteil auszuagieren, fast wie in einer engen Umwerbung. Würde mich das daran hindern, bestimmte Dinge zu konfrontieren oder direktiver zu sein?	Die Supervisandin geht zu Fallthemen zurück und erörtert **Methodenkompetenz**.	

Dieses Transkript wurde der Videoserie *Engagement und Autorität in der Klinischen Supervision* von Martin Acker und Elizabeth Holloway, Universität von Oregon, 1988, entnommen. Veröffentlichung genehmigt von Martin Acker und Elizabeth Holloway. (Die Videobänder sind im Handel nicht erhältlich.)

TRANSKRIPT 2.4
Aufgaben und Funktionen der Supervision

Supervisionsgespräch	*Supervisionsaufgaben*	*Supervisionsfunktion*
Supervisand Ich habe mich dabei ertappt, wie ich Bemerkungen machte, so in der Art: „Das wird schon wieder", Bemerkungen, von welchen ich weiß, daß das keine gute psychologische Beratung ist. Ich habe mich dabei ertappt, wie ich aus der Rolle des Beraters ausstieg und statt dessen zum Tröster wurde. Dabei habe ich einen echten Konflikt erlebt und wurde richtig verwirrt. Ich habe mir das Video noch nicht angeschaut und will es mir unbedingt anschauen, und ich wollte ... vielleicht ist das eines von den Dingen, die wir später in der Sitzung tun können, diesen Bandausschnitt ansehen, um herauszufinden, was da los war.	Der Student kommentiert seine eigene Wahrnehmung seiner **professionellen Rolle** innerhalb der Beratungsbeziehung. Danach beschreibt er seine **intrapersönliche emotionale Achtsamkeit**.	
Supervisorin Das tu ich gerne. Was passiert ganz allgemein, wenn du verwirrt bist? Wenn du Verwirrung spürst, was geschieht dann mit dir?	Die Supervisorin geht der **intrapersönlichen emotionalen Achtsamkeit** des Studenten nach.	Die Supervisorin **unterstützt** den Studenten dabei, seine Gefühle zu untersuchen.
Supervisand Ich weiß jetzt gar nicht, was ich sagen soll. Ich erlebe so eine Art Stau, weißt du, so eine Art Wortstau.	Der Supervisand spricht über seine **intrapersönlichen emotionalen Reaktionen** im allgemeinen – auf ähnliche Situationen außerhalb der Beratung.	
Supervisorin Hast du das auch in der Situation mit dem Klienten erlebt?	Die Supervisorin konzentriert sich auf die **Beratungsreaktion (z.B. Kompetenz)** des Studenten.	Die Supervisorin **stellt** dem Supervisanden **zielgerichtete Fragen** nach den Wahrnehmungen, die der

(Fortsetzung)

TRANSKRIPT 2.4 Fortsetzung

Supervisionsgespräch	***Supervisionsaufgaben***	***Supervisionsfunktion***
		Student von den Ereignissen in der Beratungssitzung hatte.
Supervisand Ja, ich habe festgestellt, daß ich mich mit meinen Themen beschäftigt habe, anstatt mit seinen. Meine Gefühle sind da zutage getreten.	Der Student kommentiert die **Achtsamkeit** seiner eigenen **emotionalen** Prozesse innerhalb der Beratungsbeziehung.	
Supervisorin Warst du imstande, die andere Seite der Abläufe zu verarbeiten, die Interaktion?	Die Supervisorin fordert den Studenten dazu auf, darüber nachzudenken, in welchem Maß er über seine **Beratungskompetenzen** in der Sitzung verfügen konnte.	Die Supervisorin **stellt** dem Studenten über dessen Beobachtungen in der Beratungssitzung **zielgerichtete Fragen**.
Supervisand Gute Frage, das habe ich nämlich versucht. Ahm, ich habe versucht anzuschauen, wie ich mit so was in der Vergangenheit umgegangen bin. Ich dachte, ich wußte die Antwort. Ich dachte, ich hätte es aufgelöst, weil ich erkannt habe, daß mein Vater sich unangemessen verhalten hat. Mein Vater war ein destruktiver Erzieher. Aber ich glaube, meinen Zorn habe ich noch nicht durchgearbeitet, weißt du.	Der Student beginnt mit der **Selbsteinschätzung** seines Beratungsverhaltens.	
Wenn ich anfange, diesen Zorn zu fühlen, und das ist es, was ich fühlte, dann mache ich richtig zu, ich fühlte, wie ich richtig zumachte ... und dann wollte ich einfach raus aus der Beratungssituation.	Der Student stellt eine Verbindung her zwischen seiner **intrapersönlichen emotionalen Achtsamkeit** und seiner Situation innerhalb der Beratungsbeziehung.	

(Fortsetzung)

TRANSKRIPT 2.4 Fortsetzung

Supervisionsgespräch	*Supervisionsaufgaben*	*Supervisionsfunktion*
Supervisorin Hast du aber nicht gemacht. Du bist in der Beratungssitzung geblieben.	Die Supervisorin wendet sich wieder der **Selbsteinschätzung** seiner Beratungsfähigkeiten zu.	Die Supervisorin verstärkt und **unterstützt** das Verhalten des Studenten in seiner Sitzung.
Supervisand Ja, ich weiß. Ich frage mich, was das bedeutet?	Der Supervisand fragt nach der Bedeutung seines Verhaltens, ist aber hier noch nicht dazu in der Lage, sein Verhalten genauer zu beurteilen.	
Supervisorin Du hast es durchgestanden. Wie hast du dich da rausgezogen, so daß du in der Lage warst, die Sitzung weiterzuführen? Kannst du dich daran erinnern, welchen Prozeß du durchlaufen hast, von dem Augenblick an, wo der Klient irgend etwas in dir ausgelöst hat, bis hin zu dem Zorn und der Verwirrung in dir? Was war es, womit du da rausgekommen bist und wieder zurück zur Beratungssituation gefunden hast?	Die Supervisorin führt die **Selbsteinschätzung** des Beratungsverhaltens fort, insbesondere die der interpersönlichen Gefühle.	Wieder **unterstützt** die Supervisorin das Verhalten des Studenten und **stellt** ihm **zielgerichtete Fragen**, damit er erkennt, was und wie er es gemacht hat.
Supervisand Na ja, ich habe versucht, wieder in die Gegenwart zurückzukommen, ich habe versucht, es wieder in die Gegenwart zurückzubringen ...und ich habe gesagt: „Du hast mir da was gegeben, du hast etwas aufgedeckt, was für mich schwierig war. Kannst du mir sagen, was du gefühlt hast?" Und so sind wir damit wieder in der Gegenwart gelandet, und das hat für mich anscheinend ... also	In einem Vorgang der **Selbsteinschätzung** analysiert der Student sein eigenes Verhalten während der Sitzung. Er denkt über die Beratungsmethode nach, die er dabei angewandt hat.	

(Fortsetzung)

TRANSKRIPT 2.4 Fortsetzung

Supervisionsgespräch	***Supervisionsaufgaben***	***Supervisionsfunktion***
jedenfalls für mich war das dann anders.		
Supervisorin Du kommst also durch ein thematisierendes Gespräch wieder in die Gegenwart.	Die Supervisorin setzt den Akzent auf die vom Supervisanden eingesetzte **Methodenkompetenz**.	Die Supervisorin **unterstützt** den Studenten dadurch, daß sie sein richtiges Verhalten unterstreicht.
Supervisand Was außerdem noch geschah, ist, daß ich meinen Zorn angesprochen habe. „Weißt du, ich merke gerade, daß ich richtig zornig bin ... ich bin zornig über das, was du durchmachen mußtest." Ich sagte: „Schau dich mal an, in dieser Situation ..."	Der Student fährt in der Beschreibung seiner **Beratungskompetenz** fort.	
Ich weiß nicht, ob das angemessen war oder nicht. Ich weiß es wirklich nicht. Ich sagte zu ihr: „Du bist eine gutaussehende, attraktive Person, du bist talentiert und hast eine Menge Fähigkeiten, und", sagte ich, „weil dein Vater dir vor langer Zeit soviel Scheiße aufgetischt hat und dich so behandelt hat, deswegen magst du dich nicht." Und ich sagte: „Darüber bin ich zornig." Und ... das, ich weiß nicht, ob das angemessen ist.	Mit dieser Bemerkung, ob seine Intervention angemessen war, bittet der Student um Hilfe in seinem Prozeß der **Selbsteinschätzung**.	
Supervisorin Wie könntest du das beurteilen? Was könntest du tun, um zu einer Beurteilung darüber zu kommen, ob dein Verhalten angemessen war, je nachdem wie dein Klient darauf reagiert hat?	Hier fordert die Supervisorin den Studenten unmittelbar auf, herauszufinden, wie er sich **selbst einschätzt**.	Sie **stellt** dem Studenten **zielgerichtete Fragen**, damit er sein Dilemma auflöst.

Dieses Transkript wurde der Videoserie *Engagement und Autorität in der Klinischen Supervision* von Martin Acker und Elizabeth Holloway, Universität von Oregon, 1988, entnommen. Veröffentlichung genehmigt von Martin Acker und Elizabeth Holloway. (Die Videobänder sind im Handel nicht erhältlich.)

Tabelle 2.1 Arten der Autorität

Belohnungsautorität	Der Eindruck, daß die andere Person über die Fähigkeiten und die Mittel verfügt zu belohnen.
Bestrafungsautorität	Der Eindruck, daß die andere Person über die Fähigkeiten und die Mittel verfügt zu bestrafen.
Legitimierte Autorität	Der Eindruck, daß die andere Person als Dienstleister fachlich kompetent und gesellschaftlich legitimiert ist.
Fachautorität	Wird der Person aufgrund ihrer Beherrschung von Wissen und Fähigkeiten zuerkannt.
Beziehungsautorität	Wird von der zwischenmenschlichen Anziehungskraft abgeleitet.

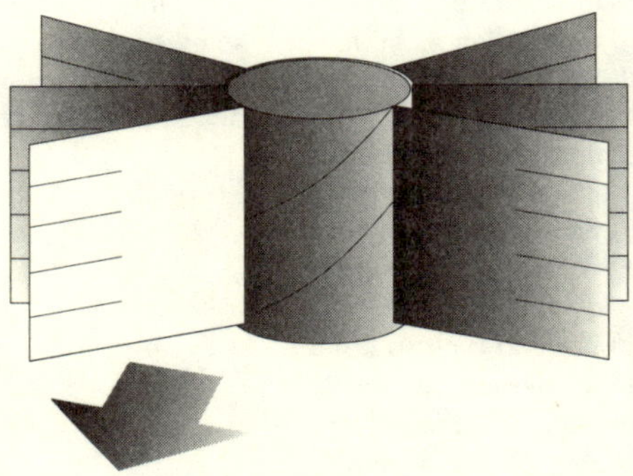

Abb. 2.2: Die Funktionen der Supervision

Operationalisierung der Funktionen

Jede Funktion der Supervisionsinteraktion wird in diesem Abschnitt durch Dimensionen wissenschaftlicher Untersuchungen, der Supervisionsrolle und des Supervisionsprozesses definiert (s. Abb. 2.2). Die Funktionen werden durch die Identifikation monologischer (eine Person spricht) oder dialogischer (zwei Personen sprechen miteinander) Kommunikationsmuster beschrieben, je nachdem, wie der Supervisor seine zwischenmenschliche Autorität einsetzt. Dieses Klassifikationsschema wurde von *French* und *Raven* (1960) beschrieben.

Kritisches Festellen und Beurteilen

Die professionelle Verantwortung der Supervisorin besteht darin, die Arbeit (Performanz) des Supervisanden zu beobachten und sie während der Entwicklung und abschließend zu beurteilen. In Ausbildungssituationen kann die Beurteilung ein formales und standardisiertes Verfahren sein, während sie in der Supervision zwischen Kollegen oder in der Weiterbildung oft weniger deutlich ist. In jedem Fall sind Meinung und Urteil des Supervisors wichtig, gleichgültig, ob sie implizit oder explizit ausgedrückt werden.

Im SAS-Modell ist das kritisch feststellende und beurteilende Verhalten des Supervisors eine Funktion der Supervision und wird von den Beurteilungskriterien unterschieden. Beurteilungskriterien sind genau definierte Aufgaben oder Fertigkeiten, die für Berufsausübung, Ausbildungsprogramm, den Supervisor und die persönlichen Lernbedürfnisse des Studenten erforderlich sind (s. Kapitel 4 unter Faktoren der Institutionen, Faktoren der Supervisoren und Faktoren der Studenten). Verantwortungsvolle Supervisoren sind in der Lage, sowohl Belohnungs- als auch Bestrafungsautorität, wie sie von *French* und *Raven* (1960) definiert werden, einzusetzen. In gewissem Sinne führen sie ständig eine kritische Bestandsaufnahme durch, weil sie sowohl in pädagogischer als auch in ethischer Hinsicht für die praktische Arbeit des Studenten verantwortlich sind.

Poulin (1994) stellte fest, daß Beurteilung grundsätzliches Element der Supervision ist. In *Poulins* Studie haben Supervisoren die Auszubildenden in ihren Rollen als Berater, Studenten und Supervisanden und den Zusammenhang zwischen Lernrolle und persönlichen Charakteristika untersucht. Die Supervisoren haben durchgängig ihr Denken und Handeln auf ihre kritische Funktion abgestimmt und verhielten sich entsprechend im Umgang mit den Supervisanden und deren unterschiedlichsten Supervisionsaufgaben.

Im SAS-Modell sind die Funktionen der kritischen Bestandsaufnahme und Beurteilung auf diejenigen Gelegenheiten beschränkt, bei welchen das Verhalten der Studenten im Hinblick auf ihre berufliche Rolle vom Supervisor beurteilt und bewertet wird. Bei diesen Gelegenheiten wird die Hierarchie der Beziehung betont, weil die Supervisorin ihre Belohnungs- und Bestrafungsautorität ausübt und die Kommunikation weitgehend von der Supervisorin kontrolliert wird (z.B. einseitig). In Transkript 2.5 (Spalte 3, S. 58) teilt der Supervisor dem Supervisanden die Beurteilung von dessen Arbeit mit dem Klienten unmittelbar mit. Zunächst beurteilt er die Arbeit ein wenig positiv, dann negativ. Der Gesamteindruck der Beurteilung ist negativ, insbesondere da der Supervisor im Anschluß einen anderen Ansatz empfiehlt.

Lehren und Erklären

Die Funktionen Lehren und Erklären beinhalten, daß der Supervisor Informationen, Meinungen und Empfehlungen auf der Grundlage seiner professionellen Kenntnisse und Fähigkeiten anbietet. In der Funktion des Erklärens werden die fachliche Autorität und Legitimation eingesetzt (*French* & *Raven* 1960). Die Erkenntnisse der Prozeßforschung zur Supervision zeigen, daß dieses dominierende Interaktionsmuster ein Lehr- und Beratungsverhalten des Supervisors ist, welchem der Student zustimmt oder zu welchem der Supervisor durch seine Erklärung ermutigt (*Holloway* 1992b). Diese Funktion haben *Holloway* und *Poulin* (1995) als „Lehrer-Student“-Funktion gekennzeichnet.

Wird die Kommunikation weitgehend durch die Supervisorin kontrolliert (z.B. einseitig), so wird die Hierarchie der Beziehung betont, und ihr Kennzeichen ist eine deutlich wahrnehmbare zwischenmenschliche Distanz. Sind die Teilnehmer dem Augenschein ihrer fachlichen Kompetenz nach auf eher ebenbürtigem Niveau, nimmt das Maß an Erklärung ab. In den Transkripten taucht häufig die Funktion des Erklärens auf. In Transkript 2.5 (Spalte 3, S. 58f.) beispielsweise äußert der Supervisor seine Meinung darüber, wie der Fall durchgeführt werden sollte. In Transkript 2.1 (S. 34f.) erklärt die Supervisorin ihre Überlegungen zum Klientenverhalten und der Dynamik zwischen Klient und Berater.

Modell/Vorbild sein

Der Supervisor ist Modell und Vorbild für professionelles Verhalten und Handeln, und zwar sowohl implizit innerhalb der Supervisionsbeziehung als auch explizit, wenn er für Supervisanden oder Klienten ein Rollenspiel durchführt. Für diese Funktion ist die Fach- und Beziehungsautorität von Bedeutung. Die Grundlagen der Fachautorität sind die Fertigkeiten und Kenntnisse, die der Supervisor zum Nutzen der Studenten zeigt. Als Mentor wird der Supervisor in einem impliziteren Prozeß Rollenmodell für professionelles Handeln und Verhalten. Sehen Supervisanden in ihrer Supervisorin Werte und Einstellungen, die ihren eigenen ähneln, oder sehen sie deren professionelle Fähigkeiten und Kenntnisse als erstrebenswert für sich selbst an, dann ist die Beziehungsautoriät der Supervisorin entscheidend wichtig. In diesem Fall findet die Kommunikation weitgehend in beiden Richtungen statt: die zwischenmenschliche Distanz wird verringert, weil hier die Ausübung von Autorität ein kooperativer Prozeß ist. In Transkript 2.1 (Exzerpt 2, Spalte 3, S. 35ff.) ist die Supervisorin Modell für den Berater, weil sie diese Rolle im Rollenspiel demonstriert. Transkript 2.2 (Spalte 3, S. 41ff.) ist ein Beispiel für die Vorbildfunktion des Ausbildungsleiters, wenn dieser professionelle Grenzen setzt.

Zielgerichtetes Fragen

Der Supervisor fördert problemlösende Fähigkeiten für klinische und berufsbezogene Situationen dadurch, daß er vom Supervisanden Informationen und Meinungen abfragt. Auch hier ist die Ausübung von Fach- und Beziehungsautorität von größter Bedeutung. Damit eine wirksame Beratung stattfinden kann, muß der Student dem Supervisor soviel Vertrauen und Respekt entgegenbringen, daß er sich auf eine Beziehung einlassen kann, die von Kooperation, nicht aber von Widerstand geprägt ist. Sind die Teilnehmer kooperativ damit beschäftigt, Tatsachen und Problemlösungen herauszufinden, dann verläuft die Kommunikation zweiseitig und interaktiv. Zu Beginn jedes Interviews stellt der Supervisor häufig dem Studenten zielgerichtete Fragen über die jüngsten Entwicklungen spezifischer Klienten- oder Studententhemen, damit die Tagesordnungspunkte der Supervisionssitzung geplant werden können. Transkript 2.4 (Spalte 1, S. 50ff.) ist ein Beispiel für eine gemeinsame Klärung des Supervisandenverhaltens mit dem Klienten als wichtigste Funktion im Interview. Dieser Klärungsprozeß ist vor allem deshalb besonders angemessen, weil der Supervisor den Studenten dazu ermutigt, sein Beratungsverhalten selbst zu beurteilen, anstatt es direkt zu bewerten. Die

(Fortsetzung Seite 59)

TRANSKRIPT 2.5
Aufgaben und Funktionen der Supervision

Supervisionsgespräch	*Supervisionsaufgaben*	*Supervisionsfunktion*
Supervisand Ja, genau, richtig. Also ich habe, äh, Bedenken, daß es eine Weile dauern könnte, bis ich ihr das klarmachen kann, weil sie …	Der Supervisand drückt seine Zweifel an der eigenen **Methodenkompetenz** aus.	
Supervisorin Das stimmt.		
Supervisand … mir gegenüber irgendwie Widerstand leistet.	Der Supervisand beginnt mit der **Konzeptbildung** zum Verhalten des Klienten.	
Supervisorin Richtig. Dazu würde ich sagen, wenn du dieses Risiko nicht eingehst, dann verschwendest du deine Zeit.		Die Supervisorin **erklärt** ihre Meinung zum Konzept des Klientenwiderstandes, wie ihn der Student mitteilt.
Supervisand OK. Also, ich, ich versuche …		
Supervisorin Angenommen, du hast ihr geholfen und was du getan hast, ist übrigens unter bestimmten Gesichtspunkten der Therapie sehr gut; daß sie dich nämlich mag, dir vertraut usw., usw.; und ich meine aber auch, daß es so gut wie totale Zeitverschwendung ist, es wird ihr nämlich zum Halse heraushängen.	Die Supervisorin legt den Akzent auf **Methodenkompetenz.**	Zunächst **unterstützt** die Supervisorin das Beratungsverhalten des Studenten, wendet dann aber ein, daß sein Verhalten unter einem anderen Gesichtspunkt nicht richtig ist. Sie **stellt kritisch beurteilend fest**, wie sich der Student verhält.
Supervisand OK.		
Supervisorin Schau mal, was du nämlich nicht verändert hast – ihr geholfen hast zu verändern, das ist ihre Grundeinstellung. Und diese Grundeinstellung kann sie mit all ihrem Bedürfnis nach	Die Supervisorin setzt den Schwerpunkt auf **fallbezogene Konzeptbildung** und **Methodenkompetenz**.	Die Supervisorin **erklärt** dem Studenten Interventionen für die Klientin.

(Fortsetzung)

TRANSKRIPT 2.5 Fortsetzung

Supervisionsgespräch	***Supervisionsaufgaben***	***Supervisionsfunktion***
Liebe gegen dich, gegen Sigmund Freud oder sonst jemanden einsetzen. Aber ... so ... wir meinen, du mußt herausfinden, was ihre Grundannahmen sind und, ah ...		

Dieses Transkript wurde entnommen der Videoreihe *Psychotherapy Supervision by Major Theorists* von R.K. Goodyear (1982). [Videoreihe] Manhattan: Kansas State University, Instructional Media Center.

(Fortsetzung von Seite 57)

Beratung nivelliert die Autorität der Teilnehmer. Sie bietet dem Studenten Gelegenheit, Selbstbeurteilungsfähigkeiten zu erwerben, und bezieht ihn ein in einen zwischenmenschlichen Prozeß, in welchem sowohl Urteil als auch intuitive Kompetenz ihren Wert haben.

Unterstützen und persönlicher Austausch

Die Supervisorin unterstützt den Supervisanden durch empathische Aufmerksamkeit, Ermutigung und konstruktive Konfrontation. Oft findet diese Unterstützung von Supervisanden in einer tiefen zwischenmenschlichen Beziehung statt, wobei Supervisoren sich mit dem Studenten über ihre eigene Wahrnehmung des Verhaltens, der Gefühle und der Einstellungen des Studenten austauschen. Zu dieser unmittelbaren Kommunikation kann auch Konfrontation gehören, die, wenn sie konstruktiv und angemessen gehandhabt wird, die Verbundenheit der Teilnehmer verstärken kann. Zur Ausübung dieser Funktion gehört auch die Beziehungsautorität des Supervisors, weil seine Ansichten zu persönlichen und zwischenmenschlichen Themen nur dann vom Supervisanden ernst genommen werden, wenn er den Supervisor respektiert und als wichtig und vertrauenswürdig erlebt. Dann verläuft die Kommunikation beidseitig und interaktiv, die Teilnehmer sind stark engagiert, und die zwischenmenschliche Distanz ist gering. In Transkript 2.4 (Spalte 3, S. 50) finden Sie Beispiele, in welchen der Supervisor die Funktion des Unterstützens ausübt, um Informationen zum Beratungsfall zu sammeln und zu klären.

Aufgabe + Funktion = Prozeß

In diesem Kapitel habe ich das Schwergewicht auf zwei Aspekte der Supervisionsaktivitäten gelegt – auf Aufgabe und Funktion – und habe zu jedem der beiden Aspekte ein breites Spektrum an Kategorien beschrieben. Die Wechselbeziehung zwischen der Identifikation der Lehraufgabe, also dem *Was*, und der Entscheidung, welche Funktionen zur Erfüllung dieser Aufgaben auszuführen sind, also dem *Wie*, diese Wechselbeziehung ist als Supervisionsprozeß bekannt. Dieser pragmatische, heuristische Ansatz ist dadurch gekennzeichnet, daß der fortlaufende Austausch zwischen Supervisor und Supervisand durch Aufgabe und Funktion bestimmt wird (*Holloway* & *Acker* 1988).

Auch andere Faktoren haben einen Einfluß darauf, wie die Effektivität der Supervisorin bei der Auswahl bestimmter Aufgaben und Funktionen eingeschätzt werden kann. Dies sind Faktoren, die im *Kontext* begründet liegen; sie werden in Kapitel 4 erörtert. Vorläufig ist es wichtig, den Akzent nur auf die Analyse von Aufgabe und Funktion des Supervisionsprozesses zu legen, wie er im Prozeßdiagramm der Abbildung 2.3 dargestellt ist.

Supervisionsaufgaben und -funktionen sind eine Kombination der gemeinsamen Arbeit von Supervisor und Supervisand an einem bestimmten Problemtypus mit einem bestimmten theoretischen Ansatz; es geht, anders ausgedrückt darum, welche Ziele angestrebt werden und welche Lehr- und Lernstrategien dementsprechend angewandt werden. In den Transkripten dieses Kapitels können die Faktoren Aufgabe und Funktion identifiziert werden. Die so gewonnenen Informationen können dann grafisch in einem Diagramm zugeordnet werden. Hypothetisch könnte ein Supervisor jedes beliebige Lehrziel mit jeder beliebigen Funktion oder Strategie anstreben. Praktisch betrachtet gibt es aber bestimmte, komplementäre Entsprechungen von Aufgabe und Funktion, die in der Supervision häufiger vorkommen – beispielsweise die unterstützende Funktion, wenn es um zwischenmenschliche emotionale Achtsamkeit geht, oder eine Funktion des Erklärens, wenn das Schwergewicht auf Beratungsfähigkeiten liegt.

Bestimmte Faktoren, wie beispielsweise die Erfahrung des Supervisanden, die Situation des Klienten oder die Beziehungsstruktur zwischen Supervisor und Student, beeinflussen zwar die kritische Auswahl solcher Kombinationen, Aufgabe und Funktion können aber dennoch im Gesprächsprozeß identifiziert werden. Wenn Supervisoren diese Methode zur Abstimmung von Aufgabe und Funktion benutzen, dann können sie die Wirksamkeit einer vorangegangenen Sitzung analysieren und das Schwergewicht der Supervision und die Strategien für die folgenden Sitzungen planen. Die Wirksamkeit in der Entsprechung von Aufgabe

Abb. 2.3: Diagramm des Supervisionsprozesses

und Funktion während eines Gespräches kann auch deshalb untersucht werden, weil die unmittelbaren Reaktionen des Studenten auf die Interventionen des Supervisors, genauso wie längerfristige Indikatoren seines Lernprozesses, in der Analyse enthalten sind. Dabei hat das unmittelbare Vorgehen seinen Platz im Sinnzusammenhang mit den allgemeinen Lehrzielen.

Anhand einiger Beispiele, in welchen das Diagramm benutzt wird, wird gezeigt, wie dieses heuristische Instrument zur Analyse des Supervisionsprozesses eingesetzt werden kann. Im Transkript 2.1 (s. Abbildung 2.4) wird die Schnittfläche von fallbezogener Konzeptbildung und Erklärung vom Supervisor dazu benutzt, dem Studenten beizubringen, wie er das Verhalten des Klienten, der in der Beratungssitzung Geschichten erzählt, gedanklich verarbeiten kann. Man beachte, daß der Supervisor in diesem Gespräch auch den emotionalen Ausdruck des Studenten unterstützt (Emotionale Achtsamkeit x Unterstützung). Er nimmt das zur Kenntnis und fährt dann fort, dem Studenten zu erklären, wie er mit dem aktuellen Beratungsdilemma umgehen kann.

Supervisionsgespräch	***Supervisionsaufgaben***	***Supervisionsfunktion***
[Supervisand] Na ja, also dann werde ich wahrscheinlich fragen ... also, vielleicht stelle ich ihm eine Frage oder so, und er, also häufig antwortet er dann mit einem ganz kurzen Satz und erzählt dann seine Geschichte weiter, es ist also, verstehst du, als ob er mir für eine Minute seine Aufmerksamkeit schenkt, aber auf eine Weise, als ob er mich irgendwie beiseite schiebt und dann mit seiner Geschichte weitermacht.	Der Supervisand stellt seine Wahrnehmung der Interaktionsdynamik der Beratungssitzung dar und liefert Informationen für die fallbezogene Konzeptbildung.	
[Supervisor] OK, du bleibst also in der Situation stecken, daß er dir Geschichten erzählt ...	Der Supervisor beginnt mit der Konzeptbildung über die Interaktionsabläufe.	Der Supervisor erklärt dem Supervisanden seine Deutung der Dynamik in der Beratungsbeziehung.
[Supervisand] Mhm, ah ...		
[Supervisor] Du hast also das Gefühl, daß er dir die Führung abnimmt, so daß du dein Ziel nicht verfolgen kannst, etwas zu erforschen, was du anscheinend erforschen willst. Und du hast also den Eindruck, daß sein Geschichtenerzählen eine Vermeidungsstrategie ist.	Er benennt die Interpretation des Supervisanden, warum der Klient Geschichten erzählt, und führt damit die fallbezogene Konzeptbildung weiter aus.	Der Supervisor erklärt dem Supervisanden seine Meinung. 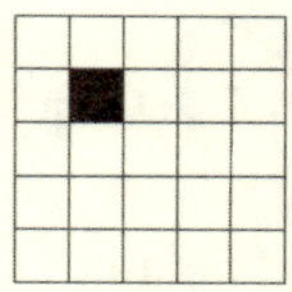
[Supervisand] Ich denke schon ... Ich bin mir nicht ganz sicher, was all seine Gründe sind, warum er Geschichten erzählt. Aber das ist es ...	Der Supervisand stellt die Interpretation des Supervisors in Frage.	
[Supervisor] Das ist dein Gefühl ...	Der Supervisor fördert die emotionale Selbstwahrnehmung des Supervisanden.	Der Supervisor unterstützt den Supervisanden darin, seine Gefühle wahrzunehmen. 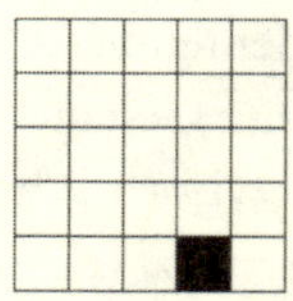

Abb. 2.4: Prozeßanalyse: Beispiel 1

Lesen Sie das Transkript noch einmal durch, und achten Sie diesmal auf den Zusammenhang zwischen Aufgabe und Funktion. Stellen Sie dann ein Diagramm dar, in welchem die Überschneidungen von Aufgabe und Funktion, wie in den angegebenen Beispielen, dargestellt werden. Diese Methode der Analyse kann für eine beliebige Anzahl von Gesprächen mit einem oder verschiedenen Supervisanden benutzt werden. Wenn der Supervisor Tendenzen feststellen kann, wie bestimmte Funktionen oder Aufgaben benutzt werden oder daß diese in bestimmten Kombinationen immer wieder auftreten, kann er daraus Hinweise auf den Supervisionsstil ableiten. Detaillierte Erkenntnisse über Supervisionsverhalten können den Supervisor dazu ermutigen, sein zurückliegendes Handeln in Frage zu stellen oder darüber nachzudenken. Wird in der Auswahl von Aufgabe und Funktion in erster Linie deutlich, daß sich der Supervisor mit einem bestimmten Darstellungsstil wohl fühlt? Wählt er mit einem bestimmten Studenten oder in einer bestimmten Phase der Supervisionsbeziehung einige Kombinationen besonders häufig? Dienen die gewählten Aufgaben und Funktionen der Weiterentwicklung des Studenten?

Aus der einfachen Identifikation von Aufgabe und Funktion können Fragestellungen abgeleitet werden und zur weiteren Untersuchung derjenigen Faktoren ermutigen, die das Vorgehen des Supervisors beeinflussen. Wie das SAS-Modell verdeutlicht, gibt es zahlreiche Faktoren, die einen Einfluß darauf haben, welche Lernziele die Supervisorin wählt und auf welche Art und Weise sie mit einem Supervisanden arbeitet. Manchmal sind diese Faktoren ganz offensichtlich, genauso häufig aber werden sie nur auf einem latenten Interaktionsniveau wirksam, ohne manifest zu werden. Im nächsten Kapitel werden diese Faktoren als Teil des dynamischen Elements der Supervision erörtert, das der Supervisions*beziehung*.

3 Supervisionsbeziehung

Beziehung ist das dynamische Element der Supervision. In Struktur und Charakter der Beziehung werden alle anderen Faktoren deutlich, sie werden ihrerseits aber auch durch die Beziehung beeinflußt. Der Supervisionsprozeß – wobei *Prozeß* als eine „systematische Reihe von Handlungen zur Erreichung eines Zieles" definiert wird (*Stein* 1975) – wird im Rahmen der Beziehung durchlaufen. Die Beziehung verstehen heißt, den Prozeß verstehen, weil es

> einen symbiotischen Zusammenhang zwischen Kommunikation und Beziehungsentwicklung gibt. Die Art der Kommunikation beeinflußt die Entwicklung der Beziehung und wird ihrerseits (oder gleichzeitig) von der Entwicklung der Beziehung zwischen den Partnern beeinflußt (*Miller* 1976, 15).

Jeder Supervisor und jeder Supervisand bringen in die Supervisionsbeziehung Erwartungen darüber ein, wie der Prozeß sich entfalten wird. Einige dieser Erwartungen sind das Ergebnis bereits gemachter Supervisionserfahrungen, andere stammen aus formalen oder informellen Beziehungserfahrungen aus anderen Bereichen, und wieder andere stammen aus Kenntnissen über Supervision, die entweder aus Erzählungen oder aus der Literatur gewonnen wurden. Diese früheren Erfahrungen formen einerseits den Prozeß, der Prozeß seinerseits trägt zur Entwicklung der Beziehungsstruktur bei, die ihrerseits einen besonderen Einfluß auf das Engagement der Partner im Prozeß hat.

Im Systemorientierten Arbeiten mit Supervision (SAS) ist in der Beziehung der dynamische Prozeß enthalten, in welchem Supervisor und Supervisand darüber verhandeln, wie sie auf individuelle Weise eine Struktur von Autorität und Engagement nutzen können, um der Aus- und Weiterbildung des Studenten zu dienen. Diese Struktur wird die Grundlage des Prozesses, durch welchen der Student Kenntnisse und Fähigkeiten erwirbt – also seine eigene professionelle Autorität. In Kapitel 3 wird aufgezeigt, wie sowohl Supervisor als auch Supervisand für den Aufbau einer Beziehungsstruktur verantwortlich sind – einer Beziehungsstruktur, die so flexibel ist, daß sie die individuellen, professionellen Bedürfnisse des Studenten in einem intensiven, kooperativen Arbeitsbündnis befriedigt. Der

Supervisor übt aber im Rahmen dieser professionellen Beziehung, durch Beurteilung und Unterstützung, die Führungsfunktion aus (Unterschied zwischen Supervisor und Supervisand). Die Beziehungsfaktoren werden im Text definiert und darüber hinaus, sowohl in Supervisionstranskripten als auch in nachträglich kommentierenden Supervisionsgesprächen, veranschaulicht. Die nachträglichen Kommentare enthalten das, was jeweils für Supervisor und Supervisand in der Supervisionsinteraktion wichtig war. Die Teilnehmer hörten sich Tonbandaufzeichnungen ihrer Supervisionsgespräche an und wurden gebeten zu kommentieren, wie sie ihre Erfahrungen oder Gedanken in dieser Phase der Supervisionssitzung wahrgenommen haben. Sowohl die Supervisoren als auch die Supervisanden kommentierten, unabhängig voneinander und ohne die Äußerungen voneinander zu kennen, die gleiche Sitzung. Die Transkripte enthalten sowohl die Supervisionsgespräche als auch die dazugehörigen, nachträglichen Kommentare. Spalte 1 enthält das eigentliche Supervisionsgespräch, Spalte 2 die Kommentare von Supervisor und Supervisand, und in Spalte 3 steht die SAS-Analyse der Beziehungsfaktoren.

Zum Forschungsbereich Supervisionsbeziehung und Supervisionsprozeß gibt es eingehende Untersuchungen (Besprechungen, s. *Holloway* 1992b; *Russell* u.a. 1984). Aus empirischen Grundlagen und meiner Kenntnis der Praxis konnte ich drei wesentliche Elemente identifizieren:

1. interpersonale Beziehungsstruktur – die Dimension der Autorität und des Engagements;
2. Phasen der Beziehung – die partnerspezifische Entwicklung der Beziehung; und
3. Supervisionsvertrag – die Vereinbarung einer Reihe von Erwartungen hinsichtlich der Supervisionsaufgaben und -funktionen.

Wie in Abbildung 3.1 dargestellt bildet die Beziehung die Achse des SAS-Modells. Die Drehspirale im Zentrum veranschaulicht die Wechselwirksamkeit und das nonhierarchische Wesen dreier Faktoren: Struktur, Phase und Vertrag. Im folgenden werden die drei Beziehungselemente der Supervision beschrieben.

Interpersönliche Struktur

Die Begriffe Autorität und Engagement erleichtern das Verständnis des Wesens der Supervisionsbeziehung. Die Supervisionsbeziehung ist eine formale Beziehung, in welcher es zu den Aufgaben des Supervisors gehört, Fachwissen zu

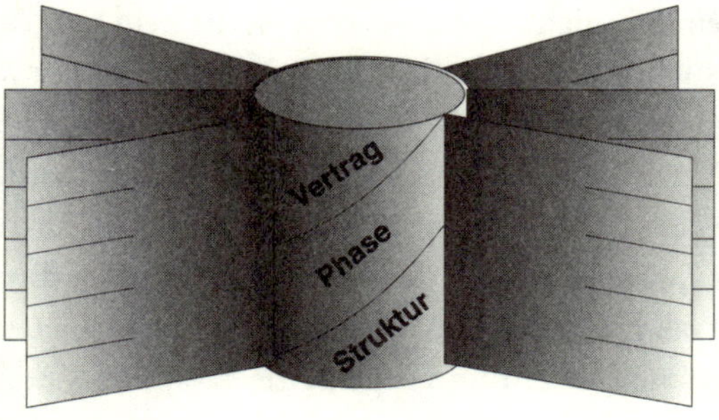

Abb. 3.1: Die Supervisionsbeziehung

vermitteln, die Leistung (Performanz) des Supervisanden zu beurteilen und den Zugang zur Berufsausübung zu kontrollieren. Die formale Autorität oder die Autorität, die an die Position geknüpft ist, liegt beim Supervisor, und in dieser Hinsicht ist die Supervisionsbeziehung eine hierarchische. Die Autoritätsausübung findet aber nicht unbeeinflußt statt. Der wechselwirksame Beziehungsprozeß und die fortlaufende Interaktion zwischen den einzelnen Personen ermöglicht eine zunehmende Teilung des Einflusses. Dazu schreibt *Hinde* (1979):

> Autorität ist fast nie absolut. Erstens sind ihr schon durch die Fähigkeiten beider Parteien Grenzen gesetzt. Zweitens wird die relative Wahrscheinlichkeit, wie sich eine der beiden Personen verhalten wird, normalerweise von der anderen Person beeinflußt. Drittens wird die Ausübung von Macht von der kontrollierten Partei normalerweise beschränkt: ein Arbeiter kann streiken oder sich eine andere Arbeitsstelle suchen. Viertens verfügt in vielen Beziehungen ein Partner nur in bestimmten Bereichen über Macht, die Autorität und die Verteilung der Macht ist das Ergebnis von Verhandlungen zwischen ihnen. Die beiden letzten Punkte machen deutlich, daß Autorität ein Bestandteil der Beziehung ist, nicht aber im Besitz des einen oder anderen Partners (S. 256-257).

Nach *Hindes* Definition kann also Macht unterschiedliche Formen annehmen, und zwar abhängig von den verfügbaren persönlichen und institutionellen Ressourcen und der Art des gegenseitigen Engagements der Beteiligten, ein Gesichtspunkt, der nicht immer in Betracht gezogen wird.

Aus der eurozentrischen Perspektive, einer Weltsicht, die westliche Organisationsstrukuren beherrscht, wird Macht als ein Herrschafts- und Zwangsinstrument betrachtet. Machtausübung ist Einflußnahme und die Kontrolle über Ressourcen und Informationen. In den helfenden Berufen wurden Macht und Autorität oft mit Vorurteilen betrachtet, weil die Idee von Herrschaft und Zwang unvereinbar mit den Prinzipien von Gegenseitigkeit und bedingungsloser Achtung erscheinen. Diese Interpretation von Macht schränkt die Möglichkeiten ein, Autorität zur Entwicklung einer Beziehung einzusetzen, in der beide an Autorität gewinnen.

In einer Untersuchung über die historischen Wurzeln der Macht im Bereich der Erziehung kamen *Dunlap* und *Goldman* (1991) zu dem Schluß, daß Macht in erster Linie als „Macht über" oder Herrschaft betrachtet wird. In ihren frühen Arbeiten stellt *Follett* (1924/1954) aber die Idee der „gemeinsamen Macht" vor, ein pluralistisches Konzept, das für den nie abgeschlossenen Entwicklungsprozeß menschlicher Interaktion steht. Ihr Konzept von Macht bietet eine Alternative, deren Grundlagen Engagement und gegenseitiger Einfluß sind. Diese Voraussetzungen für die Ausübung von Macht lassen sich besser mit Psychotherapie und Supervision vereinbaren, da die Absicht nicht darin liegt andere zu beherrschen, sondern darin, Menschen zur Selbstbestimmung und Selbstkontrolle zu befähigen.

In der Supervisionsforschung werden drei Methoden zur Beschreibung der Supervisionsautorität bevorzugt: die soziologische Typologie von *French* und *Raven* (1960), das zirkumplexe Modell von *Strong, Hill* und *Nelson* (1988) und das Kommunikationsschema von *Penman* (1980). Im Autoritätskonzept von *French* und *Raven* (s. Kapitel 2) wird das Engagement der Partner nicht vollständig operationalisiert, in den anderen Modellen sind dagegen Autorität und Engagement gleichwertige Komponenten der Beziehungsstruktur.

Das zirkumplexe Modell von *Leary* (1957), auf welchem die Klassifikationsschemata von *Strong* u.a. (1988) und *Penman* (1980) aufbauen, bietet einen Bezugsrahmen, in welchem Macht in ein Beziehungssystem eingebettet werden kann, zu welchem die Dimensionen von Engagement und Verbundenheit gehören, die seiner Meinung nach per Definition Bestandteil einer jeden Beziehung sind. Engagement kann hier auch im Sinne von Nähe und Bindung („attachments") begriffen werden, und zwar in dem Maße, in welchem jeder Partner den anderen als Quelle der Selbstbestätigung benutzt (*Miller* & *Rogers* 1987). Verbundenheit beeinflußt die Ausübung und Wirkung von Macht in der diadischen Beziehung und ist entscheidend für die Entwicklung von individuelleren im Gegensatz zu rollenbestimmten Beziehungen. Beide Partner bestimmen die Machtverteilung und das Maß an Bindung zueinander. „Die gegenseitige Wahrnehmung und Akzeptanz von Ausmaß und Verteilung des Einflußpotentials innerhalb der Beziehung bestimmen als stärkste Dynamik das Wesen der Beziehung" (*Morton, Alexander* & *Altman* 1976, 119).

Das Maß an Einflußpotential auf die Beziehung bestimmt den Grad der sozialen Bindung und dadurch die Überzeugungskraft der Beziehung. Während die Beziehung sich entwickelt, benutzen die Partner zunehmend mehr persönlich relevante, zwischenmenschliche, psychologische und differenzierte Informationen, um ihr gegenseitiges Verhalten voraussagen zu können, und reduzieren so die zwischenmenschliche Unsicherheit. Die Voraussetzungen für Gegenseitigkeit entsprechen dem zunehmenden persönlichen Wissen voneinander.

> Wird Gegenseitigkeit dadurch definiert, daß beide Partner sich über das Wesen der Beziehung einig sind und darin, daß Gegenseitigkeit an sich ein Wesensmerkmal der zwischenmenschlichen Beziehung ist, ... dann entwickeln sich Beziehungen im gleichen Maß, in welchem die Grundlagen der Gegenseitigkeit neu definiert werden. Dabei kommt es zu Beziehungskrisen, in welchen Phasen der Nichtgegenseitigkeit auftreten können, während die Beziehung neu definiert wird. Gelingt es nicht, die Gegenseitigkeit neu zu definieren, kann das das Ende der Beziehung bedeuten (*Morton* u.a. 1976, 105).

Die interpersönliche SAS-Struktur (Autorität durch Engagement) wird durch *Learys* Theorie interpersönlicher Beziehungen (1957) gestützt. Wenngleich jede Beziehung einmalig ist und durch Autorität und Engagement definiert werden kann, so bringen die Partner doch ihre eigene Geschichte interpersönlichen Stils mit. Diese jeweilige zwischenmenschliche Geschichte hat Einfluß darauf, wie sich Supervisor und Supervisand schließlich bei der Entwicklung ihrer neuen Beziehung präsentieren. Die Selbstdarstellung ist ein Element der Systemfaktoren Supervisor und Supervisand; zunächst liegt der Akzent aber auf dem Einfluß, den die Beziehung auf Verhalten und Denken der Teilnehmer während des Supervisionsprozesses hat.

Im Transkript 4.1 (Spalte 2, S. 87f.) ist die Beziehung zwischen Supervisor und Supervisandin seit einem früheren Gesprächs belastet, und die Supervisandin äußert deutliche Überlegungen zur Autorität des Supervisors innerhalb der Beziehung. Sie spricht davon, wie er seine Fachautorität dadurch einsetzt, daß er seine Erkenntnisse mit seiner groen Erfahrung begründet. Später im Gespräch (Transkript 4.1, Spalte 2, S. 90) macht sie eine Bemerkung, daß er der „weise Professor" ist und sie nur eine kleine Studentin. In diesem Fall belastet der Einsatz von Fachautorität die Beziehung, weil er so wahrgenommen wird, als ob der Supervisor Kenntnisse zurückhält. Als er ihr später eine Empfehlung auf direkte Weise gibt, ändert sie ihre Ansicht fast augenblicklich und erlebt die Interaktion als intensive Lernerfahrung.

TRANSKRIPT 3.1
Beziehungsfaktoren

Supervisionsgespräch	***nachträglicher Kommentar***	***SAS-Analyse***
Supervisor Also, ich denke, es wäre gut, wenn du dir das anhörst, oder wenn wir uns Teile davon gemeinsam anhören. Dann ... weil äh, ich könnte dich dann darauf hinweisen, wie es abläuft, und du sagst dann vielleicht, „das ist gut" oder „ja, ja", und das gefällt mir nicht, und ich möchte das ändern. Möglicherweise fällt das mit Phasen zusammen, in welchen du denkst, „sie (die Klientin) könnte, zum Donner, endlich mal etwas Positives tun". **Supervisandin** (lacht) **Supervisor** Es könnte sich also lohnen, das Band gemeinsam anzuschauen, weil es diese deutlichen, verstehst du, exzessiven Phasen gibt, in welchen es auf diese Weise alterniert. Möchtest du das machen?	**Supervisor** Ich achte immer besonders genau darauf herauszufinden, ob ich die Supervisanden abweisend behandle. Ich wollte wirklich nicht, daß sich die Studentin deswegen herabgesetzt fühlt, ich wollte aber auch, daß sie erkennt, daß sie in ihrer Beziehung zu allen Klienten dieses Problem hat. Gleichzeitig möchte ich alles, was in unserer Beziehung gut ist, dazu benutzen, es für sie annehmbar zu machen.	Der Supervisor ist sich sehr bewußt, welche **Lernschritte** für die Studentin notwendig sind, genauso aber, wie sie möglicherweise persönlich auf die Kritik reagieren könnte. Ob er seine Empfehlungen annehmbar machen kann, hängt vom Wesen der **Supervisionsbeziehung (Struktur)** ab. Trotzdem verhandelt er mit der Supervisandin darüber, diese Lernstrategie in der nächsten Stunde anzuwenden **(Supervisionsvertrag)**.
Supervisandin Ja, machen wir das doch; es könnte wirklich interessant sein. **Supervisor** Heute können wir es nicht machen. **Supervisandin** Nein, heute geht es nicht. **Supervisor** Aber nächstes Mal könnten wir es machen.	**Supervisandin** Ahm, dieses letzte Stück, diese kleine Interaktion, ist die Grundlage für die gesamte nächste gemeinsame Supervisionssitzung, wahrscheinlich sogar für die folgenden Sitzungen. Im Augenblick, als mein Supervisor diese Kommentare abgab, habe ich mich nicht besonders ... ich habe mich kritisiert gefühlt, es schien mir aber	Die Studentin erkennt die Bedeutung des vereinbarten **Vertrages**, einen bestimmten Aspekt ihres Verhalten zu untersuchen. Es ist auch zu beachten, daß sie, obwohl sie sich ein wenig kritisiert fühlte, nicht defensiv reagierte. Sie nimmt Bezug auf die **Beziehungsphase**, um ihre emotionale Reaktion auf den Supervisor zu erklären.

(Fortsetzung)

TRANSKRIPT 3.1 Fortsetzung

Supervisionsgespräch	*nachträglicher Kommentar*	*SAS-Analyse*
Supervisandin OK.	wirklich angemessen, weil mir eingeleuchtet hat, was er in meinem Verhalten beschrieben hat.	

Unveröffentlichtes Supervisionsgespräch, nach einem tatsächlichen Transkript, das aus Vertraulichkeitsgründen geändert wurde.

Phasen der Beziehung

Prozeßforschung im Bereich Supervision beschreibt zwar Strukturcharakteristika des Gesprächs, untersucht aber nicht die Regeln, die in der Beziehung entstehen und auf welchen diese Charakteristika beruhen, noch untersucht sie, jedenfalls nur geringfügig, die Entwicklung der Beziehung im Lauf der Zeit (zwei Ausnahmen sind *Friedlaender* u.a. 1989, und *Martin* u.a. 1987). Die Entwicklung von nicht-interpersönlicher zu interpersönlicher Beziehung findet aber in der sozialpsychologischen Literatur großes Interesse.

Bei der Entwicklung informeller Beziehungen werden durchgängig zwei Faktoren beobachtet. Zunächst stützen sich die Teilnehmer bei der Entwicklung der Beziehung weniger auf allgemeine kulturelle und soziale Informationen, sondern in stärkerem Maße auf die idiosynkratischen Informationen des Partners. Prognosen über die Verhaltensweisen der anderen Person stützen sich auf solche Informationen, die diesen Menschen von anderen Mitgliedern seiner sozialen Gruppe unterscheiden. Die andere Person wird als einzigartig wahrgenommen, und man spricht davon, daß sich die Beziehung von einer nicht-interpersönlichen zu einer interpersönlichen entwickelt hat (*Miller* 1976).

In dem Maß, in welchem die Beziehung eine interpersönliche wird, findet eine Reduktion der Unsicherheit statt. Nach den anfänglichen Interaktionen lernen sich die Partner besser kennen und können zutreffendere Voraussagen machen über die Reaktionen der anderen Person auf die eigenen Botschaften. Mit abnehmender Unsicherheit sind sie besser dazu in der Lage, solche Kontrollstrategien und Kommunikationsmodi anzuwenden, die den Konfliktpegel in der Beziehung senken. Außerdem werden die Partner zunehmend verletzlicher und zeigen eine größere Bereitschaft sich zu öffnen, wohingegen in den Anfangsphasen echte persönliche Öffnung kaum beobachtet wird.

Folgende drei Prinzipien haben Einfluß auf eine zunehmende Intimität der Beziehung (*Morton* u.a. 1976):

1. Eine Veränderung der Beziehung findet deshalb statt, weil ein Bedürfnis besteht, die Belohnungswahrscheinlichkeit zu verstärken oder zu vermindern;
2. die Definition einer Beziehungsveränderung setzt eine Entscheidung voraus, daß Veränderung von einer oder beiden Personen der Beziehung herbeigeführt werden kann; und
3. Beziehungsveränderungen werden durch eine Veränderung der Kommunikationsinhalte zwischen den Beziehungspartnern bewirkt. Menschen können ihre Beziehungen dadurch eskalieren, daß sie mehr Informationen über sich selbst mitteilen oder mehr Informationen über die andere Person suchen.

Diese Ergebnisse gewinnen besonderes Interesse vor dem Hintergrund der Supervisionsstudie von *Rabinowitz, Heppner* und *Roehlke* (1986). Sie haben festgestellt, daß sowohl Anfänger als auch fortgeschrittene Supervisanden zu Beginn der Beziehung versuchen, von ihren Supervisoren mehr Unterstützung und Ermutigung zu bekommen, und gleichzeitig versuchen sie, Unsicherheit zu vermindern. Fortgeschrittene Supervisanden wollen zwar in der Anfangsphase ebenso unterstützt werden, zeigen aber schneller, daß sie Erfahrungen wünschen, wie persönliche Herausforderungen und Konfrontationen, die ihr eigenes interpersönliches Verhalten in Beratung und Supervision betreffen. Einige dieser Untersuchungsergebnisse wurden als Zeichen der Weiterentwicklung des Supervisanden interpretiert. Sie können aber auch als Indikatoren für eine natürliche Beziehungsentwicklung betrachtet werden, nämlich dem Streben nach wachsender Sicherheit durch die Festigung eines Interaktionsmusters. Wenn wir die Erkenntnisse extrapolieren, die aus Untersuchung von Freundschaft gewonnen wurden, dann können wir davon ausgehen, daß erfahrene Supervisanden in der Lage sind, Unsicherheit und das daraus resultierende Bedürfnis nach Bestätigung dadurch zu minimieren, daß sie von der Supervisionsrolle allgemein Bekanntes erwarten. Aus früheren Erfahrungen haben sie nämlich eine Vorstellung von Supervisionsbeziehung und können deshalb schneller spezifisch interpersönliche (im Gegensatz zu nicht-interpersönlichen) Beziehungserwartungen dadurch entwickeln, daß sie diejenigen persönlichen Aspekte von sich zeigen, die für ihre Beratungsleistungen relevant sind. Andererseits sind unerfahrene Supervisanden noch dabei, die Rollenerwartungen der Supervisionsbeziehung zu entdecken, und müssen erst diese allgemeinen kulturellen, sozialen und formalen Regeln erkennen, bevor sie sich auf eine interpersönliche Beziehung einlassen können.

Die Entwicklung einer interpersönlichen Beziehung ermöglicht es, einvernehmliche, idionsynkratische Regeln zu schaffen, die für die jeweilige Beziehung maßgeschneidert sind, und das, obwohl die Supervisionsbeziehung eine formale, professionelle, durch bestimmte Regeln definierte und stärker rollengebundene Beziehung ist, als es Freundschaftsbeziehungen sind. Zunächst sind an Supervision allgemeine Grunderwartungen in Hinblick auf ein bestimmtes Interaktionsverhalten geknüpft; im Lauf der Beziehungsentwicklung werden sie aber den individuellen Lernbedürfnissen des Supervisanden und dem Lehrstil des Supervisors angepaßt. Die Partner müssen diese idiosynkratischen, reziproken Regeln im Verlauf des interaktiven Prozesses erst herausfinden (*Miller* & *Rogers* 1987). Die Untersuchungsergebnisse von *Rabinowitz* u.a. (1986), die besagen, daß unabhängig vom Erfahrungsstand des Supervisanden zu Beginn einer neuen Supervisionsbeziehung immer ein Bedürfnis nach Unterstützung besteht, decken sich mit der Einschätzung, daß Unsicherheit über Rollenerwartungen ein Teil des Lernprozesses am Anfang einer Beziehung ist.

Die Phase der Beziehung allein bestimmt noch nicht das Maß des Beziehungsengagements. Auch individuelle Unterschiede spielen hierbei eine Rolle. *Altman* und *Taylor* (1973) nennen den Prozeß der zunehmenden persönlichen Informationsmitteilung „soziale Penetration"; er wird wesentlich sowohl durch die Beziehungsphase als auch durch persönliche Charakteristika beeinflußt. Manche Menschen neigen auf Grund ihrer persönlichen oder kulturellen Geschichte dazu, sich stärker zu zeigen, während andere zurückhaltender sind. Es gibt Anzeichen dafür, daß auch noch andere Faktoren den Supervisionsverlauf beeinflussen können. Die Untersuchungen von *Tracey, Ellickson* und *Sherry* (1989) belegen beispielsweise, daß sowohl der individuelle Präsentationsstil des Supervisanden (als „Reaktanzpotential" definiert) als auch die Dringlichkeit des Klientenproblems (besteht Suizidgefahr oder nicht) wesentlich bestimmten, ob die Partner in der Beziehung mehr Struktur und Unterstützung brauchten. Schließlich beweisen Forschungsergebnisse, daß es unerläßlich ist, alle Systemfaktoren zu berücksichtigen, die das Supervisionsverhalten im Hinblick auf die Planung der Supervisionsstrategie beeinflussen.

Beachten Sie in Transkript 4.1 (Spalte 2, S. 90) die Überlegungen der Supervisandin über ihre Beziehung zur Supervisorin. Ihre Bedenken in bezug auf das Feedback der Supervisorin stellt sie in einen Zusammenhang mit der Phase der Beziehung. In ihren Überlegungen deutet sie an, daß die Tatsache, daß die Beziehung nicht mehr neu ist, einen Einfluß auf ihre eigene Fähigkeit hat, die Absichten der Supervisorin zu verstehen und dadurch ihre persönlichen, defensiven Gefühle abzumildern.

Die SAS-Beschreibung von Beziehungsphasen der Supervision zeigt eine Konvergenz der Erkenntnisse, sowohl aus den Untersuchungen von Freundschaftsbeziehungen (*Berger* & *Calabrese* 1975; *Morton* u.a. 1976) als auch aus denjenigen über Supervisionsbeziehungen (*Mueller* & *Kell* 1972; *Rabinowitz* u.a. 1986). Ich benutze das Konzept von *Mueller* und *Kell* (1972) über die Anfangs-, Reife- und Schlußphasen der Supervisionsbeziehung als Beschreibungsrahmen (s. Tabelle 3.1).

Tabelle 3.1
Phasen der Beziehung

Anfangsphase

- Klärung der Beziehung mit dem Supervisor
- Vereinbarung des Supervisionsvertrages
- Unterstützende Lehrinterventionen
- Entwicklung von Kompetenz
- Entwicklung von Therapieplänen

Reifephase

- Zunehmende Individualisierung der Beziehung, Abnahme der Rollenbindung
- Zunehmende Sozialbindung und stärkeres Einflußpotential
- Entwicklung der Fähigkeiten zur fallbezogenen Konzeptbildung
- Zunehmendes Selbstvertrauen und steigende Selbsteffizienz in der Beratung
- Konfrontation mit persönlichen Themen, insofern sie für die professionelle Leistung von Bedeutung sind

Abschlußphase

- Verständnis des Zusammenhangs von Theorie und Praxis in bezug auf einzelne Klienten
- Abnehmendes Bedürfnis nach Leitung durch die Supervisorin

Supervisionsvertrag

Sowohl Supervisor als auch Supervisand haben in jedem Einzelfall idiosynkratische Erwartungen an Rollen und Funktion in der Supervision. Davon sind einige das Ergebnis früherer Supervisionserfahrungen, andere stehen in direkterem Zusammenhang mit den persönlichen und kulturellen Charakteristika beider Partner. Wie in jeder Arbeitsbeziehung hat auch hier die Klarheit der Erwartungen eine unmittelbare Wirkung auf die Beziehung und die Entwicklung spezifischer Lernziele. Da der Auszubildende über eine relativ geringere Beurteilungs- und Fachautorität verfügt, obliegt dem Supervisor die Verantwortung dafür, den Supervisanden deutlich darüber zu informieren, daß die Beziehung eine beurteilende Struktur hat, welche Erwartungen und Ziele mit der Supervision verbunden sind, welche Beurteilungskriterien angewandt werden und wo die Grenzen der Vertraulichkeit in der Supervision liegen.

Es gibt umfangreiche Forschungen über das Wesen der Beziehungserwartungen und Beziehungsbedürfnisse. Ein Großteil dieser Forschungen stützt sich auf schriftliche Eigenerfahrungsberichte, die vermitteln, wie die Teilnehmer die Qualität und den Zweck der Supervision wahrgenommen haben. Folgende Instrumente können in der Praxis von Supervisoren benutzt werden, um die Erwartungsschwerpunkte von Supervisanden zu bestimmen hinsichtlich Aufgabe, persönlicher Öffnung, Grad des Engagements und Tiefe des Vertrauens: Fragebogen zum Supervisionsstil (Supervisory Styles Questionnaire, SSQ; *Friedlander* & *Ward* 1984), Inventorium der Lernallianz (Learning Alliance Inventory; *Efstation, Patton* & *Kardash* 1990) und die Persönliche Reaktionsskala für Supervisorenreaktionen und Supervisandenreaktionen (Supervisor Personal Reaction Scale and the Trainee Personal Reaction Scale; *Holloway* & *Wampold* 1983, 1986).

Inskipp und *Proctor* (1989) haben den Supervisionsvertrag als entscheidendes Element für die Art des Miteinanderseins in der Supervisionsbeziehung identifiziert. Die Teilnehmer vereinbaren nämlich nicht nur spezifische Aufgaben, sondern sie definieren auch die Parameter der Beziehung. Die Verhandlungen über Normen, Regeln und Verpflichtungen zu Beginn einer jeden Beziehung können Unsicherheit vermindern und eine Vertrauensgrundlage für Engagement schaffen, auf der ein Grad an Verletzlichkeit zugelassen wird, der für die Bewältigung der Aufgabe notwendig ist. Diese Klärung definiert die Erwartungen sowohl im Hinblick auf Inhalt als auch auf Charakteristika der Beziehung und schafft einen gemeinsamen Nenner für Arten der Interaktionen zwischen Supervisor und Supervisand. Wenn der Supervisor Vertragsverhandlungen beginnt, dann befaßt er sich unmittelbar mit der Unsicherheit, die ein Wesenselement des Systems ist. Verhält sich die Supervisorin offen und zielgerichtet, dann erhöht sie dadurch die Wahrscheinlichkeit, daß das Verhalten beider Partner den gesteckten Erwartungen dient (*Miller* & *Rogers* 1987). Noch wichtiger ist es, daß der Supervisand dabei die Möglichkeit erhält, am Aufbau der Beziehung mitzuwirken.

Der Supervisor muß ständig darauf achten, wie sich das Wesen der Beziehung verändert, damit er Diskussionen initiieren kann, die die Erneuerung von Zielen und Beziehungserwartungen zum Gegenstand haben. In dem Maß, in welchem die Erfahrung des Supervisanden zunimmt oder Klienten sich entwickeln, werden nicht nur die Lernbedürfnisse des Supervisanden sich verändern, sondern seine zunehmende Kompetenz und das zwischenmenschliche Zutrauen wird auch auf die Beziehungskontrolle einen Einfluß haben. In den Anfangsvertrag über Lehren,

Lernen und die Qualität der von beiden entwickelten Beziehung sind fortlaufende Verhandlungen über Themen und Prozesse eingebaut. *Poulins* (1994) Dimensionsanalyse identifiziert fünf Hauptdimensionen, die Supervisoren in ihren Sitzungen berücksichtigten (s. Tabelle 3.2).

Poulins Ergebnisse resultieren zwar aus indiviuellen Befragungen, die genannten Aufgaben sind aber sowohl für den Gesamtkontext als auch für die Ziele jeder einzelnen Supervisionsbeziehung relevant. Die Supervisionssitzung beginnt oft damit, daß die Supervisorin den Studenten fragt, was er diskutieren möchte – eine Verhandlung über das Gesprächsthema. Auch wenn im Verlauf des Gespräches die Richtung geändert wird, so liegen darin oft die Punkte für feinere Vereinbarungen zwischen den Teilnehmern. Im Transkript 3.1 (S. 70f.) diskutieren Supervisor und Supervisandin die gemeinsame Arbeitsweise für die nächste Sitzung. Beachten Sie, wie der Supervisor seine Kenntnis der Beziehung nutzt, um einschätzen zu können, wie die Studentin reagieren wird und ob sie bereit ist, Material zu untersuchen, das schwierig sein könnte.

Die Beziehung beinhaltet den Supervisionsprozeß. Er kann mit den Begriffen Vertrag, Phase und Beziehung beschrieben werden. Dennoch gibt es Faktoren, die im Zusammenhang mit der Entstehung von Beziehung und der Wirksamkeit von Supervision stehen. Diese Faktoren habe ich *Kontextfaktoren* genannt. Diese werden in Kapitel 4 durch die Analyse von Supervisionsgesprächen beschrieben und in einigen Fällen durch die Kommentare von Teilnehmern zu ihrem eigenen Supervisionsverhalten.

Tabelle 3.2
Dimensionen des Supervisionsgespräches

- ➤ Abstecken des Kontextes für die Diskussion des Supervisionsmaterials;
- ➤ Bestimmung eines Punktes der Aufmerksamkeit für die Diskussion;
- ➤ Identifikation eines Lehr-/Lernzieles innerhalb dieses Kontextes;
- ➤ Auswahl einer angemessenen Strategie für das Lernziel und für den Kontext, in welchem Supervisor und Supervisand arbeiten;
- ➤ Auswertung der Angemessenheit des Zieles und der Wirksamkeit von Lehren und Lernen.

Quelle: *Poulin* (1994)

4 Kontextfaktoren der Supervision

In Kapitel 2 wurden die fundamentalen Elemente der Supervision als Aufgabe und Funktion beschrieben. Bildlich können diese als zwei sich schneidende Flächen dargestellt werden, die ein Prozeßschema der Supervision bilden. In Kapitel 3 wurde die Beziehung als „Gefäß" des Supervisionsprozesses erörtert. In diesem Kapitel werde ich Kontextfaktoren der Supervision beschreiben „Bedingungen, die sowohl empirisch als auch praktisch einen Bezug haben zur Auswahl von Aufgabe und Funktion sowie der Bildung einer Beziehung für Supervisoren und ihre Supervisanden (*Holloway* & *Acker* 1988). Zu diesen Faktoren gehören Supervisor, Supervisand, Klient und die Institution. Die Beschreibung dieser Faktoren vervollständigt das Modell des Systemorientierten Arbeitens mit Supervision (SAS) (s. Abbildung 4.1).

Während Aufgabe und Funktion aus dem Kommunikationsprozeß abgeleitet werden, werden Kontextfaktoren manchmal nicht deutlich vom tatsächlichen Interaktionsprozeß unterschieden. Zusätzlich zu den Absichten, die Interaktionspartner an ihre eigenen Botschaften knüpfen, findet die Wahrnehmung und das Verständnis sowohl ihrer eigenen Botschaften als auch der Botschaften der anderen Teilnehmer während des Gespräches „im Inneren des Kopfes" statt. Der Beobachter muß Faktoren, die möglicherweise Informationsverarbeitung und Entscheidungsprozesse beeinflussen, indirekt ableiten. Auch wenn solche, durch Schlußfolgerung gewonnene Informationen nützlich sind, unterscheiden sie sich doch von Informationen, die durch Fragen an Supervisoren oder Supervisanden, nach Gedanken über eigenes Verhalten oder das Verhalten anderer gewonnen werden können.

Schons Arbeiten (1983) lenken die Aufmerksamkeit auf den Wert des „Denkens-in-Aktion" beim kompetenten Praktiker. Da Supervisoren oft auf der Grundlage *stillschweigender Kenntnisse* urteilen (*Polanyi* 1967) – d.h. etwas als in der Praxis „richtig" oder „falsch" erkennen oder wahrnehmen –, scheint es wichtig zu sein,

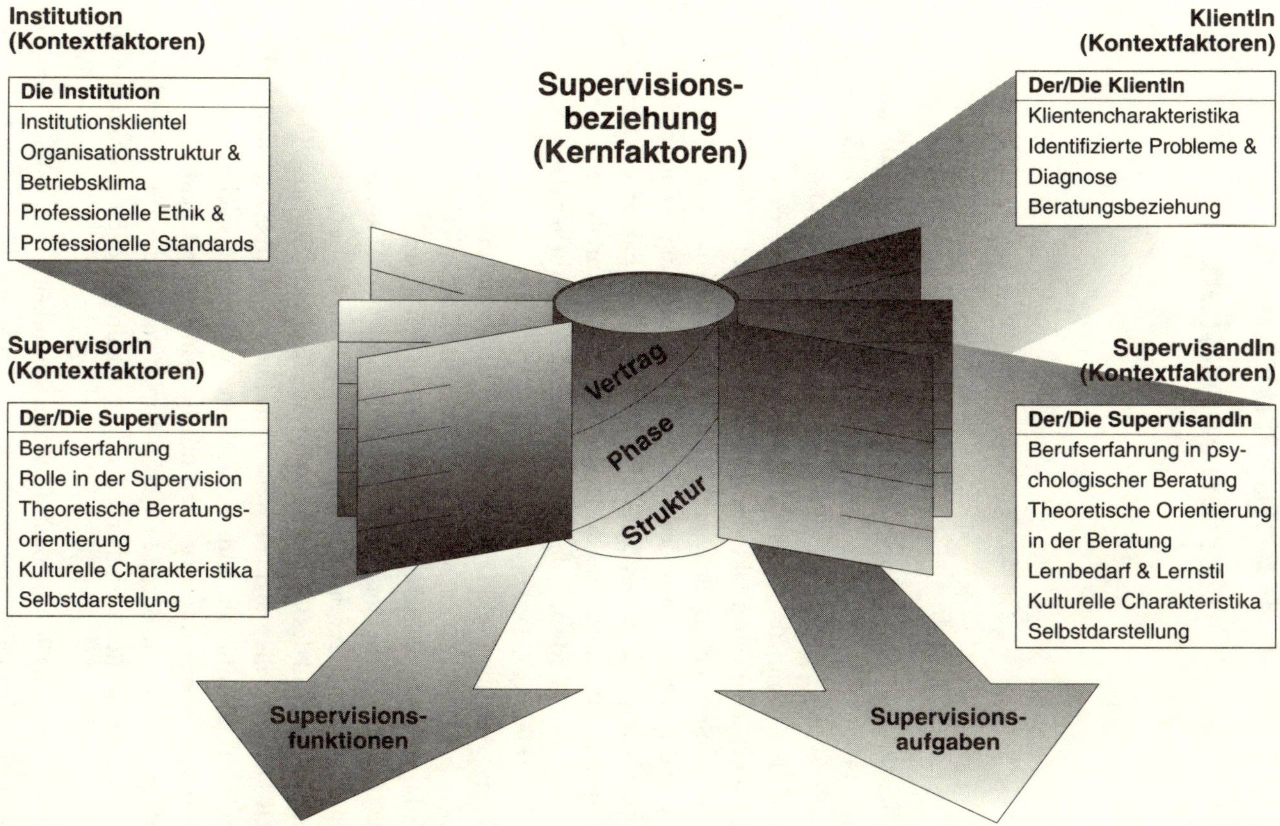

Abb. 4.1: Das Systembezogene Supervisionsmodell: Aufgaben, Funktionen und Kontextfaktoren

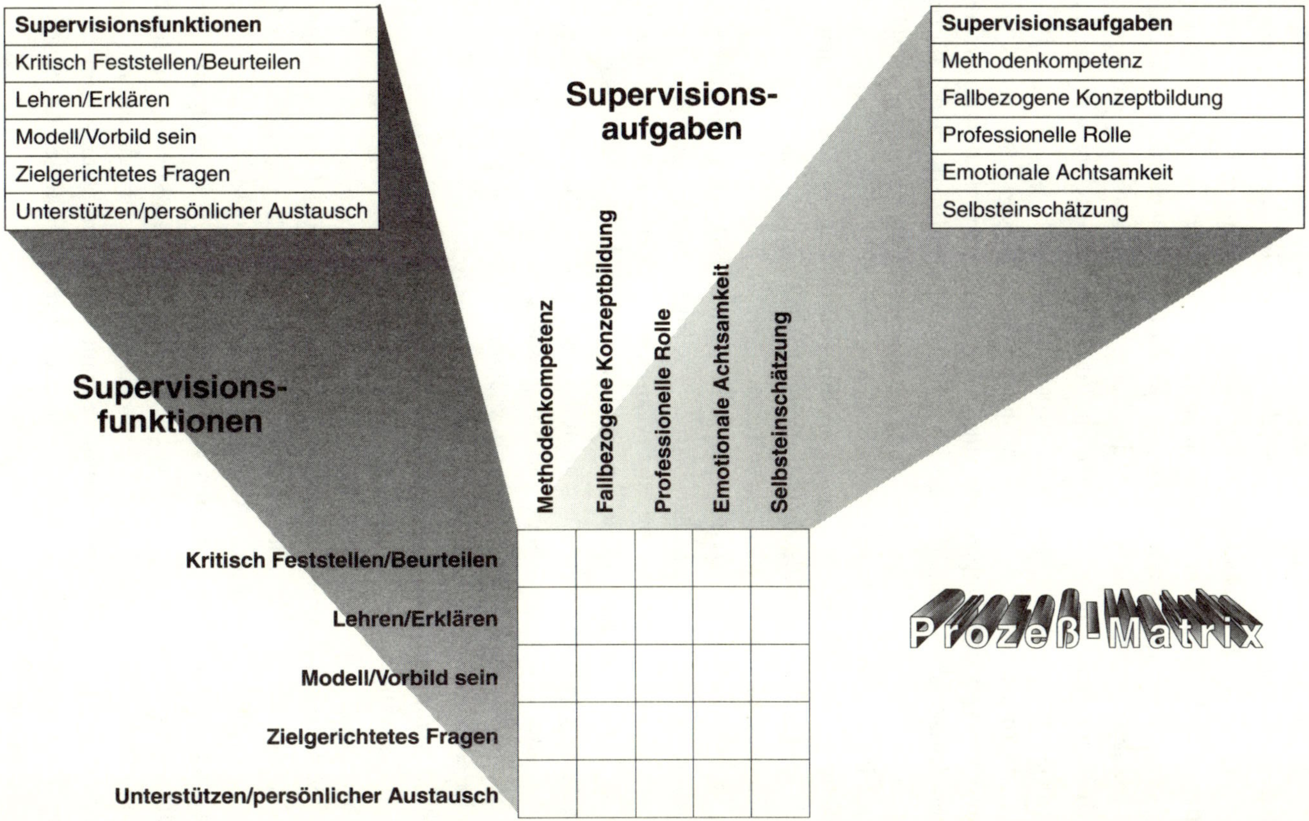

Abb. 4.1: Das Systembezogene Supervisionsmodell: Aufgaben, Funktionen und Kontextfaktoren (Fortsetzung)

diese Wissensgrundlagen zu identifizieren. *Schon* (1983) erörtert die Möglichkeit, stillschweigende Kenntnisse durch einen Prozeß des „Reflektierens-in-Aktion" zu beschreiben. Ein Supervisor kann beispielsweise über die Werte, Strategien und Annahmen, die den Arbeitsentscheidungen eines Supervisanden zugrunde liegen, reflektieren und so den Supervisanden klarer führen oder die Gedanken „im Inneren des Kopfes" eines erfahrenen Klinikers ans Tageslicht bringen. Werden die „Gedanken hinter den Worten der Supervision" untersucht, dann ist es möglich, diejenigen Faktoren, die einen Einfluß auf die unmittelbaren Reaktionen von Supervisoren und Supervisanden haben, zu identifizieren. *Poulin* (1994) benutzte die dimensionale Analyse, eine qualitative Methode (*Schatzman* 1991), um Interviews von vier kompetenten Supervisoren zu untersuchen und zu rekonstruieren. Ihre Analyse ergab, daß die Supervisoren ihre Aufmerksamkeit auf sich selbst, auf den Supervisanden, auf den Klienten und auf die Beziehung zwischen all diesen Beteiligten und deren diverse Rollen richteten. Das SAS-Modell wurde zwar nicht unmittelbar aus dieser Untersuchung entwickelt, die Kontextfaktoren des SAS stimmen aber mit diesen empirischen Ergebnissen überein.

Die Kontextfaktoren werden zusätzlich zu ihrer Definition im Text sowohl durch Transkripte von Supervisionsgesprächen als auch durch Kommentare zu Supervisionsgesprächen veranschaulicht. Die Kommentare zu den Gesprächen geben wieder, welche Bedeutung Supervisoren und Supervisanden der Supervisionsinteraktion beimessen. Diese Gespräche werden in der gleichen Form wie in Kapitel 3 dargestellt. In Spalte 1 erscheint das Transkript des Supervisionsgespräches, in Spalte 2 die Kommentare von Supervisor und/oder Supervisand und in der 3. Spalte die SAS-Analyse der Kontextfaktoren. Die fettgedruckten Wörter kennzeichnen durchgängig die verschiedenen dynamischen Elemente des SAS-Modells. Es empfiehlt sich, mit Hilfe der Abbildung 4.1 den Zusammenhang zwischen den fettgedruckten Begriffen zum Gesamtmodell zu untersuchen.

Ich habe mich dafür entschieden, die Transkripte nach ihrem Gesprächsverlauf anstatt nach den Faktoren anzuordnen, damit der Gesprächszusammenhang deutlich bleibt. Einige Faktoren werden aber in jedem Gespräch deutlich gemacht, was zur Folge hat, daß bestimmte Abschnitte nicht in ihrem Gesprächszusammenhang gelesen werden können. Achten Sie darauf, daß im Text Exzerpte enthalten sind, die nicht unmittelbar aufeinander folgen (die Exzerpte aus den Transkripten sind numeriert). Lesen Sie jedes Transkript erst einmal ganz durch, um mit dem Zusammenhang und dem Gesprächsfluß vertraut zu werden. Dann kommen Sie, wie im Text angegeben, für die Illustration der erörterten Faktoren noch einmal zu den Transkripten zurück.

Faktoren des Supervisors

Die ideale Supervisorin wird als eine Person beschrieben, die ein hohes Maß an Empathie, Verständnis, bedingungslose, positive Zuwendung, Flexibilität, Verantwortlichkeit, Aufmerksamkeit, Engagement, Interesse und Offenheit (*Carifio* & *Hess* 1987) zeigt. Diese persönlichen Eigenschaften sind zwar für jede Beziehung wertvoll, sie beziehen sich aber fast ausschließlich auf die intra- und interpersönlichen Merkmale einer Person. Sie legen stillschweigend nahe, daß man zum Supervisor geboren sein muß. Jede einzelne Person bringt in die Supervision ihre eigenen interpersönlichen Charakteristika, ihr Wissen, ihre Fähigkeiten und ihre kulturellen Werte mit. Dennoch drücken Supervisoren diese Charakteristika auf eine besondere Weise aus, welche die Grundlage für die Supervisionsrolle bildet. Supervisoren können ihren eigenen persönlichen Stil dadurch fördern, daß sie ihr Repertoire interpersönlicher Fertigkeiten und klinischer Kenntnisse als absichtsvolle, systematische und relevante Bestandteile ihrer professionellen Rolle einsetzen.

In der frühen Supervisionsforschung konzentrierte man sich darauf, festzustellen, wie Supervisoren innerhalb der Supervisionsbeziehung förderliche Bedingungen nutzen. In jüngerer Zeit hat man herausgefunden, daß Geschlecht, theoretische Orientierung und Berufserfahrung sowohl mit der Zufriedenheit von Supervisanden mit der Supervision als auch mit dem Planungsverhalten, dem Gesprächsverhalten innerhalb der Sitzungen und den bevorzugten interpersönlichen Autoritätsgrundlagen (nachzulesen bei *Holloway* 1992b; *Russell* u.a. 1984) auf seiten der Supervisoren zusammenhängen.

Im SAS werden fünf Faktoren in der empirischen oder theoretischen Literatur identifiziert, die für die Supervisorenleistung relevant sind: (a) Berufserfahrung in psychologischer Beratung und Supervision; (b) Rollenerwartungen an Supervisor und Supervisand; (c) theoretische Orientierung der psychologischen Beratung; (d) kulturelle Charakteristika, wie Rasse, ethnische Zugehörigkeit und Geschlecht; und (e) Selbstdarstellung. Um deren funktionale Bedeutung für das SAS-Modell zu erklären, werden kurze Definitionen und illustrative Transkripte eingefügt.

Berufserfahrung

Die Literatur zur Supervision geht davon aus, daß sich Supervisoren auf einen Entwicklungsprozeß einlassen, in dessen Verlauf sich der Supervisor verändert, wenn er den individuellen Anforderungen der Supervisionsrolle entspricht (nachzulesen bei *Walsh* 1994). Ob dies zutrifft, bleibt noch abzuklären. Empirisch zumindest scheint das Maß an Erfahrung in psychologischer Beratung und Supervision einen Einfluß auf die Art der Entscheidungsfindung auf seiten des Supervisors zu haben, und zwar hinsichtlich persönlicher Öffnung, Supervisandenleistung und Lehrmethodik in der Supervision. In Transkript 4.1 (Spalte 1, S. 87f.) macht der Supervisor eine Anspielung auf seine jahrelange Berufserfahrung, und diese Bemerkung hat eine starke Wirkung auf die Supervisandin. Der Supervisor erwähnt zwar seine Expertise, um damit seine klientenbezogene Konzeptbildung zu stärken, dennoch ist die Reaktion der Supervisandin negativ.

Rollen

Theorien zu sozialen Rollen umreißen das Verhalten, welches Bestandteil der Supervisionbeziehung ist, im speziellen die Supervisorenrolle (s. Kapitel 1). Die am häufigsten anerkannten Rollen sind Lehrer, psychologischer Berater und Ratgeber; daneben werden aber auch die Rollen des Beurteilers, Kritikers und des Vorbilds für die Berufspraxis zur Beschreibung des Supervisorenverhaltens und von Supervisoreneinstellungen herangezogen. Beachten Sie in Transkript 4.1 (Spalte 2 S. 87f.) die Bemerkung der Supervisandin über die Bedeutung der Supervisorenrolle, den Umfang an Autoritätsgrundlagen, über welche der Supervisor als Lehrer verfügt und wie diese die Interaktionen mit ihm hemmen – d.h. wie sie das Zustandekommen einer kooperativen Arbeitsbeziehung erschweren.

Theoretische Orientierung

Supervisoren haben die Aufgabe Studenten zu lehren, wie die theoretischen Grundlagen der Beratung so angewandt werden können, daß sie für die einzelnen Personen und Fälle, mit welchen die Studenten zu tun haben, relevant sind. Supervisoren greifen also, sowohl ausdrücklich als auch stillschweigend auf ihre eigenen Wissensgrundlagen zurück, um zu entscheiden, was sie lehren werden und wie sie es lehren werden. Studenten äußern manchmal das Bedürfnis, eine ganz bestimmte Richtung der psychologischen Beratung zu erlernen; das Aufeinandertreffen von Supervisanden und Supervisoren findet aber oft statt, ohne daß der theoretische Hintergrund des Supervisors oder die Erwartungen des Supervisanden berücksichtigt werden. Andererseits kommt es vor, daß Supervisoren, die einen ganz bestimmten theoretischen Hintergrund haben, nur solche Supervisanden annehmen, die diese theoretische Richtung erlernen wollen.

(Fortsetzung Seite 91)

TRANSKRIPT 4.1 Kontextfaktoren

Supervisionsgespräch	*nachträglicher Kommentar*	*SAS-Analyse*
Supervisand OK ... Ich denke, worüber ich heute sprechen will, ist, was in diesen zwei Sitzungen für mich abgelaufen ist ... ah ... wahrscheinlich im Hinblick auf Stundenabschluß und ... um herauszufinden, was passiert, wenn man sich dem Ende der Stunden nähert, denn ich hatte den Eindruck, daß diese beiden Stunden anders waren als die vorangegangenen. **Supervisor** Du sagst zwei Sitzungen. Hattest du zwei Sitzungen seit unserer Begegnung in der letzten Woche? **Supervisand** Ich hatte zwei verschiedene Klienten, du hast mein anderes Videoband noch nicht gesehen ... also beide Stunden scheinen einiges gemeinsam zu haben, einiges, das für mich verwirrend war, und ich hatte einfach kein gutes Gefühl bei diesen beiden Stunden. Irgendwas war da los ... ich kann es noch nicht ganz benennen. Ich werde also mit der Klientin anfangen, die du letzte Woche gesehen hast.	**Supervisor** Von Anfang an hat mich bei ihrer Präsentation ihre Präsenz beeindruckt. Sie konnte sich artikulieren; sie hat nachgedacht. Ich hatte von vornherein den Eindruck, daß sie für ihren Ausbildungsstand meine Erwartungen um einiges übertraf. Das bestimmte meine Art ihr zuzuhören und meine Art, mich zu ihr in Beziehung zu setzen. Es war wirklich ganz, ganz anders – anders als ich auf eine Anfängerin reagieren würde, auf jemanden auf dieser Stufe der Ausbildung, sowohl ah, ... was den Stil anging, den ich benutzte, als auch den Inhalt, auf den ich abzielte, und das Ausmaß, mit dem ich mich mit Prozeß beschäftigte. Es war mir von vornherein klar, daß sie keine typische Anfängerin war.	Im Supervisionsgespräch mit der Studentin behandelt der Supervisor zwar die Situation der Klientin, er reflektiert aber auch ihre Art, Informationen zu präsentieren, und stellt ihr Basiswissen fest **(Faktoren der Supervisanden: Erfahrungsstand und Selbstdarstellung).**
Supervisand Von dieser ersten Klientin möchte ich dir		Im Supervisionsgespräch erörtert die Supervisandin

(Fortsetzung)

TRANSKRIPT 4.1 Fortsetzung

Supervisionsgespräch	***nachträglicher Kommentar***	***SAS-Analyse***
nur den Anfang des Videos zeigen, weil es das ist, ah, wir hatten an einem so guten Punkt aufgehört, mit dem Material über ihren Vater und ihren Gefühlen von Verletzlichkeit und Schwäche und sexueller Unsicherheit, und wir fingen an, diese Dinge hier noch mal zu untersuchen ... Und es war wie, ah – als ob ich im Treibsand versinke, also ich zeige dir, was passiert ist.		die **Faktoren der Klientin (identifiziertes Problem)** und bezieht ihre eigene persönliche Erfahrung der **Beratungsbeziehung** mit ein.
Supervisor OK, in der letzten Sitzung hat sie dieses Material zum erstenmal erwähnt, ist das richtig?	**Supervisor** Immer wenn es einen Hinweis auf sexuelle Inhalte gibt, ah ... insbesondere sexuelle Inhalte mit negativen Implikationen, dann orientiere ich mich sofort danach, wie die sexuellen Erfahrungen der oder des psychologischen Beraters sind.	Der Supervisor reflektiert seine eigenen Konzepte und seine **theoretische Orientierung** im Hinblick auf den sexuellen Gehalt des Klientenproblems.
(das Videoband der Beratungssitzung hat begonnen)		Der Supervisor fragt im Gespräch weitere Informationen ab über das **identifizierte Klientenproblem und den interpersönlichen Prozeß der Beratungsbeziehung.**
	Supervisor Ich denke, ich habe mich nicht sehr anders verhalten, als ich es mit einer weiter fortgeschrittenen Studentin gemacht hätte. Das bedeutete, ihren Prozeß anzuschauen. Sie dahin zu	Er führt seine Reflexionen fort, hier allerdings über den **Erfahrungsstand der Studentin und das Klientenverhalten in der Beratungsbeziehung.**

(Fortsetzung)

TRANSKRIPT 4.1 Fortsetzung

Supervisionsgespräch	*nachträglicher Kommentar*	*SAS-Analyse*
	führen, ihren internen Prozeß, ihre Dynamik – die Beziehung zwischen ihrer Erfahrung und ihrem Verhalten zu betrachten. Und zwar wahrscheinlich genauso sehr oder vielleicht sogar noch mehr als den Inhalt der Interaktion.	
Supervisor Halt mal für eine Sekunde. Was unmittelbar ... Ist das ganz am Anfang?		
Supervisandin Fast ganz am Anfang.		
Supervisor Oh, OK.		
Supervisandin Und, ah, ich frage sie noch mal, was wohl passieren würde, sowas in der Richtung, und sie sagt: „Also, wenn ich nicht ganz genau aufpasse, was mein Vater macht, dann könnte schon was passieren", aber dann unterbricht sie sich sofort und sagt ...		
Supervisor Oh, OK.		
Supervisandin „... aber ich bin in allen Dingen so".		
Supervisor Halt mal, hast du das thematisiert, als du angefangen hast, hast du sie an die letzte Stunde erinnert?		
Supervisandin Ich habe sie gefragt, ob sie ... woran		

(Fortsetzung)

TRANSKRIPT 4.1 Fortsetzung

Supervisionsgespräch	***nachträglicher Kommentar***	***SAS-Analyse***
sie heute arbeiten wolle, oder ob sie da weitermachen wolle, wo wir das letzte Mal aufgehört hatten. Darauf sagte sie, ja, das wolle sie tun.		
Supervisor Hast du in der Zwischenzeit überhaupt irgend etwas über Inzest nachgelesen oder mit jemandem darüber gesprochen oder darüber nachgedacht? **Supervisandin** Also, ich habe einiges gelesen und es sozusagen kritisch überdacht, und ich habe ein weiteres Buch angefangen zu lesen, das sie mir mitgebracht hat.	**Supervisor** Ich suche nach einer Möglichkeit, die eigenen Erfahrungen der Beraterin einzuführen, und zwar sowohl hinsichtlich ihrer Einstellungen als auch ihrer Erfahrungen mit ähnlichen Dingen – um einen Eindruck davon zu gewinnen, was die Beraterin mitteilt über das, was sie von ihrer Klientin erfährt, als auch, was sie über den Inhalt mitteilt.	Der Supervisor bemüht sich um ein Verständnis der **theoretischen Grundlagen der Supervisandin** und ihrer **kulturellen Wertvorstellungen** und Einstellungen zu sexuell relevantem Material. Dies stimmt mit seiner Ansicht überein, daß Sexualität ein kulturabhängiges Thema ist.
Supervisor ... es kann also sein, daß sie die Dinge auf Grund ihrer Entwicklungsphase sexueller sieht, als daß sie genaue Erinnerungen an eine Beziehung zu ihrem Vater hat ...		
Supervisandin Weißt du, und gerade das führt in meinen Gedanken zu einer Art Fragestellung ... vielleicht tue ich es gerade immer noch ... aber mal davon abgesehen, ob es tatsächlich passiert ist oder nicht, geht es denn nicht um die Wirkung, die es auf jemanden haben könnte ... egal, ob es nun, ich meine wenn ...		Die Supervisandin stellt ihre Orientierung der Konzeptbildung bei Inzestopfern dar **(theoretische Orientierung)**. Auch wenn sie nicht ausdrücklich sagt: „Das ist der theoretische Hintergrund meiner Beratungsarbeit", so handelt es sich doch um ihre theoretische Orientierung hinsichtlich des Klientinnenproblems.

(Fortsetzung)

TRANSKRIPT 4.1 Fortsetzung

Supervisionsgespräch	***nachträglicher Kommentar***	***SAS-Analyse***
Supervisor Jaa, eine Wahrnehmung, daß ...		
Supervisandin (Überschneidung) Auch wenn man sich nie erinnern kann, vielleicht kann man sich nie erinnern, außer in Hypnose oder so was, oder man war zu jung, oder was auch immer ... wenn man aber dennoch das Gefühl hat, daß einem das passiert ist, so wird es eine genauso große Wirkung haben, als ob es tatsächlich passiert wäre ...		
Supervisor Es hätte eine Wirkung, ja. Abhängig davon, wie konkret die Erinnerung ist, wird die Wirkung unterschiedlich sein, und das ist der Eindruck, den ich letzte Woche gewonnen habe ... es gibt Inzest ohne Körperkontakt, eine Inzestwirkung ohne Körperkontakt ... worum es mir aber geht, ist nicht, ob es nun tatsächlich passiert ist oder nicht, ... sondern, daß sie eher dazu neigen würde, ihren Vater in Schutz zu nehmen, oder die Erinnerung an die Beziehung, die sie zu ihrem Vater hatte, zu schützen ...		
Ich habe mit einer ganzen Reihe von Inzestopfern gearbeitet, die gesagt haben: „Ich denke, das ist alles nur	**Supervisandin** Er untermauert seinen Standpunkt damit, daß er mir sagt, mit wie vielen Klienten er schon	Der Supervisor erklärt seine Ansicht zum Thema „Wahrnehmung eines Tatbestandes" im Gegensatz zum tat-

(Fortsetzung)

TRANSKRIPT 4.1 Fortsetzung

Supervisionsgespräch	*nachträglicher Kommentar*	*SAS-Analyse*
etwas, was ich geträumt habe", oder: „Ich erfinde das nur, das kann gar nicht so gewesen sein ..." **Supervisandin** Ahm, mhm, also, wie unterscheidest du dann, ah ... weißt du, ich frage mich, ob ich ihr gegenüber naiv bin, wenn sie sagt, daß überhaupt nichts passiert ist. Das ah, einzige, was überhaupt in die Richtung geht, an das sie sich erinnern kann, ist so eine Art Balgerei, dem Wesen nach nichts Sexuelles, also, sollte ich's dabei belassen, oder sollte ich es doch im Hinterkopf behalten? **Supervisor** Was könntest du tun ...? **Supervisandin** Also, ich weiß noch nicht alles, ... es wird noch zum Vorschein kommen.	gearbeitet hat, und weist mir damit eine Position (als Supervisandin) zu, in der ich zuhören muß und das, was er sagt, ohne Diskussion akzeptieren muß, weil ich ja offensichtlich nicht über die gleiche ahmm, Erfahrung auf diesem Gebiet verfüge, und ich finde, daß das meine Freiheit einschränkt, ich selbst zu sein, Gegenargumente zu bringen – möglicherweise meine Meinung zu vertreten und sie zu überprüfen.	sächlichen Tatbestand – und bezieht sich dabei auf seine Erfahrung mit Inzestopfern, was die Studentin an seine Fachautorität erinnert. Sie reagiert auf seine **Selbstdarstellung** – d.h. darauf, wie er seine Ansicht präsentiert, anstatt auf die Informationen, die er mitteilt. Der nachträgliche Kommentar der Supervisandin macht deutlich, wie stark sie die Machtposition des Supervisors wahrgenommen hat und wie sie dadurch gehemmt war, sich intensiver auf die Supervisionsbeziehung einzulassen. Das Wesentliche ist, daß sie sich entmündigt fühlt.
Supervisandin Ich hatte das Gefühl, daß ich den Kontakt zu ihr verloren hatte, und ich hab mir, glaube ich, gewünscht, einfach zu unterbrechen und zu sagen: „Irgend etwas kommt mir komisch vor, ah, geht dir gerade irgend etwas anderes durch den Kopf?"		Im Supervisionsgespräch berichtet die Studentin, wie sie die **Beratungsbeziehung** erlebt hat und welchen Einfluß das auf ihre klientenbezogene Konzeptbildung hat.

(Fortsetzung)

TRANSKRIPT 4.1 Fortsetzung

Supervisionsgespräch	***nachträglicher Kommentar***	***SAS-Analyse***
Supervisor Wie könntest du das machen? **Supervisandin** „Sagst du, oder denkst du gerade etwas, worüber wir nicht miteinander reden?" **Supervisor** Und das, wie könntest du das neutral machen? **Supervisandin** Ja, das ist eine gute Frage. **Supervisor** Weißt du, was ich mit neutral meine, verglichen mit dem, was du gerade gesagt hast? **Supervisandin** Ja, nicht ihr die Verantwortung dafür anzulasten, sondern es selbst zu übernehmen und zu sagen: „Ich habe den Eindruck, daß irgend etwas los sein könnte?" **Supervisor** Na, ja, das ist es immer noch nicht so ganz ... **Supervisandin** „Ich haben den Kontakt zu dir verloren." **Supervisor** Ja, das ist eine Möglichkeit, aber noch neutraler ...	**Supervisor** Ich verhalte mich ziemlich instruktiv und didaktisch ihr gegenüber, beides habe ich mit ihr schon gemacht. Auf eine höhere Ebene hinzuführen, als ich es mit einer Anfängerin tun würde. Didaktischer zu sein, weil ich davon ausgehe, daß sie es aufnehmen kann, ohne sich gegängelt zu fühlen. Sie hat einen kritischen Verstand und steht bereits auf einem höheren Niveau. Da kann ich weniger didaktisch sein. Es gibt aber Bereiche, derer sie sich nicht bewußt ist, weil sie noch eine Anfängerin ist. Das sind Modalitäten konzeptueller Art und des Verhaltens, die sie noch nicht kennt. Diese teile ich ihr unmittelbar mit, da sie bei ihrem hohen Niveau in der Lage ist, sie kritisch zu integrieren.	Der Supervisor reflektiert die von ihm benutzten Strategien auf der Grundlage des **Erfahrungsstandes der Supervisandin** und ihrer **Selbstdarstellung**.

(Fortsetzung)

TRANSKRIPT 4.1 Fortsetzung

Supervisionsgespräch	*nachträglicher Kommentar*	*SAS-Analyse*
Supervisandin Hmmmmm ... gib mir einen Hinweis.	**Supervisandin** Ich glaube, an dieser Stelle ist die Supervision für mich mit diesem Menschen anders als in der vorangegangenen Supervision, weil wir keine gemeinsame Geschichte haben. Er kennt die Klientin nicht, und ich denke, daß es in der Art unserer Interaktion einige wirklich wichtige Faktoren gab. Ich fühlte mich in der Beziehung wie eine kleine Schülerin vor dem weisen Professor, der alle Antworten hatte, und dadurch fühlte ich mich gehemmt und unsicher, und ich stelle fest, daß das in diesem Supervisionsgespräch passiert ist.	Die Supervisandin denkt über die Wirkung nach, die diese neue **Supervisionsbeziehung** darauf hat, wie sie den Supervisor erlebt, und über ihre Wahrnehmung der **Rolle**, die er übernimmt. Sie fühlt sich auf die formale, unpersönliche Studentenrolle festgelegt und hat bislang noch nicht zur Entwicklung eines individuelleren und persönlicheren Rollenverhaltens einer reifen Beziehung gefunden.
Supervisor (Supervisandin lacht) OK, du sagst mir also: „Ich denke, du denkst an etwas anderes ... da passiert irgend etwas anderes, womit wir uns nicht befassen." Eine neutralere Art zu fragen ist: „Was erlebst du gerade?" **Supervisandin** Was geschieht für dich jetzt in diesem Augenblick, in dieser Erfahrung? **Supervisor** Du spürst, daß irgend etwas geschieht, und was das ist, wird überhaupt nicht klargemacht. Das weißt du ...	**Supervisandin** Ja. Als er mit dem Versuch aufhörte, für mich da zu sein und mir statt dessen einfach sagte, was er dachte, hat mir das viel mehr eingeleuchtet, und es war etwas, das ich behalten konnte. So könntest du es machen. Als er es dann sagte, ist bei mir der Groschen gefallen. Es war für mich eine gute Lernerfahrung, als er es mir einfach direkt sagte.	Die Supervisandin reflektiert ihre eigenen Lernbedürfnisse in dieser Interaktion und stellt fest, wie wichtig es für sie war, daß der Supervisor seine Strategie geändert hat und ihr einen Vorschlag gemacht hat, anstatt sie raten zu lassen, was er wohl meinte.

(Fortsetzung)

TRANSKRIPT 4.1 Fortsetzung

Supervisionsgespräch	*nachträglicher Kommentar*	*SAS-Analyse*
Supervisandin Ich verstehe den Anteil, in dem es darum geht, auch meiner eigenen Intuition zu trauen. Obwohl ich intuitiv bin, traue ich selbst nicht immer dem Prozeß. Weil er nicht immer konkret oder realistisch ist und für mich etwas Nebulöses hat. Vielleicht bemühe ich mich mehr darum, mich an etwas Konkretem festzuhalten, anstatt zu sagen: „Stop mal, das hier hat Bedeutung."		
Supervisor Prozeß ist etwas sehr Konkretes.		

Unveröffentlichtes Supervisionsgespräch. Nach einem tatsächlichen Transkript, das zum Schutz der Identität der Teilnehmer geändert wurde.

(Fortsetzung von Seite 82)

Die in Kapitel 1 beschriebenen Supervisionstheorien für psychologische Beratung gehen im allgemeinen davon aus, daß die Supervisionsmethode intrinsisch mit der jeweiligen Schule der psychologischen Beratung verbunden ist. *Patterson* (1983) vertritt den Standpunkt, daß dies die einzig denkbare Möglichkeit ist, zu supervidieren. Ein Beispiel, das es wert ist, in Betracht gezogen zu werden, ist *Albert Ellis*' Supervisionsarbeit (Transkript 2.5, S. 58f.), in welcher seine Bemühungen deutlich werden, Supervisanden das Denken rational-emotiver Therapeuten beizubringen.

Theorieübergreifende Richtungen bemühen sich darum, eigenständige Supervisionstheorien zu entwickeln, die nicht gänzlich von der jeweiligen Beratungstheorie abhängen. SAS gehört wohl eher zur letztgenannten Gruppe. Das bedeutet nicht, daß die theoretische Orientierung eines bestimmten Supervisors im Hinblick auf psychologische Beratung oder bestimmte Aspekte menschlichen Verhaltens bei dessen Verhaltensanalyse bedeutungslos wäre. Die Prozeßforschung liefert Hinweise darauf, daß die theoretische Orientierung der psychologischen Beratung einen Einfluß auf die Struktur der Supervisionsbeziehung zu haben scheint. Lehrt ein Supervisor bestimmte Persönlichkeitsaspekte oder eine Beratungstheorie in ihrer Relevanz zum Klientenverhalten, dann manifestiert sich die Orientierung dieses Supervisors deutlich in seinen Supervisionsentscheidungen.

Der erste Hinweis für den Einfluß, welchen die Faktoren des Supervisors auf das Supervisionsverhalten haben, erscheint im Transkript 4.1 (Spalte 2, S. 84). Dieser Supervisor erkennt, daß seine Betrachtungsweise sexueller Themen im Rahmen der Beratungsbeziehung ihn dazu veranlaßt, die Einstellungen seiner Supervisanden zur Sexualität festzustellen. Seine Position ist in seinem Verständnis menschlichen Verhaltens und sowohl der psychologischen als auch der sozialen Potenz von Sexualität begründet.

Supervisoren bringen in die Beziehung ihre Betrachtungsweisen menschlichen Verhaltens, zwischenmenschlicher Beziehungen und sozialer Institutionen mit ein, welche weitgehend durch die kulturelle Sozialisation beeinflußt werden. Wegen der Relevanz kultureller Aspekte für die Konzeptbildung über Professionalismus einerseits und psychische Gesundheit andererseits bewertet das SAS-Modell kulturelle Werte als entscheidend wichtig für die Einstellungen und Verhaltensweisen von Supervisoren. Zu den kulturellen Charakteristika, die einen starken Einfluß auf soziale und moralische Urteilsbildung einer Person haben, gehören Geschlecht, ethnische Zugehörigkeit, sexuelle Orientierung, religiöse Überzeugungen und persönliche Werte. Im SAS-Modell wird die Supervisionsbeziehung unter dem Aspekt von Autorität und Engagement betrachtet, Qualitäten, die ein Bestandteil kultur- und geschlechtsübergreifender Interaktionen sind und die komplexen, manchmal subtilen, immer aber entscheidenden Aspekte der Supervisionsarbeit aufweisen.

Die Zusammenhänge zwischen Geschlechtszugehörigkeit und Wahrnehmung der interpersonalen Autorität und interaktionaler Prozesse wurden in der Supervision relativ häufig untersucht. Im allgemeinen haben gleichgeschlechtliche Diaden von engeren Beziehungen berichtet. Weiblichen Studenten hat man einen stärker dependenten Stil der Einflußnahme zugeschrieben, hinsichtlich des Einsatzes von Autoritätsstrategien zur Klientenveränderung wurde aber zwischen Männern und Frauen kein Unterschied festgestellt. Die Interaktionsanalyse von gleichgeschlechtlichen und verschiedengeschlechtlichen Diaden in der Supervision (*Nelson* & *Holloway* 1990) zeigte, daß sowohl männliche als auch weibliche Supervisoren gegenüber Supervisandinnen stärker autoritäre Botschaften benutzten und daß Studentinnen wesentlich weniger dazu neigten, hochautoritäre Botschaften einzusetzen. *Nelson* (1993) untersucht in einer Konzeptkritik die Bedeutung der Geschlechtszugehörigkeit in Therapie- und Beratungsbeziehungen.

Um Kulturschranken in der Kommunikation überwinden zu können, ist eine spezifische Ausbildung mit einem Didaktik- und Selbsterfahrungscurriculum notwendig. Über Lehrmöglichkeiten, mit welchen Studenten, Erzieher und Supervisoren für diese Themen in Theorie und Praxis sensibilisiert werden können, gibt es zahlreiche Abhandlungen (Überblick nachzulesen bei *Bernard* & *Goodyear* 1992). Insbesondere zum Thema kulturübergreifender Vorfälle in der Praxis haben *Pope-Davis*, *Reynolds* und *Vasquez* (1992) ein Trainingsprogramm mit Videobändern entwickelt, um psychologische Beratung und Beratungsausbildung zu unterstützen. Es ist die Absicht des SAS-Modells, Supervisoren dazu zu ermutigen, die Bedeutung kultureller Faktoren in der Supervision anzuerkennen und darauf zu achten, in welcher Wechselwirkung diese Themen zu den anderen Faktoren des Modells stehen.

Es dürfte kaum überraschen, daß es sehr schwierig ist, Zugang zu Supervisionstranskripten zu bekommen, die diese Thematik bei Interaktionen zwischen Angehörigen verschiedener Kulturen und solchen, die der gleichen Kultur und keiner Minderheit angehören, aufzeigen. Wie schon oben berichtet, ist es unwahrscheinlich, daß Supervisoren und Supervisanden, speziell in gemischtkulturellen Situationen, diese Probleme direkt ansprechen.

Transkript 4.1 (Spalte 3, S. 86) zeigt einen Anlaß, darüber nachzudenken, wie persönliche Werte oder kulturelle Faktoren in der Entwicklung und Erfahrung des Supervisors selbst seine Ansichten zu Inzest und Sexualität beeinflussen können. Er erwähnt, wie wesentlich die eigenen sexuellen Wertvorstellungen der Supervisandin für ihre Behandlung der Klientin als Inzestopfer sind. Daraus läßt sich wiederum der Schluß ziehen, daß seine eigenen kulturellen Wertvorstellungen zum Thema Sexualität genauso wichtig sind.

Ein weiteres Beispiel für kulturelle Faktoren im Bereich der Sexualität erscheint in Transkript 4.2 (Spalte 1, S. 94f.). In dieser Interaktion erkennen sowohl Supervisandin als auch Supervisorin, daß zwischen den beiden Frauen in der Beratungsbeziehung eine gegenseitige Attraktion besteht. Hier wird aber die sexuelle Orientierung nicht zum Gesprächsthema, sondern die Supervisorin führt die Studentin dahin, Möglichkeiten zu erarbeiten, mit welchen sie sich gegenüber der Klientin therapeutisch verhalten kann und so den Verführungsprozeß stoppt, der sich in der Beziehung anbahnt. Obwohl also die sexuelle Orientierung zwischen Supervisandin und Klientin stillschweigend zur Kenntnis genommen wird, entscheidet sich die Supervisorin dagegen, diese Richtung der Befragung fortzusetzen. Hier ist das herausragende Thema nicht, welche Wertvorstellungen die Supervisorin in bezug auf lesbische Beziehungen hat, sondern die breitere Thematik gegenseitiger Attraktion und Verführung im Rahmen der Therapie hat hier Vorrang.

TRANSKRIPT 4.2
Kontextfaktoren

Supervisionsgespräch	***SAS-Analyse***
Supervisorin Daß du dich durch ihre Aufmerksamkeit geschmeichelt fühlst ... wie hindert dich das daran, dich ihr gegenüber therapeutisch zu verhalten?	Die Supervisorin stellt zielgerichtete Fragen zur Dynamik der **Beratungsbeziehung** und den therapeutischen Implikationen dieser Dynamik.
Supervisandin Ich denke, genau das ist es. Ich denke, es wäre fast so, als stünde ich vor der Frage: „Will ich jetzt irgend etwas sagen, das diese ganze Schmeichelei entzaubern würde, irgend etwas, was den Zauber vertreiben würde?"	Die Supervisandin befaßt sich damit, wie sie dieses Problem in der **Beziehung** durch die Beratungsarbeit korrigieren könnte.
Supervisorin Es gefällt dir also. Irgend etwas daran genießt du? Bist du dir irgendwelcher Risiken in dieser Situation bewußt?	Wieder setzt die Supervisorin den Akzent auf die **Beratungsbeziehung** und untersucht die Möglichkeit einer gegenseitigen Attraktion und die damit verbundenen Risiken, wobei sie möglicherweise impliziert, daß diese Situation **professionell oder ethisch** bedenklich ist.
Supervisandin Oh, ganz bestimmt. Ich denke, sich auf einen solchen Modus einzulassen ist wenig therapeutisch, und ich denke, daß es meine Objektivität einschränkt. Ich glaube, das ist es, was mir wirklich bewußt wird. Ich denke, daß ich zunehmend meine Motive in Frage stelle, sie etwas Bestimmtes zu fragen. Gerade weil ich mich zunehmend in dieses Untergrundspiel verwickelt sehe.	Die Supervisandin setzt den Schwerpunkt wieder auf den Zusammenhang zwischen ihrer therapeutischen Effizienz und dieser Situation in der **Beratungsbeziehung** und befaßt sich nicht unmittelbar mit den möglicherweise gefährdeten ethischen Standards.
Supervisorin Du bist dir wirklich dessen bewußt, daß irgend etwas mit dir geschieht, was einen Einfluß auf dein Handeln haben könnte. Was meinst du, geht da vor sich, hört es bei der Schmeichelei auf? Wie weit geht es? **Supervisandin** Also, ich denke, wir haben ja schon früher darüber gesprochen, eines der Themen steht unmittelbar vor uns, nämlich	Nun sammelt die Supervisorin anscheinend Informationen über das **zwischenmenschliche Verhalten in der Beratungsbeziehung** auf seiten der Supervisandin und stellt fest, ob irgend etwas anderes als Schmeichelei passiert. Auch sucht sie Informationen, mit deren Hilfe sie feststellen kann, ob ein Ethikverstoß in Form einer sexuellen Beziehung bereits stattgefunden hat.

(Fortsetzung)

TRANSKRIPT 4.2 Fortsetzung

Supervisionsgespräch	***SAS-Analyse***
die Themen um Jills sexuelle Orientierung, ihre sexuellen Vorlieben und, ahm, ich denke, es besteht eine gewisse Attraktion.	
Supervisorin Auf beiden Seiten?	Die Supervisorin ist bereit, die sexuelle Orientierung der Beraterin in Betracht zu ziehen. In diesem Zusammenhang könnten ihre eigenen Wertvorstellungen über sexuelle Orientierung wichtig werden (**Faktoren des Supervisors: kulturelle Charakteristika**).
Supervisandin Ich denke schon. Ich denke schon. Und es macht mir Angst, weil ich denke, daß ich das erkenne. Also, ich gebe es zu. Ich möchte es aber auch nicht verheimlichen, ich möchte mich aber auch nicht vollständig zurückziehen, aber ich will auch nicht mit dieser Schmeichelei weitermachen oder sehen, wie sie mir sozusagen immer mehr den Hof macht.	Die Supervisandin drückt ihre Besorgnis darüber aus, was in der **Beratungsbeziehung** passiert, macht aber keinen ausdrücklichen Kommentar zu ihren eigenen **Wertvorstellungen** und Haltungen im Hinblick auf lesbische Beziehungen. Sie konzentriert ihre Bedenken auf die Gefährdung der Therapie, durch das verführerische Verhalten zwischen ihr und ihrer Klientin.
Supervisorin Was könntest du in deiner Arbeit tun, damit sich dies mit ihr nicht fortsetzt?	Die Supervisorin führt die Studentin dahin, daß sie die **Beratungsbeziehung** verändert, damit sie sich weiterhin therapeutisch verhalten kann und sich nicht auf einen Verführungsprozeß einläßt. An diesem Punkt befaßt sich die Supervisorin nicht ausdrücklich mit den **ethischen Bedenken einer dualen Beziehung**.

Dieses Transkript ist der Videoreihe *Engagement and Power in Clinical Supervision* (Engagement und Autorität in der Klinischen Supervision) von Martin Acker und Elizabeth Holloway, Universität von Oregon, 1988, entnommen. Wiedergabe mit Genehmigung von Martin Acker und Elizabeth Holloway. (Die Videobänder sind im Handel nicht erhältlich.)

Selbstdarstellung

Im SAS wird der Begriff Selbstdarstellung benutzt, um zu benennen, wie jeder einzelne Teilnehmer sich gegenüber anderen präsentiert. Der Begriff stammt ursprünglich aus der sozialpsychologischen Literatur zum Thema der Entstehung von Eindrücken. Obwohl ursprünglich der Gedanke vermittelt wurde, daß Verhaltensweisen der Selbstdarstellung sich auf solche Handlungen beschränken, die eine Person absichtsvoll kontrolliert, um anderen ein bestimmtes Bild von sich zu zeigen (*Baumeister* 1982), so meint man in jüngerer Zeit, daß diese Definition zu eng gefaßt ist (*DePaulo* 1992). *DePaulo* (1992) kommt zu dem Schluß, daß verbales und nonverbales Verhalten im zwischenmenschlichen Kontext über oberflächliche Absichten hinausgeht und auch in weiterentwickelten Beziehungen eine wichtige Rolle spielt (*Schlenker* 1984). Darüber hinaus ordnet man der Selbstdarstellung solche Verhaltensweisen zu, die automatisch erfolgen; dazu gehört expressives Verhalten, das habituell geworden ist, nicht mehr absichtlich gesteuert wird, aber ursprünglich zweckorientiert war. In der interpersonalen Psychotherapieliteratur werden solche Verhaltensweisen „der Beziehungsstil einer Person" genannt, also habituelle Verhaltensweisen, die früh im Leben erlernt werden und bis ins Erwachsenenalter beibehalten werden (*Teyber* 1988). Man könnte einwenden, daß der Stil der Selbstdarstellung in der Supervision immer ein Faktor ist, unter bestimmten Umständen aber wird dieser Stil vorrangig und der entscheidende und wichtigste Faktor im Verlauf der Kommunikation.

Schlenker und *Leary* (1982) haben den Zusammenhang zwischen sozialen Ängsten und Selbstdarstellungsverhalten untersucht. In Situationen, in welchen Personen einen guten Eindruck machen wollen – und ein Student, der beurteilt werden wird, wird dies sicherlich wollen –, erleben diese immer ein gewisses Maß an sozialer Angst. Auf diese Angst haben folgende Faktoren einen Einfluß: Erfolgserwartungen, das Maß an sozialer Unsicherheit im Hinblick auf die Erwartungen und die Bedeutung, die der Person zuerkannt wird, die beeindruckt werden soll. *Schlenker* und *Leary* kamen zu dem Schluß, daß in Situationen mit starker sozialer Angst, in welchen die vorrangige Sorge der Beurteilung gilt, Personen ihren Kommunikationsstil ändern; sie zeigen einen stärkeren kognitiven Rückzug, wobei sie sich zunehmend mit sich selbst beschäftigen und dadurch die Effizienz ihrer Informationsverarbeitung, ihre Aufmerksamkeit für die Geschehnisse um sie herum, Selbstwahrnehmung und Selbstkontrolle beeinträchtigen. Beispielsweise können Personen auf Verhaltensweisen zurückgreifen, die „verschlossen, reserviert oder introvertiert", „brav, folgsam und dependent" oder „aggressiv, feindselig oder defensiv" sind.

Friedlander und *Schwartz* (1985) haben die sozial-psychologische Literatur gesichtet und daraus diejenigen Grundsätze abgeleitet, die im Zusammenhang mit Therapie besonders relevant sind. *Ward, Friedlander, Schoen* und *Klein* (1985) haben mit dem Konstrukt der Selbstdarstellung untersucht, wie Supervisoren Studenten im Hinblick auf ihren Selbstdarstellungsstil beurteilten. Das Konstrukt der Selbstdarstellung wurde in der Untersuchung des Supervisorenverhaltens nicht benutzt. Die Untersuchungen konzentrierten sich auf den an Supervisoren wahrgenommenen rollenspezifischen Stil (*Friedlander* & *Ward* 1984) und auf die Charakteristika der Supervisionsbeziehung (*Efstation* u.a. 1990). Die verbalen Verhaltensmuster der Supervisoren im Supervisionsprozeß wurden ebenfalls untersucht (*Holloway* & *Poulin* 1995).

Im SAS wird der Begriff Selbstdarstellung gebraucht, um affektive, verbale und nonverbale Verhaltensweisen zu benennen, mit welchen Teilnehmer einen bestimmten erwünschten Eindruck auf den anderen machen wollen; diese Verhaltensweisen können habituell sein und keine bewußte Kontrolle erfordern, sie können aber auch zielgerichtet und absichtsvoll eingesetzt werden. Sie sind charakteristisch für die Person und werden zum individuellen Rollenverhalten des Supervisors.

In Transkript 4.1 (Spalte 2, S. 87f.) reflektiert die Supervisandin ihre eigene Reaktion auf den Hinweis des Supervisors, welch große Erfahrung er mit Inzestopfern habe, betrachtet seine Erfahrung aber nicht als einen Lerngewinn für sich selbst. Sie sagt, daß seine Sichtweise ihre „Freiheit" zu lernen einschränkt. Die Art und Weise, wie er sein Wissen präsentiert (Selbstdarstellung), ist der stärkste Einflußfaktor, auch wenn sie sich nicht dazu entschließt, dem Supervisor mitzuteilen, wie sie reagiert. Transkript 4.3 zeigt ein Beispiel des Parallelprozesses in der Supervision: die problemlösende Arbeitsweise eines Studenten mit der Hoffnungslosigkeit und dem Widerstand eines Klienten wird in der Supervision von der Supervisorin neuinszeniert. Die Supervisorin (Spalte 1, S. 102f.) wird zunehmend frustriert, weil der Student den Widerstand seines Klienten neuinszeniert, und sie scheint sich dem Supervisanden gegenüber defensiv zu verhalten (Selbstdarstellung). Diese Reaktion führt zu einer Eskalation des Widerstandes beim Studenten, und die Supervisorin scheint den Studenten fast anzuflehen (Selbstdarstellung), ihre Intervention doch anzunehmen (Spalte 2, S. 102f.).

Faktoren des Supervisanden

Wer ist der ideale Supervisand? In der traditionellen Ausbildung von Analytikern werden an erster Stelle die psychische Gesundheit und der persönliche Charakter der Therapeutin als wesentlich betrachtet. Eine in die Tiefe gehende Therapie wird als entscheidendes Element des Ausbildungsprozesses betrachtet, damit (a) die Fähigkeit des Therapeuten, unvoreingenommene, klinische Beobachtungen machen zu können, gefördert, und die Wirkungen der Gegenübertragung vermindert werden können, (b) die Wirksamkeit der Psychotherapie als Behandlungsmethode auf Grund von Erfahrungen aufgezeigt werden kann, (c) psychotherapeutische Techniken aus erster Hand demonstriert werden können, und die psychische Gesundheit von Therapeuten verbessert sowie die Belastungen der Praxis vermindert werden können (*Wampler* & *Strupp* 1976). In dem Maße aber, in welchem psychologische Ausbildungsprogramme stärker darauf abzielen, die Eignung von Studenten für die Beratungsrolle nach Kriterien der Kompetenz zu beurteilen, befaßt sich die Forschung mit denjenigen Charakteristika, die einen potentiellen Einfluß darauf haben, wie Verhaltensweisen erworben werden können, die für wirksame Beratung als notwendig erachtet werden. Insbesondere werden diejenigen positiven Bedingungen, wie sie in simulierten oder tatsächlichen Beratungssituationen festgestellt wurden, als Verhaltensweisen angestrebt, mit welchen persönliche Einflußfaktoren wie kognitive Struktur und Erfahrungsstand erfaßt werden können (nachzulesen bei *Hansen, Pound* & *Petro* 1976; *Hansen* u.a. 1982; *Holloway* 1984; *Holloway* & *Wampold* 1986; *Russell* u.a. 1984).

Als in den 80er Jahren Supervisionsmodelle sich zum ersten Mal um den tatsächlichen Prozeß und die Strategie von Supervision kümmerten (*Goodyear* & *Bradley* 1983; *Hess* 1980; *Loganbill* u.a. 1982; *Stoltenberg* 1981), begannen Wissenschaftler sich dafür zu interessieren, in welcher Weise die Charakteristika des Supervisanden einen Einfluß auf die Supervisionsbeziehung haben könnten (nachzulesen bei *Holloway* 1984; *Russell* u.a. 1984; *Worthington* 1987). Folgende Faktoren des Supervisanden wurden in der empirischen und theoretischen Literatur als wichtig für die Supervision identifiziert: kultureller Hintergrund, Geschlecht, kognitive Entwicklung und Ich-Entwicklung, professionelle Identität, Erfahrungsstand in der psychologischen Beratung, theoretische Orientierung in der Beratung und Selbstdarstellung. Diese Merkmale von Supervisanden wurden im SAS in fünf Gruppen von Supervisandenfaktoren eingeteilt: (a) Erfahrungsstand in der psychologischen Beratung, (b) theoretische Orientierung in der Beratung, (c) Lernstil und Lernbedarf, (d) kulturelle Charakteristika und (e) Selbstdarstellung. Transkripte 4.1 und 4.3 veranschaulichen die funktionale Bedeutung dieser Faktoren, und in Abbildung 4.1 finden Sie die Faktoren innerhalb des SAS-Modells.

TRANSKRIPT 4.3
Kontextfaktoren

Supervisionsgespräch	***SAS-Analyse***
Supervisorin Was ... Wie geht es dir ... haben sich deine Gefühle ihm gegenüber als Person irgendwie verändert seit Beginn der Sitzung, und wo stehst du jetzt wegen seines „Ja, aber"?	Die Supervisorin sondiert die Gefühle des Studenten gegenüber dem **Klienten und der interpersonalen Dynamik der Beratungsbeziehung**.
Supervisand Während der Stunde mit ihm werde ich normalerweise gar nicht besonders frustriert. Es gelingt mir anscheinend, ein gewisses Maß an Geduld mit ihm zu haben, aber nach der Stunde, oder wenn ich die Videoaufzeichnung ansehe, und gelegentlich auch in der Stunde, dann werde ich richtig frustriert. Bis zu einem Punkt, du weißt schon: „Gib dir mal 'nen Ruck, Jerry."	Der Supervisand beschreibt weiterhin, wie er den Klienten in der **Beratungsbeziehung** erlebt.
Supervisorin Du möchtest, daß er sich in Bewegung setzt, und ein Teil von dir weiß, was er braucht, aber er läßt sich nicht von dir helfen.	Die Supervisorin hilft dem Supervisanden, die Dynamik in der **Beratungsbeziehung** zu betrachten.
Supervisand Genau, genau. Und ich habe wirklich das Gefühl, ich bin mir nicht sicher, ob es irgend etwas Persönliches gegen mich ist, aber ich habe das Gefühl, daß er eine wirklich aktive Rolle übernimmt, sein eigenes Wohlergehen zu sabotieren. Und er reagiert überhaupt nicht auf Hilfe. Das ist zumindest mein Gefühl.	Der Supervisand beginnt mit der Konzeptbildung zur **Schwere des Klientenproblems**, kehrt dann aber zu seiner eigenen Frustration darüber zurück, daß er den Klienten nicht dazu bringen kann, Hilfe anzunehmen. Er vermittelt die Botschaft, daß er schon eine Reihe von Möglichkeiten ausprobiert hat, um mit der Depression umzugehen, und damit erfolglos war.
Supervisorin Du hast also nicht ... er sagt also nichts über irgendwelche Veränderungen in seinem Befinden oder darüber, wie seine Tage verlaufen.	Supervisorin und Student fahren in der Diskussion des **Klientenproblems und seiner Schwere** und Interventionen fort, die in der **Beratungsbeziehung** angewandt wurden.
Supervisand Überhaupt nicht.	
Supervisorin Also, hast du es sowohl von der Verhaltensseite aus als auch auf dem kognitiven Weg mit ihm versucht?	

(Fortsetzung)

TRANSKRIPT 4.3 Fortsetzung

Supervisionsgespräch	***SAS-Analyse***
Supervisand Ahm, ich hab's wenigstens versucht, ich habe verschiedene Ansätze ausprobiert, einige verschiedene Möglichkeiten.	
Supervisorin Hast du das mit ihm in irgendeiner Weise erforscht? Einfach mehr Informationen aus ihm herausgeholt, um festzustellen, ob du auf dem richtigen Weg bist?	Die Supervisorin beginnt, gemeinsam mit dem Supervisanden andere Interventionen zu untersuchen, die er benutzt haben könnte. Wiederum teilt der Supervisand seinen Eindruck mit, daß er eine Reihe von Dingen versucht hat und nun wirklich nicht weiß, wie er weitermachen soll, ohne **den Klienten zu konfrontieren (Klientenfaktoren: Beratungsbeziehung)**.
Supervisand Wir haben seine Gefühle, wie das für ihn ist, ausführlich untersucht. Wir haben ausführlich untersucht, wie das für ihn ist, wenn er vielleicht Fortschritte macht oder sich sein Zustand verschlechtert. Was meine Idee angeht, daß er sich zu sehr einläßt, diese genauer zu untersuchen, da habe ich noch keine richtig gute Vorstellung, wie ich das machen könnte, ohne daß es so aussieht, als ob ich ihn mit meiner Idee, meiner Interpretation dessen konfrontiere, was los ist.	
Supervisorin Ich habe das nicht als Strategievorschlag gemeint, ich habe nur versucht, eine Vorstellung von deiner Intuition zu gewinnen und worauf du sie gründest. Es scheint also, korrigiere mich, daß deine Stunden so sind: Er kommt herein, redet über seine Depression, du bist sehr empathisch, viele Gefühle werden mitgeteilt, aber wenn du versuchst, zu nahe an ihn heranzukommen, noch mehr nach Gefühlen fragst oder Vorschläge machst, fängt er mit dem „Ja, aber" an, um dich auf Distanz zu halten. Hast du das Gefühl, daß er dich wegschiebt?	Die Supervisorin scheint ihre Motive zu **rechtfertigen (Selbstdarstellung)**, warum sie den Supervisanden nach seiner Arbeit fragt, geht dann zurück zur Zusammenfassung der Klientensituation und fügt ihre eigene Analyse der **Dynamik der Beratungsbeziehung** hinzu.
Supervisand Persönlich gemeint, daß er mich persönlich wegschiebt?	
Supervisorin Nicht persönlich, aber wenn du ihm Verbesserungsvorschläge machst.	

(Fortsetzung)

TRANSKRIPT 4.3 Fortsetzung

Supervisionsgespräch	*SAS-Analyse*
Supervisand Wenn ich zu meinen anderen Klienten sage: „Also, hast du irgendeine Einsicht in diese Situation gewonnen?", dann sagen sie mir ein Resultat, bei Jerry habe ich aber sofort das Gefühl, daß er wieder mit dieser „Ja, aber"-Geschichte anfängt.	Tatsächlich läßt der Supervisand die Supervisorin wissen, daß ihre Interventionsideen wahrscheinlich auch nur zum **fortdauernden Klientenwiderstand (Klientenfaktor: Beratungsbeziehung)** führen werden.
Supervisorin Richtig. Stell dir mal vor, du bist Jerry, und Greg oder einer deiner Freunde interveniert, was spürst du?	Die Supervisorin versucht es auf eine andere Weise und fragt den Supervisanden nach seiner Vermutung, **was der Klient fühlen könnte (Klientenfaktor: identifiziertes Problem)**.
Supervisand Angst.	
Supervisorin Angst.	
Supervisand Ich denke schon. Und ...	
Supervisorin Darüber haben wir gerade gesprochen.	
Supervisand Ja. Ich bin mir da nicht ganz sicher, aber ich würde sagen, es ist wie ein Tier, das Angst hat. Das ist mein Eindruck. Ich möchte Jerry gegenüber nicht herablassend sein, aber es kommt mir so vor wie „Das ist etwas, damit kann ich nicht, will ich nicht, fühle ich mich nicht in der Lage umzugehen. Mit der Veränderung werde ich nicht fertig, ich will mich auch keiner anderen Erfahrung aussetzen als der, die ich jetzt mache. Und ich hasse es, aber wenigstens ist es mir vertraut." Weißt du ... irgendwie das Gleiche.	Fortsetzung der Diskussion über Dynamik und Problem des Klienten.
Supervisorin Da ist also dieser trübsinnige, graue Weg.	
Supervisand Ja, das denke ich ... ich denke, darum geht es.	
Supervisorin Was, denkst du, riskiert er?	

(Fortsetzung)

TRANSKRIPT 4.3 Fortsetzung

Supervisionsgespräch	*SAS-Analyse*
Supervisand Ahm, ich weiß es wirklich nicht. Weißt du, und das führt uns zurück zu dem, worüber wir schon vorher gesprochen haben, nämlich daß ich wirklich nicht weiß, warum er tut, was er tut. Warum er diese ... diese Situation sabotiert. Aber ...	Der Supervisand geht wieder zurück zur Dynamik der **Beratungsbeziehung** und im wesentlichen zu seiner eigenen Frustration darüber, wie der Klient seine Bemühungen ihm zu helfen sabotiert.
Supervisorin Könntest du ... also, wenn du jetzt Jerrys Rolle übernehmen könntest, und das heißt ja nicht, daß du die richtigen Gefühle entdeckst, sondern, daß du nur einige Alternativen erforschst ... ahm, und stell dir mal vor, Greg sitzt hier und interveniert, und du bist dir dessen bewußt, daß du mir dein Gefühl der Angst mitgeteilt hast. Geh dann einen Schritt weiter. Hast du gehört, ob du gesagt hast, daß du damit einverstanden bist, die Intervention auszuprobieren? Schau mal hin, ob du dadurch mehr darüber erfährst, was er möglicherweise riskiert.	Die Supervisorin versucht es mit einer anderen Intervention, um dem Supervisanden zu helfen, aus der Sackgasse, in der er sich mit dem Klienten befindet, herauszukommen. Der Prozeß, der sich anbahnt, wird immer deutlicher als **Parallelprozeß zur Beratungsbeziehung in der Supervisionsbeziehung** erkennbar, da die Supervisorin weiterhin die Lösungen für den Supervisanden sucht. Die Supervisorin fordert den Supervisanden im Rollenspiel dazu auf, nicht wie der Klient auf der Stelle zu treten.
Supervisand OK. Ich werde versuchen und üben, an dieser entscheidenden Stelle Jerry zu sein.	Der **Supervisand sabotiert (Selbstdarstellung)** die Bemühungen der Supervisorin, ihn aus der Sackgasse, in der er mit dem Klienten steckt, herauszubringen, wobei er die Hoffnungslosigkeit des Klienten und seine Unfähigkeit sich zu verändern übernimmt.
Supervisorin Und gehe jetzt noch einen Schritt weiter, als er bisher gegangen ist.	Die **Supervisorin zeigt eine geradezu flehentliche (Selbstdarstellung)** Reaktion, um den Supervisanden dazu zu bewegen, im Rollenspiel etwas anderes zu machen. Die Haltung des Supervisanden gegenüber der Beratungsbeziehung wird von ihr in der Supervisionsbeziehung ausagiert.
Supervisand Ja. Ich habe das Gefühl, daß Jerry sagt ... also, es fällt mir jetzt schwer, das umzusetzen, aber ich habe das Gefühl, daß Jerry sagt: „Ja, ja, also OK, aber weißt du, es ist einfach hoffnungslos. Ich verstehe schon, was du sagst, ich verstehe schon, wie man über dieses Zeug redet, aber es ist einfach hoffnungslos. Ich meine, wenn ... also gut, dann tu ich das eben, dann mach ich eben dieses Zeug, dann pas-	

(Fortsetzung)

TRANSKRIPT 4.3 Fortsetzung

Supervisionsgespräch	*SAS-Analyse*
siert wieder irgend etwas anderes. Verstehst du, wenn's nicht das ist, dann ist es eben irgend etwas anderes."	
Supervisand Ja, wie du eben sagst, ich werde langsam skeptisch, ob er die Tatsache, daß er überhaupt zur Beratung kommt, als ein Zeichen der Hoffnung erkennt, auch wenn es nur so wenig ist.	Der Supervisand stellt die Hoffnungslosigkeit seines Klienten dar und führt damit den Parallelprozeß fort.
Supervisorin Was fühlst du?	
Supervisand Ich fühle ... Ich habe das Gefühl, daß er darüber auch skeptisch wäre und, ich meine, wenn ich ihm die Frage einfach so direkt stellen würde, daß er dazu sagen würde ... daß seine Reaktion wäre, daß er sagt, so was wie: „Also weißt du, ich bin nicht hierhergekommen, um mich zu verändern. Ich bin einfach nur gekommen, weil man das normalerweise tut, bevor etwas wirklich Schlimmes passiert."	Der Supervisand bleibt dabei, die **Hoffnungslosigkeit des Klienten und sein eigenes Gefühl der Hoffnungslosigkeit** wegen der Depression des Klienten zu reflektieren.
Supervisorin Wenn du also zu ihm sagen würdest: „Heißt das, du bist dabei aufzugeben?" oder: „Wärst du bereit, noch einen kleinen Versuch zu machen?"	Dem Augenschein nach dringt die Supervisorin im Rollenspiel in den Klienten, sich doch Mühe zu geben; tatsächlich aber tut sie dies mit dem Supervisanden. Der Parallelprozeß läuft auf Hochtouren, die Bemühungen der Supervisorin werden vom Supervisanden mit Hilfe des Rollenspiels sabotiert.
Supervisand Wahrscheinlich würde er ... ich weiß nicht, ich bin mir nicht sicher, ich glaube nicht, daß ich ihm genau diese Frage gestellt habe. Aber vermutlich würde er irgend etwas sagen, wie: „Nein. Ich glaube, ich habe fast alles versucht oder wenigstens so gut wie alles, und es paßt einfach nicht, es funktioniert einfach nicht."	
Supervisorin Und das wäre ängstigend, denn was du sagst, bedeutet ja, daß er direkt in der Stunde zu dir sagen könnte: „Das Vernünftigste ist aufzugeben."	Die Supervisorin verlegt den Akzent auf den **Schweregrad des Klientenproblems,** und zwar im Hinblick auf das Suizidpotential, und der Supervisand versichert ihr, daß

(Fortsetzung)

TRANSKRIPT 4.3 Fortsetzung

Supervisionsgespräch	***SAS-Analyse***
Supervisand Ja, aber er würde sagen, daß es für ihn das Vernünftigste ist. **Supervisorin** Ja, hast du da Bedenken? **Supervisand** Wenn du sagst „aufgeben", meinst du, daß er Selbstmord begeht oder so was? **Supervisorin** Richtig. **Supervisand** Nein, persönlich glaube ich überhaupt nicht, daß er das tun will.	keine potentielle Bedrohung vorliegt. In gewisser Weise hat es den Anschein, als ob der Supervisand über sich selbst und darüber spricht, daß er trotz seiner Frustration und seines Ärgers auf den Klienten mit diesem weiterarbeiten will.

Dieses Transkript wurde der Videoreihe *Engagement and Power in Clinical Supervision* (Engagement und Autorität in der Klinischen Supervision) von Martin Acker und Elizabeth Holloway, Universität von Oregon, 1988, entnommen. Veröffentlichung mit Genehmigung von Martin Acker und Elizabeth Holloway. (Die Videobänder sind im Handel nicht erhältlich.)

Erfahrung

Der Erfahrungsstand ist in der Supervisionsforschung ein häufig untersuchter Faktor. Es scheint ein Zusammenhang zu bestehen zwischen der Vertrautheit des Supervisanden mit professioneller Rolle und Beratungsaufgaben und den Erwartungen, die Supervisoren an Kompetenzen und Bedürfnisse der Supervisanden stellen. Es wurde ebenfalls ein Zusammenhang hergestellt zwischen der Erfahrung des Lernenden und seinem Bedürfnis nach Unterstützung und Struktur im Rahmen der Supervision. Beratungserfahrung sollte nicht mit den Faktoren der kognitiven Entwicklung und der Ich-Entwicklung verwechselt werden, welche die Leistung des Supervisanden und die Entscheidungen des Supervisors hinsichtlich seiner Supervisionsmethode beeinflussen. Im SAS werden die Charakteristika der kognitiven Entwicklung und der Ich-Entwicklung des Studenten unter den Übergriffen Lernstil und Lernbedarf bzw. unter Selbstdarstellung diskutiert. In Transkript 4.1 finden sich zwei Beispiele dafür, wie der Supervisor sein Verhalten mit seiner Beurteilung des Erfahrungsstandes der Supervisandin begründet. Er erörtert den Einfluß ihrer Präsenz und ihrer Artikulationsfähigkeit als, an ihrem Erfahrungsstand gemessen, weit fortgeschritten (Spalte 2, S. 83f.). Auch hier benutzt er seine Überlegungen zum Verhältnis zwischen ihrer Reife und ihrem Erfahrungsstand als Entscheidungsgrundlage für die Art seiner Informationsvermittlung (Spalte 2, S. 83f).

Theoretische Orientierung

Die theoretische Orientierung des Supervisanden erfährt in der Forschungsliteratur nur wenig Beachtung. Die meisten Supervisoren sind sich aber darin einig, daß die Ansichten des Supervisanden zum menschlichen Verhalten und zu Veränderung sicherlich ein Teil der Supervision sind. Die Tatsache, daß ein Großteil der Supervisionsforschung sich mit Supervisanden in den frühen Phasen ihrer Berufsausbildung beschäftigt, mag der Grund dafür sein, daß von diesem Personenkreis keine klare theoretische Ausrichtung erwartet wird. Statt dessen liegt der Akzent auf der Entwicklung eines persönlichen Beratungsmodells, das allgemein erwarteten Grundsätzen der Persönlichkeits- und Beratungstheorie entspricht. Einige der Illustrationen in den Transkripten beziehen sich auf Beispiele, in welchen Supervisanden Bemerkungen über ihr Denken äußern zu theoretischen Beratungsgrundsätzen im Zusammenhang mit bestimmten Kliententhemen. Diese Bespiele können als Teil eines Professionalisierungsprozesses verstanden werden, in welchem gelernt wird, Theorie auf die Praxis anzuwenden und Praxis in der Theorie zu verstehen.

In Transkript 4.1 (Spalte 1, S. 86f.) beschreibt die Supervisandin ihre Überzeugungen zum Thema Inzest. Sie bildet ein Konzept zum Verhalten der Klientin auf der Grundlage ihrer theoretischen Orientierung. Hier fällt auf, daß die psycho-soziologischen Ansichten zur menschlichen Sexualität des Supervisors, wie sie unter Faktoren des Supervisors erörtert werden, bei seiner Absicht, die Einstellungen zur Sexualität seiner Supervisandin zu verstehen, stark ins Gewicht fallen. Obwohl dies kein Beispiel für eine begründete Aussage über ihren Beratungsansatz ist, zeigt es doch, wie theoretische Konzepte zum menschlichen Verhalten Einfluß auf die Entscheidungsfindung für die spezifische Behandlung eines Klienten haben.

Ein weiteres Beispiel für die Bedeutung der theoretischen Orientierung des Supervisanden findet sich in Transkript 2.5, in welchem es dem Supervisanden deutlich schwerfällt, mit dem Supervisor zusammenzuarbeiten, weil er entweder den rational-emotiven Ansatz nicht vertritt oder ihn gar nicht kennt. Der Supervisor belehrt den Supervisanden über einen anderen theoretischen Ansatz, um die Klientensituation zu beurteilen.

Lernstil und Lernbedarf

Im SAS-Modell beziehen sich die Begriffe *Lernstil und Lernbedarf* vorwiegend auf diejenige Gruppe von Entwicklungsfaktoren, die als relevant erkannt wurden, für die Art und Weise, wie Supervisanden die Supervision wahrnehmen und welche Vorstellungen sie von Supervision haben. Entwicklungscharakteristika wie Konzeptbildungsfähigkeit (*Harvey, Hunt* & *Schroder* 1961) und Ich-Entwicklung (*Loevinger* 1976) wurden unter dem Aspekt des Erlernens von Beratungsfähigkeiten, wie Empathie und klinisches Hypothesenbilden, untersucht. *Stoltenberg* und *Delworth* (1988) empfehlen, das Maß an Struktur in der Supervision auf die Entwicklungscharakteristika der Konzeptbildungsfähigkeit abzustimmen. Je größer beispielsweise die Toleranz gegenüber Zweifeln und Unsicherheit und je relativistischer das Denken ist, um so größer die Möglichkeiten des Supervisors, die Supervision weniger stark zu strukturieren. Leider gibt es kaum empirische Untersuchungsergebnisse, an welchen sich Supervisoren orientieren könnten, um Strategien zu wählen, welche eine stärker bzw. schwächer strukturierte Lernumgebung schaffen würden. Zum jetzigen Zeitpunkt geben wohl Analysen von Supervisionsgesprächen am besten Aufschluß darüber, wie relevant solche Faktoren für die tatsächliche Entscheidungsfindung und für die Praxis von Supervisanden oder Supervisoren sind. *Poulin* (1994) fand in den Gesprächsanalysen erfahrener Supervisoren, daß diese die Charakteristika von Supervisanden drei Kategorien zuordnen: als Menschen, als psychologische Berater und als Studenten. Innerhalb dieser Kategorien stellte die Supervisorin einen Zusammenhang her zwischen dem Lernbedarf der Studenten und ihrem Lernstil einerseits und ihrer Bereitschaft, sich Wissen anzueignen und es anzuwenden, andererseits. In Transkript 4.1 (Spalte 1, S. 88ff.) denkt die Studentin darüber nach, wie die Unterrichtsstrategie des Supervisors auf sie gewirkt hat und welches für sie die beste Art war, von ihm zu lernen. Der Supervisor hatte sie beharrlich nach „der richtigen Antwort" gefragt, und sie hatte schon zuvor geäußert, wie frustrierend diese Taktik für sie war. Schließlich bittet sie ihn um einen „Hinweis", was ihn schließlich auf die Tatsache aufmerksam macht, daß sie „blinde Kuh" spielen und daß sie eine andere Art zu lernen braucht. Ein weiteres Beispiel erscheint in Transkript 3.1 (Spalte 2, S. 70), in welchem der Supervisor darüber nachdenkt, was die Supervisandin noch lernen muß (Lernbedarf) und wie er sie unterrichten kann, ohne bei ihr eine defensive Reaktion auszulösen.

Kulturelle Charakteristika

Zu den kulturellen Charakteristika gehören – wie schon gesagt – Geschlecht, ethnische Zugehörigkeit, sexuelle Orientierung, religiöse Überzeugungen und persönliche Wertvorstellungen, die ganz wesentlich die Gruppenidentität einer Person bestimmen und relevant für die Supervision sind. Im SAS gelten kulturelle Werte als entscheidend für die Einstellungen und Verhaltensweisen, die Supervisanden gegenüber ihren Klienten und gegenüber ihren Supervisoren mitbringen – aber auch in jeder beliebigen zwischenmenschlichen Situation. Es gibt nur begrenzte Untersuchungsergebnisse zu diesem Bereich der Supervision, aber der Zusammenhang zwischen kulturellen Variablen und Beratungsbeziehung und Beratungseffizienz ist wesentlich besser erforscht (nachzulesen bei *Atkinson, Morten* & *Sue* 1989; *Pedersen* 1985; *Sue* & *Sue* 1990; *Tyler, Brome* & *Williams* 1991). *Bernard* und *Goodyear* (1992) haben einen hervorragenden Artikel über den multikulturellen Kontext der Supervision veröffentlicht und extrapolieren die Ergebnisse der Beratungsliteratur auf Ausbildungsfragen. *Tyler* u.a. (1991) diskutieren Fragen der Ausbildung in verschiedenkulturellen Supervisionsdiaden und bieten Möglichkeiten für Supervisoren und Supervisanden, gemeinsam dafür Verantwortung zu übernehmen, Fragen von Autorität und Kultur zu diskutieren, und wie diese die Interaktionen mit den Klienten des Supervisanden beeinflussen. In der Supervisionsbeziehung kann die Struktur von Autorität und Engagement dann besonders komplex sein, wenn es sich um einen verschiedenkulturellen Kontext handelt, weil die Machtverhältnisse zwischen Gruppen von Minderheiten bzw. von Mehrheiten in der umgebenden Gesellschaft besonders komplex sind (*Solomon* 1983). Der Einfluß von Geschlecht und Rollenverhalten auf die Prozeßcharakteristika Autorität und Engagement (*Nelson* & *Holloway* 1990) ist in begrenztem Umfang erforscht. Weibliche Studenten werden weniger dazu ermutigt, in ihren Interaktionen autoritäre Botschaften mitzuteilen. Zu diesen Botschaften gehören die Äußerung von Meinungen und Ideen, wodurch die Möglichkeit, Rückmeldungen zu bekommen, deutlich eingeschränkt werden. Wenn zur Zeit auch keine vergleichbaren Studien über ethnische Minderheiten in gemischtkulturellen Situationen vorliegen, so ist es doch ziemlich wahrscheinlich, daß die Positionsmacht von Supervisoren oder Supervisanden im Widerspruch zu den üblichen gesellschaftlichen Verhältnissen stehen und deshalb problematisch sein könnte.

In Transkript 4.2 (Spalte 2, S. 95) taucht das Thema der sexuellen Orientierung auf, wird aber nicht zur zentralen Frage der Supervisionsdiskussion. Es ist von Interesse festzustellen, daß in einer Gesellschaftskultur, in welcher es im Hinblick auf sexuelle Orientierung Diskriminierungen und Vorurteile gibt, dieses Thema weder von der Supervisandin noch von der Supervisorin direkt angesprochen wird. Diese Unterlassung kann einerseits daher kommen, daß die Diskussion sexueller Orientierung als heikel und schwierig erlebt wird, andererseits kann sie die stillschweigende Entscheidung ausdrücken, daß das wichtigere Thema die Verführung von Klienten und die Möglichkeit einer sexuellen Beziehung zwischen Klientin und Beraterin ist.

Selbstdarstellung

Selbstdarstellung ist ein Begriff aus der Sozialpsychologie und benennt die Kontrolle des eigenen Verhaltens, mit dem Ziel, bei anderen einen bestimmten Eindruck zu machen (*Jones* & *Pittman* 1982). Eine kurze Erörterung dieses Konzepts erscheint in dem Abschnitt Faktoren des Supervisors über Selbstdarstellung auf Seite 81. In die Untersuchungen von Verhaltensweisen, die der Selbstdarstellung dienen, wurden die interpersonalen und emotionalen Charakteristika von Supervisanden in ihren Beratungs- und Supervisionsbeziehungen miteingeschlossen. Konzepte wie interpersonale Muster, Widerstandspotential, defensives Verhalten und gegendefensives Verhalten wurden daraufhin untersucht, welchen Einfluß sie auf Supervisionsprozeß und Beziehungsvariable haben. *Poulin* (1994) kam in ihrer Dimensionsanalyse zu dem Schluß, daß Supervisoren, wenn sie das Supervisionsverhalten von Studenten analysieren und beurteilen, deren interpersonales Verhalten in ihren verschiedenen Rollen als Personen, als Berater und als Studenten als eine vorrangige Dimension betrachten.

In Transkript 4.1 (Spalte 2, S. 83) beachtet der Supervisor Reifegrad und Präsenz der Supervisandin während der Sitzung und erläutert, daß diese Charakteristika seine didaktischen Entscheidungen wesentlich bestimmen. In Transkript 4.3 (Spalte 2, S. 101f.) wird durch das Ablaufen eines Parallelprozesses sehr deutlich, welch entscheidende Rolle die Selbstdarstellung des Supervisanden (nämlich sein Widerstand, mit seiner eigenen Hoffnungslosigkeit hinsichtlich des Klienten anders umzugehen und sie anders wahrzunehmen) bei den Versuchen der Supervisorin spielt, Lösungen für die problematische Klientensituation zu finden.

Klientenfaktoren

In der Supervision ist der Klient allgegenwärtig. Tatsächlich besteht die Daseinsberechtigung des Supervisors darin, sicherzustellen, daß der Supervisand dem Klienten wirksame Dienste leisten kann. Ironischerweise wurden aber Veränderungen oder Charakteristika von Klienten als Ergebnis oder im Zusammenhang mit Supervision bisher kaum untersucht. Das SAS nennt drei Klientenfaktoren: (a) Klientencharakteristika, (b) identifiziertes Klientenproblem und Diagnose und (c) Beratungsbeziehung (s. Abb. 4.1).

Klientencharakteristika

Ein wesentlicher und häufig untersuchter Bereich ist die Vielfalt von Klientencharakteristika in ihrer Bedeutung für Prozeß und Ergebnis der Psychotherapie. Zu den untersuchten Charakteristika und Variablen gehören Gesellschaftsschicht, Charakterzüge, Alter, Geschlecht, Intelligenz, Rasse und ethnische Zugehörigkeit. Einige dieser Merkmale haben tatsächlich praktischen Wert, wenn es darum geht zu bestimmen, ob Kurzzeit- oder Langzeittherapie angemessen ist und in der Frage des Therapieabbruchs (*Garfield* 1994). Die Relevanz dieser allgemeinen Klientencharakteristika wurde, im Gegensatz zu den spezifisch diagnostischen Attributen, weder im Kontext mit Supervision noch im Ausbildungskontext untersucht. In der Praxis aber ziehen Supervisoren häufig Alter, ethnische Zugehörigkeit und Geschlecht in Betracht, wenn sie entscheiden, ob die Entsprechung zwischen Berater und Klient angemessen ist, und wenn sie an die Bewältigung verschiedener Schwierigkeiten denken, die im Rahmen der Beratungsbeziehung auftreten können. Die Literatur über die Übereinstimmung von Klienten und Therapeuten in Geschlecht und Zugehörigkeit zu einer ethnischen Minderheit legt nahe, daß ethnisch verwandte Berater vorgezogen werden, in der empirischen Literatur wird dies aber nicht durchweg deutlich (*Coleman, Wampold* & *Casali* 1994). Supervisoren tun gut daran anzuerkennen, daß Variablen wie soziales Ansehen, Einstellungen und Werte für die potentielle Effizienz eines Therapeuten eine wichtige Rolle spielen können. Der Mangel an therapeutischer Effizienz kann irrtümlicherweise auf die Verschiedenheit von Klient und Therapeut zurückgeführt werden, anstatt auf andere Merkmale von Klient, Berater oder beiden, die eine Verbesserung erschweren.

Identifiziertes Problem und Diagnose

Das erste Diskussionsthema der Supervision ist oft die Identifikation des Klientenproblems. Dazu kann eine formale Erhebung und Diagnose nach dem DSM-IV gehören oder auch eine stärker lösungsorientierte Beschreibung des vom Klienten präsentierten Problems. Neue Klienten können einem Supervisanden nach sorgfältiger Auswahl durch die Institution, den Supervisor oder beide zugewiesen werden. In der Praxis wählen oft die Supervisoren Klienten für beginnende Supervisanden aus, damit sichergestellt ist, daß die Kompetenz der Studenten den jeweiligen Fällen angemessen ist. Sind Supervisoren auf ein bestimmtes Gebiet spezialisiert, so kann auch dies ein Auswahlkriterium für die Zuweisung bestimmter Fälle an Supervisanden sein. Gelegentlich bringen Klienten bestimmte Themen mit, die auch im Leben des Supervisanden noch nicht bewältigt sind; in solchen Fällen wird die Supervisorin den Klienten lieber weiter verweisen, als das fast unausweichliche Risiko der Gegenübertragung in der therapeutischen Beziehung einzugehen. Zusätzlich sind noch andere Klientencharakteristika dafür relevant, welche Supervisionsthemen Supervisor und Student auswählen werden, und für die Art und Weise, wie sie sich gemeinsam engagieren.

In fast allen Transkripten dieses Buches wird deutlich, daß die Anliegen des Klienten im Vordergrund stehen. Typischerweise beschreibt in diesen Beispielen die Supervisandin für die Supervisorin Einzelheiten der Symptomatologie, wichtiges historisches Material, gegenwärtige Lebensumstände und die Einschätzung und Diagnose des Klienten. In Transkript 4.3 (Spalte 2, S. 99) befassen sich Supervisand und Supervisorin mit dem Verhalten des Klienten in der Beratung und der verhaltensbezogenen Konzeptbildung. Auch in Spalte 2 auf S. 101 beherrscht die Konzeptbildung über das Klientenverhalten die Sitzung.

Die Supervisorin ist dafür verantwortlich, daß der Klient vom Supervisanden angemessen behandelt wird. Zum Teil wird die Einschätzung, ob Fachgebiet und Kompetenz des Supervisanden den Bedürfnissen des Klienten entsprechen, von der Schwere des Klientenproblems abhängen. Auf Achse IV des DSM-IV wird der Schweregrad der psychosozialen Belastungsfaktoren im Leben eines Patienten eingetragen. Um den Behandlungsverlauf bestimmen zu können, werden die Belastungsfaktoren dann unter dem Aspekt der psychischen Verfassung des Klienten, der Art seines Problems und seiner bisherigen Bewältigungsfähigkeit untersucht. Ist ein Klient schwer depressiv oder aggressiv, und steht er unter einer ungewöhnlich hohen Anzahl von Belastungsfaktoren, müssen Supervisor und Berater möglicherweise das Suizid- oder Homizidrisiko spezifisch feststellen.

In Transkript 4.3 (S. 99) ist zu beachten, daß die Supervisorin zunächst versucht, eine klare Einschätzung vom Schweregrad der Depression des Klienten zu bekommen und insbesondere herauszufinden, ob der Supervisand das Suizidrisiko des Klienten in Betracht zieht. Es ist ein Zusammenhang hergestellt worden zwischen dem Schweregrad des Klientenproblems und dem Ausmaß an Struktur im Supervisionsgespräch (*Tracy* u.a. 1989). In Transkript 4.3 wird deutlich, daß die Supervisorin in bezug auf Veränderungen in der Depression (Spalte 1, S. 99) des Klienten sehr direkte Fragen stellt und dann wieder die Befragung zum Suizidrisiko (Spalte 1, S. 103f.) fortführt. Es ist aber interessant, wie bereitwillig die Supervisorin die Einschätzung des Supervisanden akzeptiert, daß der Klient kein schwerwiegendes Suizidrisiko darstellt. Andere Supervisoren hätten vielleicht diese Befragungsrichtung weiterverfolgt und dem Supervisanden dazu verholfen, ein klares Verfahren zur Einschätzung des Suizidrisikos mit dem Klienten durchzuführen. Diese Supervisorin lenkt das Gespräch aber wieder zurück zur Beratungsbeziehung.

Charakteristika der Beratungsbeziehung

Um die Wirksamkeit unterschiedlicher Behandlungsstrategien sowie die Effizienz eines Supervisanden, eine therapeutische Beziehung zu schaffen, verstehen zu können, ist als Grundlage ein Verständnis der Beratungsbeziehung an sich von Bedeutung (*Holloway* & *Neufeldt* in Druck). Das Phänomen einer Neuinszenierung der Dynamik der Beratungsbeziehung in der Supervisionsbeziehung ist Supervisoren unter dem Begriff *Parallelprozeß* wohl vertraut (*Dodenhoff* 1981; *Ekstein* & *Wallerstein* 1958). Ein Parallelprozeß läuft dann ab, wenn ein Supervisand die zentrale Dynamik des Beratungsprozesses unbewußt in der Supervisionsbeziehung ausagiert. Vielleicht erlebt die Supervisandin Schwierigkeiten mit ihrem Klienten und hat das Gefühl, daß sie die Situation mit therapeutischen Mitteln nicht verändern kann; als Folge davon übernimmt sie Interaktionsstrategien, die dem Widerstand des Klienten ähneln. Erkennt die Supervisorin nicht, daß diese Dynamik ein Teil der Beratungssituation und der Hilflosigkeitsgefühle der Supervisandin ist, dann kann sie dieser Dynamik Vorschub leisten, indem sie eine Rolle übernimmt, die der der Supervisandin in der Beratungsbeziehung gleicht. Es liegt auf der Hand, daß dies zu einer Sackgasse in der Supervision führt. Erkennt aber eine Supervisorin den Parallelprozeß, kann sie unmittelbar intervenieren, die Sackgasse durchbrechen und gleichzeitig dem Supervisanden als Modell für effektive Interaktionsstrategien dienen. Benutzt ein Supervisor derart wirksame Interventionen, dann kann der Supervisand sowohl über die eigene Erfahrung als auch über ein theoretisches Konzept das Verhalten des Beratungsklienten verstehen und dem Problem wieder therapeutisch begegnen.

Transkript 4.3 ist ein Beispiel für einen Parallelprozeß (S. 101f.). Beachten Sie, daß der Supervisand gleich zu Beginn des Transkripts der Supervisorin mit „Ja, aber ..." antwortet. Auf ähnliche Weise, wie der Klient seine therapeutischen Bemühungen sabotiert, wertet er selbst die Ideen und Vorschläge der Supervisorin ab. Während er die geringe Motivation und Energie seines Klienten beschreibt, reagiert der Supervisand selbst auf die Symptome des Klienten mit Resignation und Hoffnungslosigkeit. Genau wie der Supervisand innerhalb seiner Beratungsbeziehung ergeht sich auch die Supervisorin darin, Ratschläge zu erteilen und Vorschläge für den Umgang mit dem Klienten zu machen, und erhöht damit nur den Widerstand des Studenten. Die Ironie dieser Supervision spitzt sich in dem Moment zu, in welchem die Supervisorin den Supervisanden dazu auffordert, im Rollenspiel der Klient zu sein (Spalte 1, S. 101), was ihm natürlich meisterhaft gelingt. Dieses Exzerpt hat den Nachteil, daß es uns nicht zeigt, wie die Supervisorin die Sackgasse durchbricht, weil sie nicht bei der „Ja, aber..."-Sabotage mitmacht oder versucht, das Problem zu lösen. Aus dem Ende des Exzerpts kann man aber dennoch etwas lernen.

Faktoren der Institution

Ob Supervision im Rahmen eines Ausbildungsprogrammes oder als Bestandteil beruflicher Weiterentwicklung stattfindet, sie ist in den institutionellen Kontext von Organisationen eingebettet, wie Kliniken, Beratungszentren, Krankenhäuser, kommunale Therapieeinrichtungen und ähnlichem. Der Hintergrund des institutionellen Dienstleistungsbedarfs spielt bei der Bestimmung von Zielsetzung und Funktionen der Supervision eine wichtige Rolle. Der Einfluß dieser institutionellen Variablen auf die Supervision wurde bislang in der Fachliteratur aber kaum untersucht oder erörtert. Im SAS werden die institutionellen Charakteristika wie folgt definiert: (a) Klientel der Institution, (b) Struktur und Klima der Organisation und (c) Berufsstandards und -ethik (s. Abb. 4.1).

Klientel der Institution

Die Art des Klientels, das von der Institution bedient wird, hat eine Bedeutung für die Art der klinischen Ausbildung des Supervisanden und in manchen Fällen auch für die Supervisionsstrategien. Diese Thematik wurde bisher kaum untersucht, aber es gibt eine Anzahl von Beiträgen über Supervision, die erörtern, daß Berater, die mit unterschiedlichen klinischen Gruppen arbeiten – wie z.B. Inzestopfern, männlichen Tätern, Substanzenabhängigen, Patienten mit psychosomatischen Syndromen –, auch eine spezialisierte Ausbildung brauchen. In vielen Fällen müssen Klienten für bestimmte Therapieprogramme über spezielle Kenntnisse verfügen, bestimmte persönliche Erfahrungen gemacht haben oder in einigen Fällen derzeitiges oder ehemaliges Mitglied einer klinischen Gruppe sein. Das vorherrschende Klientel kann auch auf informellere Weise einen Einfluß auf das Programm haben. *Fredenberger* (1977) hat festgestellt, daß die Fälle von Arbeitsstreß und Burn-out bei Mitarbeitern in solchen Kliniken außergewöhnlich hoch sind, in welchen ausschließlich Patienten mit besonders schweren psychiatrischen Störungen behandelt werden. Institutionen, die sich auf bestimmte Altersgruppen spezialisiert haben (z.B. Jugendliche, Familien, Kinder oder Senioren), können auch besonders spezialisierte Aufnahmebedingungen für die Aufnahme in die Ausbildung stellen oder besondere, spezialisierte Supervisionstechniken verlangen.

In Transkript 4.4 handelt es sich bei dem Klienten des Supervisanden um einen Teilnehmer eines Interviewkurses, der sich freiwillig zur Verfügung gestellt hat. Wenn sich diese Studenten für Projekte zur Verfügung stellten, bekamen sie eine zusätzliche Teilnahmebescheinigung. In diesem Projekt kam eine Studentin freiwillig für vier Stunden zu einer Supervisandin in psychologische Beratung. Achten Sie darauf, wie frustriert der Berater ist, weil der Klient kein „echtes" Problem hat (Spalte 1, S. 114ff.). Der Supervisor stellt das Klientenproblem in einen entwicklungspsychologischen Konzeptrahmen, der die Bedürfnisse der Studentin berücksichtigt, und ermöglicht der Supervisandin damit, zu erkennen, welche Rolle als Beraterin sie mit diesem speziellen Klientel hat (Spalte 1, S. 116).

Struktur und Klima der Institution

Ekstein und *Wallerstein* (1958) beschreiben die unterschiedlichen Rollen, die ein Supervisor einnehmen muß, wenn er in einer Institution arbeitet. Ihr klinisches „Rhombus"-Konzept besteht aus sechs verschiedenen Interaktionsarten zwischen den vier Rollen des Supervisors – Verwaltungsmitarbeiter der Institution, klinischer Supervisor, Therapeut von Supervisanden und Klient. Jede dieser Rollen hat unterschiedliche Motivationen und Ziele, und dennoch haben alle vier die Aufgabe, den Zielen der restlichen drei zu dienen. *Dodds* (1986) hat die Notwendigkeit erörtert, zwischen den Zielen und Motivationen eines Instituts als Ausbildungs-

(Fortsetzung Seite 117)

TRANSKRIPT 4.4
Kontextfaktoren

Supervisionsgespräch	***SAS-Analyse***
Supervisandin Ich weiß nicht, was ich mit dieser Klientin machen soll. Eigentlich hat sie mir gesagt, daß sie nur wegen des Scheins gekommen ist. Keine Probleme.	Der Supervisor sammelt Informationen zum Austausch zwischen Beraterin und Klientin. Die Supervisandin beschreibt, welche Einstellung die **Klientin** zur Beratung mitbringt, weil sie **keine Probleme** präsentiert.
Supervisor War sie die gesamte Zeit bei dir? Ich meine, für die gesamten 50 Minuten?	
Supervisandin Also, so gut wie. Ich bin mir nicht ganz sicher, wann wir aufgehört haben, aber ich denke, es war fast eine ganze Stunde.	
Supervisor Was ist in dieser Zeit geschehen?	
Supervisandin Anscheinend haben wir ziemlich viel geschwiegen, besonders am Anfang. Irgendwie saß sie einfach so da und erwartete, daß ich irgend etwas mache. Also habe ich angefangen, sie nach ihrer augenblicklichen Lebenssituation zu befragen, die Schule, Dinge in der Art, einfach um sie kennenzulernen.	
Supervisor Ahm, hmm, hört sich an, als wäre es ein ganz guter Anfang gewesen. Hat sie für irgendeinen Aspekt des Gespräches ein besonderes Interesse gezeigt?	
Supervisandin Also, das war irgendwie interessant. Als wir über ihre Wohnsituation sprachen, fand ich heraus, daß sie noch bei ihren Eltern lebt, damit aber nicht so ganz glücklich ist. Sie hat seit ungefähr 6 Monaten einen Freund, und wenn sie da jeden Abend zu ihren Eltern heimgehen muß, ist das nicht besonders angenehm.	Die Supervisandin fährt fort, die Klientensituation auszuführen, und berichtet, was sie von der Klientin über deren aktuelle Beziehungen in der Familie und außerhalb erfahren hat.

(Fortsetzung)

TRANSKRIPT 4.4 Fortsetzung

Supervisionsgespräch	***SAS-Analyse***
Supervisor Wie ist sie bisher mit dieser Situation umgegangen?	
Supervisandin Sie setzt sich nicht wirklich damit auseinander. Tatsächlich hat sie Angst, das Thema „Ausziehen" mit ihren Eltern anzusprechen. Sie möchte nicht undankbar sein, und es ist ja auch ein ziemlich gutes Arrangement ... mietfreies Wohnen und Verpflegung. Es ist also ein bißchen kompliziert, denke ich, aber sie sagt, das wird sich von selbst erledigen. Also denke ich, daß sie im Grunde nicht darüber sprechen will. Ich meine, das Problem ist nicht so groß, daß sie sich damit auseinandersetzt.	
Supervisor Es klingt so, als ob es ihr schon wichtig ist, aber vielleicht nur so ein nagendes Problem, das ihr Leben nicht dramatisch stört.	
Supervisandin Wahrscheinlich ist es so. Das Problem ist, wie soll ich mit ihr über irgend etwas reden. Vielleicht sollte ich mit ihr aufhören, wenn es nichts gibt, woran man arbeiten kann. Weißt du, das ist das Problem mit diesen Freiwilligen – sie haben keine „richtigen" Themen. Ich weiß nicht, wie ich lernen soll, wenn ich keine richtigen Klienten habe.	Die Supervisandin beschreibt die Klientin als „keine richtige" Klientin, weil sie freiwillig kommt. Damit impliziert sie, daß ihr Dilemma in der Ausbildungssituation durch die Art des **Klientels** bedingt ist.
Supervisor Ich sehe schon, daß du frustriert bist, weil du niemanden hast, der darauf brennt, ein Problem zu lösen, und dabei deine Hilfe möchte. So eindeutig ist es in der Beratung aber nicht immer, weißt du. Manchmal sind sich Klienten gar nicht sicher, an welchem Problem sie arbeiten wollen, oder haben versucht, es beiseite zu schieben, weil sie keine einfache Lösung sehen. Im Fall deiner Klientin sieht es so aus, als ob sie vor Entwicklungsthemen steht, die in ihrem Alter zu erwarten sind. Sie ist wie alt, 20?	Der Supervisor führt kurz in das theoretische Konzept entwicklungsorientierter Beratungsarbeit ein.

(Fortsetzung)

TRANSKRIPT 4.4 Fortsetzung

Supervisionsgespräch	***SAS-Analyse***
Supervisandin Fast, sie ist 19 und wird im April 20.	
Supervisor Die Beratung könnte ihr sehr helfen. Sie steht vor der Entwicklungsaufgabe, sich von ihren Eltern zu lösen.	In den ersten Interaktionen befassen sich Supervisor und Supervisandin mit dem Klientenproblem und dessen Schwere. Das Thema ist der Status der Klientin als Freiwillige und der scheinbare Mangel an Beratungsstoff.
Supervisandin Das stimmt, aber ich glaube, sie möchte es nicht als Problem definiert haben. Ich glaube, sie würde lieber mit mir wie mit einer Freundin reden und nicht denken, daß sie jemand ist, der zur Therapie geht.	
Supervisor In gewisser Weise sieht es so aus, als ob sie Schwierigkeiten, die sie vielleicht hat, herunterspielt, damit sie nicht als krank betrachtet wird. Kannst du das nachvollziehen?	
Supervisandin Kann sein, daß sie ein paarmal gesagt hat, daß sie noch nie in Therapie war und auch sonst niemand aus ihrer Familie. Einmal hat sie aber erwähnt, daß ihre Eltern Eheprobleme hatten, als sie am Anfang der Pubertät war und daß ihnen damals eine Beratung vielleicht ganz gut getan hätte. In der Familie sieht sie sich selbst in der Rolle der Problemlöserin, also kommt es ihr komisch vor, daß sie sich Hilfe holen sollte.	
Supervisor Also, du hast da einige Dinge gesagt, von denen ich glaube, es könnte ihr nützen darüber zu reden – die Beziehung ihrer Eltern, ihre Rolle in der Familie und die Relevanz dieser beiden Faktoren für ihren Auszug von zu Hause. Zunächst aber denke ich, ist es wichtig, daß du ihr dabei hilfst zu verstehen, was psychologische Beratung eigentlich ist. Wie es eine Hilfe sein kann,	Der Ausbildungsstand der Supervisandin scheint es erforderlich zu machen, daß der Supervisor das Spektrum von Beratungsarbeit erklärt.

(Fortsetzung)

TRANSKRIPT 4.4 Fortsetzung

Supervisionsgespräch	***SAS-Analyse***
ganz alltägliche Probleme zu lösen, ganz besonders dann, wenn man in einer kritischen Entwicklungsphase ist, wie z.B.: das Elternhaus verlassen, wichtige Beziehungen eingehen oder abbrechen, Kinder bekommen etc. Dadurch könnte sie sich frei fühlen, über ihre spezifischen Themen zu sprechen, ohne von dir als „krank" abgestempelt zu werden.	
Supervisandin Es wird mir jetzt klar, daß ich über Beratung unter dem entwicklungspsychologischen Aspekt selbst noch nicht nachgedacht habe. Ich hatte mich so darauf festgelegt, daß ich jemanden brauche, der ein wirklich großes Problem hat, damit ich lernen kann, damit umzugehen.	Die Supervisandin greift noch einmal das Thema ihrer Lernbedürfnisse auf und ihre Sorge, daß sie mit dem **Klientel** dieser Institution nicht genug für die Beratungsarbeit lernen kann.
Supervisor Ja, das ist schon eine besondere Situation mit freiwilligen Klienten, aber das heißt nicht, daß man von ihnen nicht eine Menge lernen kann: wie man Beratungsthemen identifiziert und wie man eine Beziehung entwickelt. Glaub mir, die schwierigen Lebenssituationen kommen noch früh genug. Befassen wir uns jetzt mit einigen Hypothesen, was ihre Schwierigkeiten angeht, von zu Hause wegzugehen.	Der Supervisor wendet sich an die **emotionale Verfassung der Supervisandin (Selbstdarstellung)** und erörtert dann die entwicklungorientierte Beratungsarbeit **(Faktor des Supervisors: theoretische Orientierung)**.

Unveröffentlichtes Supervisionsgespräch nach einem tatsächlichen Transkript, das aus Vertraulichkeitsgründen abgeändert wurde.

(Fortsetzung von Seite 113)

stätte einerseits und als Dienstleistungsbetrieb andererseits ein Gleichgewicht herzustellen. Er geht davon aus, daß die Beziehung zwischen Supervisor und Supervisand in dem Maße erfolgreich ist, in welchem der Supervisor als Lehrer und der Supervisand als Mitarbeiter (wenn auch mit geringer Berufserfahrung) ihre Aufgaben erfüllen. Beide Partner der Ausbildungsdiade müssen die jeweiligen Rollen, die ihnen von der Institution zugewiesen werden, verstehen und für sie motiviert sein, wenn sie ihnen gerecht werden sollen. Die Normen und die Politik der Institution belasten oft die Supervisionsbeziehung. In einer Umfrage, bei der Praktikanten danach gefragt wurden, inwieweit sie sich den beruflichen Anforderungen gewachsen fühlten, drückten die meisten Teilnehmer Bedenken aus, weil sie glaubten, für den Umgang mit der Politik der Institution nicht vorbereitet zu sein (*Cole, Kolko* & *Craddick* 1981).

Übermäßiger Streß am Arbeitsplatz kann bei den Mitarbeitern zu Burn-out führen, der sich darin zeigt, daß sie aufgrund emotionaler Erschöpfung, einer Depersonalisation der Institution und einem Mangel an Erfolgserlebnissen ihre Arbeit ohne Engagement verrichten (*Cherniss* 1980). Wenn psychologische Berater in einem solchen Zustand sind, dann erleben sie zunächst eine Art „Mitgefühlserschöpfung" und reduzieren ihr Engagement und ihren emotionalen Kontakt zu anderen auf ein Minimum. Für sie werden Klienten zu Objekten, sie betrachten sie nicht mehr als Einzelpersonen (*Jackson, Schwab* & *Schuler* 1986). *Cherniss* (1980) geht davon aus, daß das Klima einer Institution Burn-out unter den Mitarbeitern verursachen kann und damit auch das Ausbildungsprogramm beeinträchtigt. Da die Beziehung zwischen Supervisor und Supervisand eine dauerhafte und enge Beziehung ist, ist es ziemlich wahrscheinlich, daß dieser atmosphärische Streß auch in die Supervisionsbeziehung hineingetragen wird. Sowohl Supervisoren als auch Supervisanden sind den Normen und Belastungen ihrer Umgebung unterworfen, bringen diese mit in ihre Beziehung und übertragen diese Haltungen schließlich auch auf die Beratungssituation; deshalb ist es wichtig, daß sie ihre Rollen und Verhaltensweisen im Kontext der institutionellen Bedingungen verstehen.

In Transkript 4.5 (S. 119f.) führt die Frustration einer Supervisandin darüber, daß sie keinen ständigen Klienten hat, zu einer Diskussion des Klimas in der Institution. Beide, Supervisorin und Supervisandin, scheinen der schlechten Atmosphäre und dem ineffektiven Aufnahme- und Zuweisungsverfahren hilflos gegenüberzustehen. Die Supervisorin entscheidet sich schließlich dafür, das Problem dadurch zu lösen, daß sie der Supervisandin einen ihrer eigenen Klienten übergibt. Obwohl hier die Situation der Institution das Hauptgesprächsthema ist, wird die Bewältigung dieses Problems nicht thematisiert.

Berufsethik und Standards

Obwohl die Supervisionsbeziehung als entscheidender Bestandteil der Berufsausbildung gilt, gab es für die Praxis der Supervision bis in die 90er Jahre keine spezifischen Richtlinien. Die „ACES Ethical Standards for Counseling Supervision" (Supervision Interest Network) ist die vollständigste Zusammenstellung von spezifischen Richtlinien für die Supervisionsbeziehung. Dieses Dokument betont

(Fortsetzung Seite 120)

TRANSKRIPT 4.5
Kontextfaktoren

Supervisionsgespräch	*SAS-Analyse*
Supervisorin Also Sandra, ich höre, du hast gestern eine neue Klientin zugewiesen bekommen ... das sind gute Neuigkeiten.	
Supervisandin So gut sind diese Neuigkeiten auch nicht. Diese Klientin ist nicht erschienen, und ich habe eine Stunde lang gewartet. Das ist nun schon zum zweiten Mal passiert, und ich bin ziemlich frustriert. Alle anderen in meiner Gruppe haben vier Klienten, und ich habe keinen einzigen.	
Supervisorin Ja, das ist frustrierend, weil es für uns die Arbeit an aktuellem Material erschwert. Hast du der Mitarbeiterin von der Aufnahme gesagt, daß du bisher niemanden hattest, der tatsächlich bei dir erschienen ist?	Das Nichterscheinen des Klienten wird schnell zum Thema der Unzufriedenheit der Supervisandin, was **die Klientenverfügbarkeit in der Institution betrifft.**
Supervisandin Ja, das habe ich getan. Ich war vergangene Woche jeden Tag bei ihr unten, vielleicht sogar zweimal täglich. Langsam werde ich paranoid und denke, sie übergeht mich absichtlich. Weißt du, das System hier ist ziemlich desorganisiert. Es hängt wirklich nur davon ab, ob sie daran denken, mir vor den anderen jemanden zuzuweisen. Kannst du denn daran nichts ändern? Müssen sich denn auch die älteren Mitarbeiter so was gefallen lassen?	Die Supervisandin fährt fort, ihre Frustration über das Aufnahmeverfahren in der Institution auszudrücken.
Supervisorin Also, ahm-hmh, also es ist schon möglich zu intervenieren, aber ich ... es ist schwierig etwas zu verändern ... die Aufnahmemitarbeiterin ist schon so lange auf diesem Posten und sie dazu zu bringen, die Dinge anders zu machen, wäre sehr zeitaufwendig.	Die Supervisorin nimmt die negativen Gefühle nun zur Kenntnis und bestätigt, daß **die Atmosphäre, die innerhalb der Institution zu diesem Thema herrscht,** schwierig ist. Wegen dieses allgemeinen **organisatorischen Klimas** sieht die Supervisorin davon ab, gegen die Aufnahmeleitung vorzugehen.

(Fortsetzung)

TRANSKRIPT 4.5 Fortsetzung

Supervisionsgespräch	***SAS-Analyse***
Supervisandin Diese Frau ist ein echtes Problem. Man muß wirklich an jedem einzelnen Tag erst einmal herausfinden, in welcher Laune sie ist, um zu wissen, ob man sie um etwas bitten kann oder nicht. Letztendlich glaube ich, daß sie mir die Schuld dafür gibt, daß die Klienten nicht erscheinen. Ich bin diesen Leuten noch nicht einmal begegnet. Sie führt ja die Telefongespräche selbst. Du hast schon damit recht, daß die Leute einfach resignieren. Ich schwör dir, die Hälfte aller älteren Mitarbeiter umgehen sie einfach und erledigen die Sachen selbst.	Mit ihren Reaktionen scheint die Supervisorin die Supervisandin dazu zu ermutigen, sich weiter über die Aufnahmemitarbeiterin zu beklagen, anstatt ihr Problem zu lösen
Supervisorin Wir haben ja schon versucht, sie auf die sanfte Tour loszuwerden, aber das ist äußerst schwierig. Ich kann dafür einfach meine Energie nicht mehr vergeuden, und ich ...	Die Supervisorin bleibt dabei, die organisatorische Situation zu diskutieren und zu erklären, warum sie selbst entschieden hat, sich herauszuhalten.
Supervisandin Glaubst du denn wirklich, daß sie etwas gegen mich hat? Also eigentlich haben wir uns überhaupt noch nicht kennengelernt, aber sie ist dermaßen unhöflich zu mir.	
Supervisorin Das weiß ich wirklich nicht, Sandra. Sich mit ihr anzulegen, nur damit du einen Klienten bekommst, ist keine besonders angenehme Vorstellung. Ich denke, ich werde dir jemanden aus meinem eigenen Klientenstamm zuweisen. Laß mich mal sehen, wen ich heute habe. Hast du heute nachmittag für jemanden Zeit?	Die Supervisorin beendet die Spekulationen über die persönliche Wirkung, die die Supervisandin auf die Aufnahmeleiterin hat und umgeht das **organisatorische Problem** dadurch, daß sie eine andere Möglichkeit findet, der Supervisandin einen Klienten zuzuweisen.

Unveröffentlichtes Supervisionsgespräch nach einem tatsächlichen Transkript, das aus Vertraulichkeitsgründen abgeändert wurde.

(Fortsetzung von Seite 118)

die Verantwortlichkeit des Supervisors für das Wohl und die Rechte der Klienten, für seine Rolle als Supervisor, für seine administrativen Aufgaben und für die Anforderungen, die an Ausbildungsprogramme von Hochschulen und Institutionen gestellt werden (*Dye* & *Borders* 1990). Die *American Psychological Association*

Ethical Guidelines for Practise (American Psychological Association, 1992) behandeln ebenfalls die ethischen Aspekte der Supervisionsbeziehung. Standards für die berufliche Ausbildung vermitteln Richtlinien für die Häufigkeit und Dauer der Supervision und für die Qualifikation der Supervisoren. Diese erscheinen beispielsweise im *Accreditation Handbook* der Amerikanischen Gesellschaft für Psychologie (Accreditation Comittee, 1986) für psychologische Ausbildungsprogramme und Praktika an Hochschulen, in den *American Counseling Association Ethical Guidelines* (American Counseling Association, 1981), in den *National Association of Social Workers Published Guidelines* (National Association of Clinical Social Work – NASW, 1980) und in den *Standards for the Private Practice of Clinical Social Work* (NASW, 1981). Der Anhang enthält die Ethik-Richtlinien des EAS (European Association for Supervision e.V.).

Berufsorganisationen übertragen Supervisoren die Verantwortung für die Behandlung der Klienten durch Supervisanden, für deren Ausbildungsprogramm und dafür, den Berufsstand vor imkompetenten und/oder unprofessionellen Kollegen zu schützen. In Institutionen oder Organisationen müssen Supervisoren auch deren speziellen Verpflichtungen, Standards und Regeln im Hinblick auf Klientenbetreuung und auf Ausbildungsprogramme entsprechen. Supervisoren finden sich oft mit der Aufgabe konfrontiert, die beruflichen Standards einerseits und die unmittelbaren Dienstleistungsanforderungen der Institution andererseits miteinander zu vereinbaren. Also müssen Supervisoren Berufsstandards und Berufsethik unter allen Aspekten ihrer Verantwortlichkeiten prüfen. Zunächst müssen sie, als Repräsentanten und Vorbilder ihres Berufs, in ihrem eigenen Verhalten den Standards und der Ethik für ihre Dienstleistungen entsprechen. Dann müssen sie dafür sorgen, daß auch die Supervisanden dieser Ethik genügen. Drittens müssen sie sich in ihrer Rolle als Supervisoren ethisch verhalten, und schließlich müssen sie die Ethikstandards so vermitteln, daß sie ihre Supervisanden dazu befähigen, ethische Entscheidungen zu treffen.

Einige ethische Fragen betreffen die Supervisionsbeziehung, und zu diesem Thema gibt es eine Reihe guter Infomationsquellen (s. *Bradley* 1989; *Harrar, Vandecreek, Knapp* 1990; *Tannenbaum, Green* & *Glickman* 1989; *Whiston* & *Emerson* 1989). Zur Beschreibung des SAS beschränkt sich diese Erörterung darauf, die ethische Ausbildung exemplarisch zu definieren und zu illustrieren, so wie sie in der praktischen Supervisionsarbeit vorkommt. Die Ausbildung zur ethischen Entscheidungsfähigkeit findet dann oft statt, wenn Supervisor und Supervisand ethische Bedenken haben, die folgende Themen betreffen: (a) duale Beziehungen, (b) Vertraulichkeit und (c) die Grenzen beruflicher Kompetenz (*Rinas* & *Clyne-Jackson* 1988).

Duale Beziehungen stellen eines der größten Ethikprobleme dar, mit welchen Supervisoren konfrontiert sind. Nicht nur muß der Supervisor dafür sorgen, daß sich der Supervisand nicht in duale Beziehungen mit Klienten einläßt, er muß auch darauf achten, daß seine Rolle als Supervisor die wichtigste ist, vor allen anderen Rollen, die er gegenüber dem Supervisanden einnimmt. In Transkript 4.2 wird ein Beispiel dafür gezeigt, wie die Supervisorin mit einer potentiellen dualen Beziehung umgeht – einer sexuellen Beziehung zwischen der Supervisandin und ihrer Klientin. In Spalte 1, S. 94, fragt die Supervisorin, ob die Beziehung über „Schmeichelei" hinausgeht – wobei sie implizit danach fragt, ob eine sexuelle Beziehung besteht. Gerade weil eine duale Beziehung dieser Art eine eindeutige Verletzung der ethischen Grundsätze ist, muß der Supervisor in der Beziehung soviel Vertrauen schaffen, daß Supervisanden den Mut haben, solche Themen und Vorfälle zu diskutieren. Wird der ethische Kodex tatsächlich verletzt, dann muß der Supervisor, in Übereinstimmung mit den Richtlinien seines Berufsstandes, gegen den Supervisanden vorgehen. Wie komplex diese Rolle der Supervision ist, wird dadurch deutlich, wie behutsam und dennoch beharrlich die Supervisorin ihre Supervisandin befragt, um sich über die Schmeichelei und die gegenseitige Attraktion in der Beratungsbeziehung zu informieren. In diesem Beispiel wird deutlich, wie wichtig es für Supervisoren ist, die beiden Aspekte – Fachautorität und vertrauensvolles Engagement in der Beziehung – aufrecht zu erhalten. Damit schafft die Supervisorin für die Studenten einen sicheren Rahmen, in welchem sie Zweifel diskutieren können und unter Anleitung die Befähigung erwerben, zu intervenieren, bevor die Situation entweder einem Klienten oder ihnen selbst schadet.

Genauso, wie jedweder sexueller Kontakt zwischen Klient und Berater verboten ist, ist jede Form sexuellen Kontaktes zwischen Supervisor und Supervisand eine Verletzung des ethischen Kodex (APA 1992, Principle 1.19; Supervision Interest Network 1993, Principle 2.15). Ich verfüge zwar (aus naheliegenden Gründen) über kein Transkript, das eine solche Beziehung beschreibt, aber eine Umfrage, die *Pope, Levenson* und *Schover* (1979) unter Studenten durchgeführt haben, ergab, daß 10% von ihnen sexuelle Beziehungen zu einer Lehrkraft hatten. Die Mehrheit dieser Lehrkräfte waren Supervisoren/Innen. Da Supervisoren die Macht haben, Supervisanden zu beurteilen, besteht die Gefahr der Ausbeutung, das Risiko unangemessener Fallsupervision und eine schwere Verletzung des Ausbildungsvertrages mit dem Supervisanden (*Bartell* & *Rubin* 1990).

Eine duale Beziehung kann auch dann entstehen, wenn parallel zur Supervisionsbeziehung auch eine Therapiebeziehung zwischen Supervisand und Supervisorin besteht (Supervision Interest Network 1993, Principle 2.16). Beratungsprozeß und Supervisionsprozeß mögen manchmal ähnlich erscheinen, besonders dann, wenn der Supervisand ein emotionales Thema durcharbeitet, das mit seinem

Klienten und/oder der Beratungsbeziehung zusammenhängt. In erster Linie und vor allem anderen muß der Supervisor den Supervisionsvertrag erfüllen und mit persönlichen Themen des Supervisanden nur insofern arbeiten, als diese für dessen klinische Arbeit mit Klienten oder seiner Professionalität relevant sind. Eine Untersuchung dieses Prozesses sollte zusätzlich deutlich machen, wie relevant jede Diskussion für die Zielsetzung der Supervision ist.

In Transkript 4.6 diskutieren Supervisor und Supervisandin die Dependenzbedürfnisse einer Klientin und die stark emotionale und abwehrende Reaktion der Supervisandin auf diese Bedürfnisse. Es fällt auf, wie dieses Gespräch hin und her pendelt zwischen der Achtsamkeit der Supervisandin für ihre eigenen Gefühlsreaktionen in der Beratungsbeziehung (Spalte 2, S. 125), dem historischen Hintergrund dieser Gefühle in ihrem eigenen Leben (Spalte 2, S. 125) und der Anwendung dieser Erkenntnis auf die Situation der Klientin (Spalte 1, S. 125). Der Supervisor ermutigt die Supervisandin, sich sowohl ihre Gefühle als auch deren Ursprung bewußt zu machen, fordert sie dann aber ganz bewußt dazu auf, ihr Denken und das Gespräch mit ihrer professionellen Aufgabe zu verbinden (Spalte 1, S. 125f). Aus dem Zusammenhang genommen könnte dieses Gespräch genauso gut aus einem Beratungsgespräch stammen; die Absicht, die der Supervisor mit diesem Gespräch verbindet, liegt aber eindeutig darin, der Supervisandin beizubringen, wie sie mit der Klientin umgehen kann. Auch wenn die Supervisandin mit den persönlichen Themen, die ihr bewußt geworden sind, in Therapie geht, was der Supervisor später auch empfiehlt, so gehört es dennoch nicht zu seiner Supervisorenrolle, die Therapie der Supervisandin in die Hand zu nehmen.

In Transkript 4.7 (Spalte 2, S. 127f.) findet sich ein hervorragendes Beispiel dafür, wie der Supervisor abwägt zwischen den Themen berufliche Schweigepflicht, Dynamik und Erfordernisse der therapeutischen Beziehung und Institutionspolitik.

Zusammenfassung

In den Kapiteln 2,3 und 4 wurden die sieben Dimensionen des SAS-Modells beschrieben, die bei der Analyse des Supervisionsprozesses Anwendung finden. Zu diesen gehören Aufgaben und Funktionen der Supervision, die Supervisionsbeziehung und die Kontextfaktoren (Supervisor, Supervisand, Institution und Klient). Jeder dieser Faktoren wurde durch Supervisionstranskripte veranschaulicht, und die Bedeutung der einzelnen Faktoren wurde im Zusammenhang mit der empirischen Literatur diskutiert. Die einzelnen Faktoren wurden aus Gründen der

(Fortsetzung Seite 126)

TRANSKRIPT 4.6
Kontextfaktoren

Supervisionsgespräch	*SAS-Analyse*
Supervisor Ich denke, du bist da auf einer wichtigen Spur. Ich sage dir mal, was ich bisher über deine Erfahrungen mit der Klientin verstanden habe. Als wir über die Abhängigkeitsbedürfnisse deiner Klientin gesprochen haben, hattest du das Gefühl, daß du die Tatsache nicht erkannt hattest, daß du jemandem etwas geben kannst, ohne seine Selbständigkeit zu beeinträchtigen. Es bedeutet nicht, daß du überfürsorglich zu ihr bist. Es bedeutet auch nicht, daß du sie nicht als einen Menschen respektierst, der sich um sich selbst kümmern kann.	Der Supervisor beginnt das Gespräch damit, daß er eine Verbindung herstellt zwischen der Art, wie die Supervisandin die Klientin wahrnimmt und ihrer Befürchtung einer Abhängigkeit der Klientin. Auf diese Weise aktiviert er den **zwischenmenschlichen Stil der Supervisandin (Selbstdarstellung)** im Hinblick auf Dependenz und Gegendependenz innerhalb der **Beratungsbeziehung.**
Supervisandin Ja, ich habe den Verdacht, daß meine eigenen Erfahrungen mit Fürsorglichkeit manchmal etwas von einer Strafe an sich hatten und daß ich deshalb so darüber denke.	Hier spielt die Supervisandin auf ihre persönliche Geschichte mit dieser Dynamik an.
Supervisor Es hat so geklungen, als ob bei dir ein Haken daran war, daß jemand zu dir überfürsorglich war und dir damit etwas weggenommen hat. Stimmt das?	Der Supervisor führt die persönliche, historische Erfahrung der Supervisandin bei der Entwicklung dieser Dynamik fort.
Supervisandin Ja.	
Supervisor Dir hat man etwas weggenommen, als man zu dir sagte: „Ich kümmere mich um dich, weil du dich jetzt nicht und auch in der Zukunft nicht um dich selbst kümmern kannst."	
Supervisandin Ja, ja. Das war wirklich blöd. Es war wirklich eine widersprüchliche Botschaft. Einerseits hieß es: „Du bist nicht behindert, du wirst ganz normal leben, wie eine nichtbehinderte Person; du kannst all diese Dinge anstreben. Und du bist das erstgeborene Kind, und du bist nicht der Junge, der du hättest sein sollen." Andererseits aber hörte ich: „Du bist wirklich nicht in der	Die Supervisandin gibt einen detaillierteren und tiefergehenden Bericht ihrer familiären Erfahrungen zum Thema Dependenz und Gegendependenz.

(Fortsetzung)

TRANSKRIPT 4.6 Fortsetzung

Supervisionsgespräch	***SAS-Analyse***
Lage, nach draußen zu gehen und selbständig herumzulaufen."	
Supervisor Also warst du beides.	
Supervisandin Zu wenig echtes Zutrauen.	Der Schwerpunkt liegt weiterhin auf dieser Dynamik, die vom Supervisor durch seine Empathie und seine Auseinandersetzung mit den Bedenken der Supervisandin unterstützt wird.
Supervisor Wie solltest du in diesem Rahmen je unabhängig werden und dennoch so geliebt werden, wie du es brauchtest. Du warst also in einer Zwickmühle.	
Supervisandin Na ja, ich fand einen anderen Menschen.	Die Supervisandin macht eine verwirrende Bemerkung, die etwas mit ihrer persönlichen Geschichte zu tun hat.
Supervisor Zu der Zeit war es eine Möglichkeit, aus der Zwickmühle rauszukommen. Und diese Klientin, sie verlangt etwas von dir, sie rührt an etwas, was für dich selbst nicht klar ist. Wir können nicht genau sagen, was sie von dir verlangt, aber es hat etwas mit „kümmere dich um mich" zu tun. Etwas, was mit Abhängigkeit zu tun hat. Wenn du sagst: „Das will ich ihr nicht geben", dann kommt das vielleicht daher, daß du sie nicht in eine Zwickmühle bringen willst, aus der heraus sie nicht wachsen und sich zu einem unabhängigen und selbständigen Menschen entwickeln kann.	Der Supervisor klärt den Inhalt dieser Bemerkung nicht, sondern führt die Supervisandin wieder zurück zur Erforschung ihrer **emotionalen Achtsamkeit im Kontext der Beratungsbeziehung.** Der Supervisor stellt die Verbindung her zwischen dem, **was die Klientin verlangt,** und den Gründen für eine mögliche Angst der Supervisandin, es auch zu geben. Er verankert die zwischenmenschliche Dynamik in der Beratungsbeziehung.
Supervisandin Ich möchte dir eines der Schlüsselwörter meiner Mutter sagen – „Pflicht". Das tut man, weil man es tun muß. Diese Art der Beziehung will ich genauso wenig. Ich will nicht bestimmte Dinge tun, weil ich sie tun muß.	Dennoch fährt die Supervisandin damit fort, ihre persönlichen Familienerfahrungen zu diskutieren.
Supervisor Übersetze das jetzt aber einmal für deine Klientin. Was willst du für sie nicht tun, weil du denkst, daß du es aus	Wieder wendet sich der Supervisor den Klientenfaktoren zu und fordert nun die Supervisandin unmittelbar auf, vor dem Hinter-

(Fortsetzung)

TRANSKRIPT 4.6 Fortsetzung

Supervisionsgespräch	***SAS-Analyse***
dem Pflichtgefühl einer Beraterin heraus tun mußt?	grund ihres beraterischen Pflichtbewußtseins **ein Konzept für ihre Rolle gegenüber der Klientin zu entwickeln**. Der Supervisor benutzt den Begriff „Pflicht" als Brücke und verbindet so die Familiengeschichte mit der **professionellen Rolle**.

Unveröffentlichtes Supervisionsgespräch nach einem tatsächlichen Transkript, das aus Vertraulichkeitsgründen abgeändert wurde.

(Fortsetzung von Seite 123)

Verständlichkeit isoliert erklärt, aber aus den Transkripten geht deutlich hervor, daß zwischen ihnen eine Wechselwirkung besteht und daß in einer einzigen Supervisionssitzung oft mehrere Faktoren gleichzeitig zum Tragen kommen. Diese Faktoren spielen bei den Interaktionen der Teilnehmer manchmal eine größere, manchmal eine geringere Rolle und sind den Teilnehmern nicht immer in gleichem Ausmaß bewußt. Manchmal kann man aus der Art der Sprache und dem Gesamtzusammenhang nur Rückschlüsse auf die einzelnen Faktoren ableiten, manchmal aber manifestieren sie sich deutlich in den Interaktionen selbst.

Diejenigen, die um eine „Gesamtschau" des Supervisionsprozesses bemüht sind, werden ständig nach Indizien suchen, die Antworten auf die folgenden Fragen erlauben:

- Welche Faktoren haben einen Einfluß auf die Entscheidungen der Teilnehmer, für die Führung des Supervisionsprozesses?
- Welche Merkmale der Kontextfaktoren haben sie bei ihrer Entscheidungsfindung berücksichtigt?
- Welche Merkmale, die sie nicht berücksichtigt haben, erscheinen nachträglich aber wichtig für die weitere Gestaltung des Lehrprozesses in der Supervision?
- Welches Rollenverhalten zeigen sie in der Supervision, und sind diese Verhaltensweisen die günstigsten für den Lernprozeß?
- Welche Supervisionsaufgaben stellen sie mit bestimmten Supervisanden in den Vordergrund?

Das nächste Kapitel enthält das vollständige Transkript einer Supervisionssitzung sowie die nachträglichen Überlegungen der Teilnehmer zu ihrer Arbeit und meine

(Fortsetzung Seite 128)

TRANSKRIPT 4.7
Kontextfaktoren

Supervisionsgespräch	***nachträgliches Gespräch***	***SAS-Analyse***
Supervisandin Letzte oder vorletzte Woche hatten wir diese Sitzung. Ich war sehr verunsichert, weil er mir erst ganz zum Schluß der Stunde irgendwie ausspuckte, daß er die (Beratungs-) Bänder mitnehmen wollte, um sie einem religiösen Berater vorzuspielen. Das war die einzige Information, die ich bekam. **Supervisor** Ahm-hm. **Supervisandin** ... wenn er die Bänder abspielen will, dann hätte ich dennoch ein Problem damit, weil ich nicht will, daß er sie im Beisein dieses Mannes abhört. **Supervisor** Ahm-hm. **Supervisandin** Dabei hätte ich gar kein gutes Gefühl. **Supervisor** Was würde dich daran stören?	**Supervisor** Also, hier ist wieder so ein Problem ... das ist in meinen Erfahrungen der letzten Jahre einige Male aufgetaucht; es ist aber ziemlich selten. Daß nämlich Klienten Bänder, auf welchen die Gespräche mit ihren Beratern sind, mitnehmen wollen und für sich selbst oder jemand anderen vorspielen wollen. Und, ich sage es nochmal, ich habe gemischte Gefühle dabei.Ich kann doch nicht einfach ... also, wir machen das hier nicht ... obwohl ich denke, daß es manchmal unheimlich angemessen und wirkungsvoll für einen Klienten sein kann. Sie präsentiert mir also ein Problem, das ah ... ich nicht nur für pädagogisch wichtig halte, lehrreich, wenn ich ihr darüber etwas sagen kann. Ah ... vielleicht ist hier sogar eine Entscheidung der Institutionspolitik angebracht oder Richtlinien der Institutionspolitik. Aber ich denke auch, daß sie große Entscheidungsschwierigkeiten hat, sogar dann, wenn es um solche Dinge geht ... was sie tun will, und also, ist es wieder ...	Obwohl der Supervisor im Supervisionsgespräch nur wenig sagt, wird doch sehr deutlich, daß er sich über das Thema der Supervisandin, ob der Klient Bänder mitnehmen kann, viele Gedanken gemacht hat. Es fällt auf, daß er die Schwierigkeiten der Supervisandin, sich zu entscheiden, in seine Überlegungen einbezieht **(Selbstdarstellung), ihren Lernbedarf, die Bedürfnisse des Klienten und die Richtlinien oder Politik der Institution.**
Supervisandin Weil es so wäre, ahm, als ob dieser Mann das, was ich sage, interpretiert.	**Supervisor** Ah ... ich denke, das versetzt mich in einen interessanten Zustand der Selbstdiskussion dar-	Seine Selbstdiskussion darüber, ob er ihr sagen soll, was zu tun ist, wirft Themen auf, die mit ihrem **Lernbe-**

(Fortsetzung)

TRANSKRIPT 4.7 Fortsetzung

Supervisionsgespräch	***nachträgliches Gespräch***	***SAS-Analyse***
	über, wie ich damit umgehen soll. Ich meine, es ist fast so, als ob ich voraussage, was ich sagen werde.	**darf** und seiner **eigenen Voreingenommenheit** zu tun haben.
Supervisor Er wäre dir dann überlegen, wie ein Vorgesetzter und besser begabt.		
Supervisandin So, als ob er ein abschließendes Urteil abgibt. Und es kommt mir so vor, als ob das meine Arbeit mit George zum gegenwärtigen Zeitpunkt wirklich beeinträchtigen würde. Ich finde, das ist einfach zu sehr, zu viel Einfluß.		
Supervisor Ja.	**Supervisor** Ich denke, ich bin für die unterschiedlichsten Lösungsmöglichkeiten offen. Wissen Sie, es gibt hier keine absolute Politik, ich habe auch keine erlassen, und es wurden bisher in der Institution keine Richtlinien veröffentlicht. Ich habe also die Freiheit, alle Möglichkeiten zu erkunden und dann gemeinsam mit ihr zu entscheiden, was das Beste ist, für sie, für diesen Klienten und für die Institution.	Die Tatsache, daß es in der Institution **keine klare Politik** gibt, benutzt er dazu, die Auswirkungen zu erörtern, von welchen alle Beteiligten betroffen sein könnten.

Unveröffentlichtes Supervisionsgespräch nach einem tatsächlichen Transkript, das aus Vertraulichkeitsgründen abgeändert wurde.

(Fortsetzung von Seite 126)

Analyse des Einflusses, den die bedeutsamen SAS-Faktoren auf die Supervision hatten. Diese Darstellung soll den Lesern ein Beispiel dafür geben, wie sie (a) das SAS-Modell in ihrer eigenen Supervisionsarbeit anwenden können, (b) Fragen stellen können, die eine Zielsetzung in der Praxis ermöglichen und (c) eine gemeinsame Sprache bei der Beantwortung dieser Fragen benutzen können.

5 Die Entdeckung der Supervisionssprache

Kapitel 5 enthält ein Supervisionsgespräch zwischen einem erfahrenen Supervisor (20 Jahre Supervisionsunterricht und –praxis) und einem promovierten Assistenten, in der Fachausbildung zum klinischen Psychologen. Beide waren damit einverstanden, daß das Supervisionsgespräch auf Videoband aufgenommen wurde und daß ich danach beide zum Supervisionsgespräch befragen würde, während wir die Videoaufzeichnung gemeinsam ansehen. Sie waren bereits seit über sechs Monaten in gemeinsamer Supervisionsarbeit, dies war aber das erste Mal, daß sie vor laufender Videokamera arbeiteten.

Der Supervisor, Martin Acker, und ich arbeiten seit Jahren gemeinsam in der Supervisionsausbildung. Im Transkript unseres Gespräches wird deutlich, daß unsere Beziehung durch die professionelle Zusammenarbeit in Supervision geprägt ist. Wir haben in unserer gemeinsamen Arbeit die Grundlagen für das Systemorientierte Arbeiten mit Supervision (SAS-Modell) geschaffen, und er drückt seine Überlegungen zu diesem Supervisionsgespräch in der Sprache und Denkweise des SAS-Modells aus. Der Vorteil eines solchen Gesprächs liegt darin, daß darin demonstriert wird, wie erfahrene Supervisoren, die mit dem Modell vertraut sind, Supervision mit Hilfe der Sprache und der Konzepte des SAS verständlich machen können.

Das Gespräch mit dem Supervisanden hat gewisse Ähnlichkeiten mit dem Modell der Interpersonalen Prozeß-Reflexion (interpersonal process recall, IPR; *Kagan* & *Kagan* 1990), bei welchem der Supervisor den Supervisanden dazu auffordert, das Beratungsgespräch zu reflektieren. Hier allerdings ist der Gegenstand der Reflexion das Supervisionsgespräch, und die Befragung wird durch jemanden durchgeführt, der in der ursprünglichen Supervisionsinteraktion nicht beteiligt war.

Das Transkript ist so angeordnet, daß im ersten Abschnitt ein Teil der Supervisionsinteraktion zu lesen ist, danach die Reflexionen der Teilnehmer und zuletzt meine Überlegungen zur Supervisionssitzung einerseits und die nachträglichen Kommentare andererseits. Manchmal äußern sich Supervisor und Supervisand zum gleichen Thema, dann wieder macht nur einer von beiden einen Kommentar.

Die bisherigen Beispiele dieses Buches wurden zu Forschungszwecken durchgeführt; im Gegensatz dazu haben wir uns in den folgenden, nachträglich reflektierenden Gesprächen darum bemüht, im Rückblick die Gefühle und Gedanken der Teilnehmer aufzuzeigen. In meinen eigenen Kommentaren wird oft deutlich, daß ich mich darum bemühe, das, was sie in unserer Interaktion gesagt haben, in ein Konzept einzugliedern und das ursprüngliche Supervisionsgespräch zu analysieren. Im Verlauf dieser Diskussionen und Analysen bauten wir eine Beziehung auf, die es ermöglichte, auch persönlich kritische Gedanken- und Gefühlselemente aufzudecken.

Diese Analyse umfaßt sieben Ebenen:

1. Sinn und Zweck der Supervisionsinteraktion zwischen Supervisor und Supervisand;
2. der Sinn der Supervisionsinteraktion, wie er vom Supervisor in der nachträglichen Reflexion gesehen wird;
3. der Sinn der Supervisionsinteraktion, wie er vom Supervisanden in der nachträglichen Reflexion gesehen wird;
4. Sinn und Zweck meines nachträglichen Reflexionsgespräches mit dem Supervisor;
5. Sinn und Zweck meines nachträglichen Reflexionsgesprächs mit dem Supervisanden;
6. meine Analyse als teilnehmende Beobachterin über Sinn und Zweck der drei Gespräche;
7. die Wahrnehmung des Lesers über Sinn und Zweck der Gespräche und der nachträglichen Reflexionen über diese Gespräche.

Die Bedeutungsebenen sind eine reichhaltige, wenn auch komplexe Informationsquelle für das Verständnis der Wechselwirkung zwischen den Hauptfaktoren der Supervision, wie sie im SAS-Modell definiert sind. Der Gebrauch unterschiedlicher Informationsquellen und deren Relevanz für das Verständnis im Kontext der Supervision wurden von *Holloway* und *Poulin* erörtert (1994). Sie haben Untersuchungen zur Supervision in Klassen gegliedert, wobei sie die Struktur- und Bedeutungstaxonomie sozialer Kommunikation nach *Poole, Folger* und *Hewes* (1987) angewandt haben. Sie sind dabei zu dem Schluß gekommen, daß die Mehrzahl empirisch gewonnener Informationen über Supervision von Beobachtern stammt, nicht von den unmittelbaren Teilnehmern im Prozeß. Für ein Verständnis der Entscheidungsprozesse beider Beteiligten, des lehrenden Supervisors und des lernenden Supervisanden, ist es aber nötig, die „subjektiven" Informationen, nämlich die Informationen, die von den Beteiligten stammen, miteinzubeziehen.

Mein Kommentar enthält eine weitere Dimension: Ich habe die drei aufeinander bezogenen Gespräche sieben Hauptthemen zugeordnet und dabei einige Abschnitte gestrichen, weil sich in ihnen entweder Themen überschneiden oder um die Anonymität des Klienten zu wahren. Die größeren Streichungen habe ich gekennzeichnet. Darüber hinaus habe ich die Transkripte so abgeändert, daß sie auch in der geschriebenen Form verständlich sind. Ich habe beispielsweise kleinste, ermutigende Bemerkungen, Wiederholungen und Verzögerungen gestrichen. In keinem der Fälle wurden aber die Mitteilungen oder deren Bedeutung wesentlich verändert oder gestrichen.

Meine Kommentare während der nachträglichen Gespräche geben meine erste spontane Analyse des Supervisionsgesprächs wieder, und in einigen Fällen auch den Zusammenhang zwischen diesem und dem dazugehörigen Reflexionsgespräch. Bei der Vorführung der Videoaufnahmen bemerkten die Zuschauer vor allem, wie komplex die drei Gespräche waren, wie sie miteinander zusammenhingen und den unbestreitbaren Effekt, den sie auf alle Beteiligten hatten.

Ich überlasse es den Lesern, die verschiedenen Bedeutungsschichten zu entdekken und dadurch zu ihrem eigenen Verständnis dieser Supervisionserfahrungen zu gelangen.

In den Gesprächen werden folgende Abkürzungen verwendet: S = Supervisor (Marty); T = Supervisand (Phil); I = Interviewer (Elizabeth).

Eröffnung des Gesprächs: Thema – der Klient

Supervisionsgespräch

T OK. Können wir anfangen?

S Ja, was haste?

T OK. Es geht um einen 27jährigen Mann (Klient), ... mmm ... dessen präsentiertes Problem es ist, daß er es nicht tolerieren konnte, daß seine Frau Marihuana raucht ... und es waren nicht ... also es waren keine gesundheitlichen Bedenken. Er machte sich die Sorgen nicht um ihre Gesundheit, oder weil er selbst passiv mitrauchte, es hatte irgendeine andere Bedeutung ...

Funktion: fallbezogene Konzeptbildung	**Aufgabe: Methodenkompetenz**
Supervisor: nachträgliches Gespräch	**Supervisand: nachträgliches Gespräch**
	T Ahm, wenn ich mir so zuschaue, kommt es mir vor, dann sehe ich, weißt du, wie ich mich dabei gefühlt habe. Irgendwie fühle ich es auch jetzt, irgendwie angespannt. Ahm, was ist das für ein Gefühl? Innerlich fühle ich mich irgendwie schlecht, also gehemmt. Ich kenne das von mir, ich mache das mit mir, wenn ich Angst habe ... ich spanne irgendwie das Gesicht an ... mein Körper ist ziemlich angespannt, und irgendwas kommt in meinem Brustkorb hoch, und ich glaube, ich kann das sehen. **I** Siehst du das gleich zu Beginn des Gesprächs? **T** Ahm, mhm. **Ich denke, ich wollte unbedingt anfangen, und das hat meine Konzentration irgendwie gestört.**

SAS-Analyse

Supervisandenfaktor: Selbstdarstellung
Klientenfaktor: identifiziertes Problem

Im eigentlichen Supervisionsgespräch befaßt sich der Supervisand zwar mit dem Klienten, tatsächlich aber macht er sich Gedanken darüber, wie seine eigene Nervosität die Falldarstellung beeinträchtigt.

Supervisionsgespräch

T Ich fühle so was wie Panik, wegen, ja weswegen, wegen seiner Sprache ... ahm, laß mich mal sehen, er wird total gestreßt und angespannt, und die ganze Welt schlafft irgendwie ab.

S Heißt das, daß er zu Beginn ihrer Beziehung nicht gewußt hat, daß sie raucht?

T Da bin ich mir nicht sicher. Aber er hat sich immer mehr darüber Gedanken gemacht. Deshalb haben wir uns zu Anfang darauf konzentriert, zu verstehen, was das bedeutet. Er hat erkannt, daß es irrational war und daß es ihm nicht wirklich um, du weißt schon um .... er hat nicht wirklich verstanden, was das eigentlich zu bedeuten hat, aber er hatte es satt, jedesmal irgendwie auszuflippen, wenn er hörte, daß sie geraucht hatte oder vorhatte, mit ein paar Freunden zu kiffen. Er sagte, daß er manchmal das Gefühl hatte, daß sie sich heimlich davonschleicht, um irgendwo zu kiffen, und er fühlte sich irgendwie hintergangen.

Außerdem befürchtete er, daß seine Frau eine Affäre hatte. Manchmal ist er ihr mit seinem Auto nachgefahren, wenn sie beispielsweise mit einem Freund aus war, um sicherzugehen, daß sie ihn nicht betrog. Sie ging manchmal einfach so weg, verstehst du, zum Kiffen, und wenn sie wegging, um sich etwas zu besorgen, dann hatte er das Gefühl, daß er ihr nichts zu bieten hatte. In solchen Augenblicken fühlte er so etwas wie Panik und fing an, mit weiblichen Arbeitskolleginnen zu flirten, traf sich mit ihnen und faßte den Entschluß, seine Frau zu verlassen.

S Ahmm, mhm.

T Es war so eine Art Bestrafung, wenn er sich mit anderen Frauen traf. Weißt du, er hat sich einfach irgendwie schlecht gefühlt; er hat sich einfach nicht gut gefühlt, aber er sagte, daß er sich in diesen Augenblicken wenigstens unabhängiger gefühlt hat und mit ihr einigermaßen auskommen konnte, verstehst du.

S Wenn er sich mit anderen Frauen traf?

T Ja, das ist dann so wie: „Also, das ist zwar auch nicht das Wahre, aber du kannst mich mal, verstehste, mir geht's gut."

Funktion: Abklären/ zielgerichtetes Fragen	**Aufgabe: fallbezogene Konzeptbildung**
Supervisor: nachträgliches Gespräch	**Supervisand: nachträgliches Gespräch**
S Phil ... ich merke, daß es Momente gab, wo ich dachte, daß ich zur weiteren Klärung intervenieren könnte, vielleicht sogar mit einer Deutung beginnen könnte, aber bis zu diesem Punkt ist mir noch nicht klar, welche **Themen sind für Phil selbst am schwierigsten,** oder auf welche	

Themen zielt er ab, wo liegt seine Energie. Also war es wichtig, ihn einfach mal drauflosreden zu lassen, die Geschichte erzählen lassen, und zwar nicht einmal wegen der Information zum Fall, ...

I Ahm, mhmm.

S ... sondern um einen Eindruck zu gewinnen, wo seine Energie lag, auf was er hinauswollte, was ihm möglicherweise Sorgen machte an dieser Situation, da er sie in die Supervision gebracht hatte.

I Also, was du hier eindeutig nicht machst, ist, die Diagnosestellung des Falles und die fallbezogene Konzeptbildung weiterzubetreiben. Darauf zielt er ja ab – indem er über den Klienten spricht. Was du aber sagst ist, daß es dir zu diesem Zeitpunkt mehr darauf ankommt, die Faktoren in diesem Fall herauszufinden, die ihn betreffen.

S Das ist richtig. Zu diesem Zeitpunkt habe ich ihn in keine bestimmte Richtung geführt, ...

I Ahm, mhmm.

S ... sondern ich habe einfach abgewartet und bin seiner Richtung gefolgt.

SAS-Analyse

Faktoren des Supervisanden: Selbstdarstellung und Lernbedarf

Im Supervisionsgespräch bleibt der Supervisor bei der Funktion des Abklärens, um für den Supervisanden die wesentlichsten Elemente aufzudecken. Bei der nachträglichen Reflexion bringt er Themen zur Sprache, die möglicherweise einen Einfluß auf die Richtung haben, die der Supervisand in diesem Fall einschlägt und auf seine Lernbedürfnisse in der Supervision. Beide, Supervisor und Supervisand denken an dieser Stelle über Faktoren des Supervisanden nach, haben diese aber im Supervisionsgespräch nicht thematisiert.

Supervisionsgespräch

T Ahm, laß mich mal sehen, dann haben wir etwas miteinander geredet. Ach, er hat einen interessanten Versprecher gemacht, ich glaube in der dritten Stunde. Laß mich mal sehen, er redete gerade über ... was war das noch? Oh, ich schau mal, ob ich das finde. (Phil geht die Notizen auf seinem Schoß durch).

Supervisor: nachträgliches Gespräch	Supervisand: nachträgliches Gespräch
	T Ahm, ich glaube, was ich jetzt denke, ist ähnlich wie das, was ich vorhin gesagt habe. **I** Ahm, mhm. **T** Nämlich, meine Körperhaltung, so, weißt du, es sieht aus, als ob meine Schultern eingezogen sind, und **ich bin irgendwie angespannt, ich reagiere immer noch irgendwie nervös. Meine Konzentration ist ein wenig besser, aber ahm, ich habe immer noch leichte Konzentrationsschwierigkeiten.** **I** Hast du im Rückblick den Eindruck, daß der Supervisor dafür Verständnis hat oder es überhaupt bemerkt? Daß du aufgeregt bist? **T** Ahm, ja vielleicht schon. Ja, schon, denn ich denke, er hat da so **eine gewisse Sanftheit.** Ich bin mir eigentlich nicht sicher, ob Marty etwas bemerkt oder nicht, aber ich **meine, ich denke, daß ich mit ihm ganz allgemein erlebe, weißt du, daß er ziemlich sanft und annehmend ist.** Egal, wie ich reagiere oder womit ich vielleicht Schwierigkeiten habe, es ist immer in Ordnung. Ich weiß nicht, ob er das spürt oder nicht, aber es ist immer **leicht, solche Sachen mit ihm zu besprechen.** **I** Er hat also noch nichts getan, woraus du unmittelbar erkennen könntest, daß er ... **T** Daß er es gesehen hat. **I** ... daß er es wahrnimmt, daß er es versteht, aber so wie du eure Beziehung erlebst, hast du die Erwartung, daß es in Ordnung ist. **T** Das stimmt.

SAS-Analyse

Faktoren der Beziehung: Phase und interpersonale Struktur
Faktoren des Supervisors: Selbstdarstellung
Faktoren des Supervisanden: Selbstdarstellung

Im Reflexionsgespräch bleibt der Supervisand beim Thema seiner Nervosität und wie sie in seinem Körper sichtbar wird. Auf meine Frage, welche Rolle sein Supervisor bei dieser Nervosität seinem Empfinden nach spielt, spricht er davon, wie die Selbstdarstellung des Supervisors Akzeptanz vermittelt und davon, welche Erwartungen er aufgrund ihrer Beziehungsgeschichte gegenüber Marty hat. Er spricht auch davon, wie leicht es ihm fällt, mit Marty über heikle Themen zu reden, was auf eine Beziehungsstruktur hinweist, die durch positives Engagement gekennzeichnet ist.

Supervisionsgespräch

T Ich möchte ...

S Bevor du das tust, was waren deine Anfangsgedanken darüber, wie sich die Situation darstellt? Welche Konzepte hast du in Betracht gezogen?

Funktion: Abklären/ zielgerichtetes Fragen	**Aufgabe: fallbezogene Konzeptbildung**
Supervisor: nachträgliches Gespräch	**Supervisand: nachträgliches Gespräch**
S Hier zeigt sich deutlicher, was ich auch vorher schon versucht habe. Ich bin dabei so vorgegangen, daß ich erst einmal abgewartet habe, bis er deutlich macht oder deutlicher macht, in welche Richtung er geht. Worauf er den Akzent legt. Und ich denke, an dieser Stelle kam es mir sinnvoll vor, das Tempo ein bißchen zu steigern und **seine Aufmerksamkeit auf sein Denken zu lenken, worüber er nachdachte,** anstatt die anekdotenhafte Fallpräsentation weiterzuführen.	

I Also, was mir hier aufgefallen ist, ist, daß er angefangen hat, in seinen Unterlagen herumzublättern, um den genauen Wortlaut zu finden, und davor hatte er auch schon in seine Papiere geschaut. Erinnerst du dich, ob das an dieser Stelle einen Einfluß auf dein Tempo hatte, daß du diesen Zeitpunkt gewählt hast, um ihn zum eigenen Denken zu bringen?

S Ja, er schien sich teilweise in dem anekdotischen Material zu verlieren, zum Teil brauchte er aber auch die Struktur, die ihm dieses Material bot. Daraus gewann ich den Eindruck, daß **er ein wenig nervös wurde und es ihm helfen könnte, wenn ich ihm ein wenig Struktur gab.** Nicht um ihn in irgendeine bestimmte Richtung zu lenken, sondern um ihm einen Ausgangspunkt zu geben, von welchem aus er seinen eigenen Schwerpunkt untersuchen konnte.

I Ahm, mhmm.

SAS-Analyse

Faktoren des Supervisanden: Lernbedürfnisse und Selbstdarstellung

Obwohl im Supervisionsgespräch selbst der Schwerpunkt auf der fallbezogenen Konzeptbildung bleibt, kommentiert der Supervisor in der Reflexion die Nervosität des Supervisanden und nimmt diese zum Anlaß, das Gespräch ein wenig zu strukturieren. Er ändert seine Strategie, weil er die Lernbedürfnisse des Supervisanden wahrnimmt und feststellt, daß das anekdotische Material seinen Zweck erfüllt hat.

Supervisionsgespräch

T Hmm, also zuerst habe ich mich nur damit befaßt, was die Symptome bedeuten könnten, und vielleicht bin ich zu sehr daran hängengeblieben, weil ich mich nicht in dem Maß, wie ich es hätte tun können, mit unserer Beziehung und der Energie zwischen uns befaßt habe.

S Ahm, mhmm.

T Es war eher so, daß er eben reinkam, Informationen mitgebracht hat und wir beide versucht haben zu verstehen, weißt du, was das ...

S Also hattet ihr es vor euch; und das war es, was ihr beide angeschaut habt.

T Ja, irgendwie haben wir uns beide das angeschaut. Worüber wir beide nachgedacht haben, war, daß das irgendwie Sex darstellt. Da war etwas, was er ihr nicht gab, und sie geht irgendwohin und kifft ... sie hat sich da irgend etwas geholt, was er ihr nicht geben konnte. Dann haben wir über ihre sexuelle Beziehung gesprochen. Das war der eine Aspekt. Der andere war, daß es auf irgendeine Weise Unabhängigkeit repräsentierte, daß sie auch ohne ihn zurechtkommen konnte. Und irgendwie bedeutete das Kiffen, daß sie autonom war, und das war für ihn eine Bedrohung. Dann sprach er über eine frühere Freundin, mit der er irgendwie kontrollierend gewesen war und irgendwie klammerte. Als er dann diese Beziehung anfing, hatte er sich fest vorgenommen, nicht so kontrollierend zu sein und nicht so viel Bestätigung von ihr zu verlangen.

S Wie bist du auf die sexuelle Bedeutung gekommen, von dieser ...?

T Als er beschrieben hat, wie das für ihn war, wenn sie kiffte, und wie er dann ausging, das hatte für mich einen sexuellen Klang. Es hörte sich so an, als ob sie sich mit einem Liebhaber träfe und als ob er dann mit jemandem ins Bett ging, um sie zurückzubekommen. Dabei fühlte er sich auch nicht wohl, aber wenigstens käme er dann alleine zurecht, er hätte dann jemand anderen. Ich habe ihn gefragt, was er von dieser Analogie hält, und er sagte, daß es diese Qualität habe, daß da was dran war. Sie braucht sexuelle Beziehungen, braucht Geschlechtsverkehr, und er war zu ängstlich gewesen. Die einzigen Gelegenheiten in seinem Leben, bei denen er sexuellen Kontakt, d.h. Geschlechtsverkehr hatte, waren, wenn er Marihuana geraucht hatte; also fühlt er jetzt diesen Druck sexuell aktiv zu sein, und davor hat er Angst.

Funktion: Klärung/ zielgerichtetes Fragen	**Aufgabe: fallbezogene Konzeptbildung**
Supervisor: nachträgliches Gespräch	**Supervisand: nachträgliches Gespräch**
S Mir fällt auch auf die **Veränderung in seiner Energie**, nachdem ich ihm einen Schwerpunkt angeboten habe. **I** Ja. **S** Es ist ein Hinweis darauf, daß er jetzt stärker engagiert ist. Vielleicht ist er auch entspannter. Das sexuelle Thema habe ich ihm gegenüber angesprochen, weil **ich Phil schon gut genug kenne, um zu wissen, daß das für ihn kein bedrohliches Thema ist,** er kann damit umgehen, ohne daß es für ihn in irgendeiner Weise bedrohlich ist. **I** Also die Tatsache, daß du einiges von ihm selbst und von seinem Denken über sexuelle Themen kennst, und eure Beziehung machte es für dich möglich, ziemlich direkt auf dieses Thema zuzugehen, das für dich das zentrale Thema ist.	**T** Ich denke, darüber habe ich später im Gespräch irgend etwas zu Marty gesagt, aber ich denke, da ist irgendeine Störung? **Irgendwo zwischen mir und dem Klienten, entweder im Zusammenhang mit den Dingen, mit denen wir ringen, oder vielleicht verhalte ich mich hier auch ein wenig wie er.** Ahm, nicht so sehr, ah, nicht ... das sexuelle Zeug oder die Symptome – weißt du. Damit konnte ich mich nur schwer identifizieren, aber da war diese **Anspannung, weißt du, diese defensive Haltung, die sich im Körper ausdrückt ...** **I** Ahm, mhmm. **T** ... das sehe ich hier selbst, und ich denke, er hat auch etwas von dieser Qualität. Ich bin mir nicht sicher, was ich noch dazu sagen kann, aber ich denke, irgend etwas ist da dran.

S Ja ... und die Tatsache, daß **er mehr Energie zeigte und das Tempo schneller wurde**, bestätigte mir, daß meine Intervention wahrscheinlich angemessen und für ihn hilfreich war.

I Ahm, mhmm.

I Da ist irgendeine Verbindung, eine gewisse Resonanz zwischen dir und dem Klienten, fast wie ein Stil oder ein Gefühl.

T Ja, ja. Eine Art, wie wir uns vor irgend etwas schützen.

I Ahm, mhmm. Bis zu diesem Punkt in der Supervision hast du dich hauptsächlich mit dem Klienten befaßt, mit seinen Symptomen und seiner Behandlung und jetzt ein wenig mit deiner Konzeptbildung zum Fall, und in deiner Reflexion darüber ist die Aufmerksamkeit bei dir selbst, in diesen Augenblikken geht es um dein inneres Selbst, deine inneren Gefühle. Hast du irgendeine Erinnerung, was dich davon abgehalten haben könnte, die Dinge zu sehen, die du jetzt hier im Gespräch gesagt hast?

T Was mich davon abgehalten haben könnte? Das erste, was mir dazu einfällt, hat damit zu tun, daß ich eine Menge darüber rede, wie ich innerlich funktioniere. Ich neige dazu, mir selber Angst zu machen. Ich meine, irgend etwas macht mich nervös, und dann gehe ich in die Situation hinein und mache mir selbst Angst, das ist mein Versuch damit umzugehen. Davon wird es schlimmer. Ich weiß nicht, ob das für dich einen Sinn ergibt? **Ich denke, ich habe mich selbst davon abgehalten, umfangreicher und offener auf den Prozeß zu reagieren**. Ich war wegen der Kamera zusätzlich aufgeregt und nervös. Fragte mich, ob ich den Fall gut genug kannte und so was.

I Also hast du in gewisser Weise nach außen ausgeführt, was du jetzt von deinen inneren Vorgängen erzählst.

T Das stimmt, ja.

SAS-Analyse

Faktor der Beziehung: Phase
Faktor des Supervisanden: Selbstdarstellung
Faktor des Klienten: Beratungsbeziehung

Im weiteren Verlauf des Supervisionsgesprächs geht es immer noch darum, den Klienten zu verstehen und Informationen zu sammeln; danach aber, in der Reflexion, befassen sich beide Teilnehmer mit weitaus komplexeren Themen.

Der Supervisor reflektiert drei verschiedene Elemente: die Selbstdarstellung des Supervisanden – insbesondere seine Energie; die Intensität seines Engagements in der Supervisionsbeziehung und seine kulturellen Wertmaßstäbe besonders im Hinblick auf Sexualität.

Der Supervisand stellt eine Verbindung her zwischen den Ängsten seines Klienten und „der Anspannung in den Beratungsstunden" und seinem eigenen Unbehagen und seiner defensiven Körperhaltung in der Supervision. Im nachträglichen Reflexionsgespräch wird der Parallelprozeß deutlich, der sich in der Supervisionsbeziehung anbahnt. Die Faktoren des Parallelprozesses sind (a) Klientenfaktor: zwischenmenschliche Beziehung in der Beratung und (b) Beziehungsfaktoren in der Supervision: zwischenmenschliche Struktur. Zu diesem Zeitpunkt wird jedoch nur die Selbstdarstellung von Klient und Supervisand artikuliert; ob der Supervisor diese Dynamik erkennt, ist bislang noch nicht erkennbar, und auch der Supervisand hat die Rolle des Supervisors im Parallelprozeß noch nicht angesprochen.

Supervisionsgespräch

S Ja, ich wollte dich schon fragen ... gut, daß du drauf zu sprechen kommst, ... was hat das mit deinem Eindruck zu tun, daß er Kontrolle braucht, was will er kontrollieren und warum, und wovor hat er Angst?

T Ahm hmm, ahm, ja. Also die ... da ist irgendwas an seiner Körperhaltung.

Funktion: Klärung/ zielgerichtetes Fragen	Aufgabe: fallbezogene Konzeptbildung
Supervisor: nachträgliches Gespräch	**Supervisand: nachträgliches Gespräch**
S Offensichtlich ist das sexuelle Thema wichtig. An dieser Stelle ging es mir aber	

darum, ihm dabei zu helfen, dieses Thema in den sehr viel umfangreicheren Kontext zu stellen, nämlich wie der Klient wahrnimmt, was seine Geschichte ist. Obwohl es also wichtig ist, muß es in einem größeren Kontext gesehen werden, und Phil hat sich … gewissermaßen mit einigen Detailfragen der Sexualität beschäftigt, die zwar nicht unwichtig waren, ich dachte aber trotzdem, daß es wichtig war, das in einem größeren Zusammenhang zu sehen.

I Also anscheinend geht es dir darum, zur **fallbezogenen Konzeptbildung** im weiteren Sinne zu kommen …

S Richtig.

I … als nur bei dieser anekdotischen Falldarstellung zu bleiben, also laß uns mal sehen, ob er das aufnimmt.

SAS-Analyse

Faktor des Klienten: identifiziertes Problem

Dem Supervisor geht es darum, daß der Supervisand seine theoretische Orientierung auf die fallbezogene Konzeptbildung anwendet.

Eine Sackgasse in der Supervisionsbeziehung

Supervisionsgespräch

T Irgendwie ist er sehr angespannt. Manchmal, wenn er hereinkommt ist er ein bißchen zittrig, und das sagt er mir. Er weiß nicht so recht warum. Dann vergeht das ein wenig, aber er ist irgendwie angespannt. Irgendwie bemüht er sich darum, daß es zwischen uns normal ist. Er freut sich, mich zu sehen. Es geht irgendwie sehr freundschaftlich zwischen uns zu, und ich denke, er tut das, damit er sich entspannter fühlt oder seine Nervosität damit ablegen kann. Ich habe den Eindruck, daß er das Gefühl hat auseinanderzufallen, wenn er zu nervös wird.

S Wie erlebst du ihn, wenn er über die sexuellen Aspekte seiner Beziehung spricht oder über seine Gefühle? Wie erlebst du ihn, und wie erlebst du die Interaktion?

Funktion: Klärung/ zielgerichtetes Fragen	**Aufgabe: wechselt von der fallbezogenen Konzeptbildung zur emotionalen Achtsamkeit**
Supervisor: nachträgliches Gespräch	**Supervisand: nachträgliches Gespräch**
S Interessant, daß ich hier auf das Thema Sexualität zurückkomme. Dafür habe ich zwei Gründe: Zum einen geht es mir darum, daß er über den Klienten als eine Gesamtpersönlichkeit nachdenkt, welche Energie er an ihm wahrnimmt. Das andere ist, einen Zugang dafür zu schaffen, daß Phil herausfindet, **was das für Phil selbst als Person bedeutet.** Ihm dabei zu helfen, daß er erforscht, ob es irgendwelche Aspekte **des Themas Sexualität gibt, die für ihn selbst so gewichtig sind, daß sie seine Arbeit mit dem Klienten stören oder beeinträchtigen könnten.** Ich habe keinen bestimmten Grund das anzunehmen, aber die **Bedeutung von Sexualität** an sich ist so mächtig, daß es mir wichtig erschien, darauf einzugehen, diesen Bereich zu erschließen, wenn deutlich wird, daß es ein wichtiges Thema ist. Und zwar für ihn persönlich, damit ich mir die Möglichkeit eröffne, mit ihm selbst therapeutisch zu intervenieren.	**T** Ich sehe schon, daß ich die Frage nicht wirklich beantworte. Ich denke, das hat alles etwas damit zu tun, worüber ich schon vorher gesprochen habe, daß **ich selber so nervös und so sehr damit beschäftigt bin, mich selbst zu schützen, daß ich nicht wirklich im Prozeß bin, der zwischen mir und Marty abläuft.** Wenn ich jedenfalls die Frage jetzt höre, wenn er mich danach fragt ... wie erlebst du ihn, wenn er darüber spricht ... redet er mehr über das, was hier abläuft. Was ich fühle und was los ist, und ich konzentriere mich immer noch zu sehr darauf, den Klienten zu verstehen, anstatt zu verstehen, was zwischen Marty und mir geschieht.
I Ich denke, es ist die Art, wie du deine Frage formulierst. Wie erlebst du ihn, wenn er über Sexualität spricht, und was ist deine Erfahrung? Wie erlebt er die Beziehung, wenn er zu dir darüber spricht – jetzt änderst du den Schwerpunkt – **von der Distanziertheit der fallbezogenen Konzeptbildung gehst du jetzt dazu über, die Beratungsbeziehung und die Intensität ihrer Wirkung** zu betrachten. Er hat die Wahl: Er kann beim Klienten bleiben und wie er diesen wahrnimmt, oder er kann sich selbst betrachten. Diese Entscheidung überläßt du ihm.	**I** Und du erkennst jetzt, daß es dir darum ging, dich selbst davor zu schützen, dich auf deine Erfahrung mit dem Klienten einzulassen, mit Marty ... **T** Ahmm. Ja, das ist ... **I** Es hat den Anschein, daß das jetzt, in diesem Moment ein schwieriger Gedanke ist. **T** Ich zögere, weil ich vermute, daß es nicht in erster Linie darum geht, was in dem Moment zwischen dem Klienten und mir los war, was es schwer für mich macht, sondern wahrscheinlich **die besonderen Umstände, vor laufender Videokamera zu sein.** Dabei hätte ich wahrscheinlich immer gewisse Schwierigkeiten, egal, was der Inhalt der Frage ist. Wenn ich mich wirklich auf meine Gefühle einlassen soll, meine Gefühle dem Klienten gegenüber.

S Richtig. Und die Formulierung der Frage geschieht bewußt.

I Es gibt also eine ganze Reihe von Faktoren, die dich beim Ablauf dieses Gespräches jetzt beeinflussen.

T Ja.

I Einer dieser Faktoren ist die Art, wie wir das hier machen, und ein anderer ist die Art, wie du auf den Stil deines Klienten ansprichst. Bisher höre ich aber nicht von dir, daß Marty, dein Supervisor, irgend etwas tut, was das noch verstärkt.

T Nein.

I OK.

T Nein. Ich glaube, wenn überhaupt, ahm, wenn er überhaupt etwas damit zu tun hat, dann, weißt du, **seine sanfte Art hilft mir. Ich denke, es wäre interessant gewesen, wenn er mich direkt nach dem Prozeß der Supervision gefragt hätte. Was mit uns los war, mit mir – und meine Nervosität in unserem Prozeß beachtet hätte.**
Wenn wir darüber eine Minute gesprochen hätten, wäre es für mich vielleicht einfacher gewesen. Weil ich mich damit herumgeschlagen habe, während wir über etwas anderes geredet haben.

I Wenn er also eine Strategie angewandt hätte, um sich mit der **Supervisionsbeziehung** zu befassen, **dann wäre deine emotionale Reaktion auf diese Situation hier zum Vorschein gekommen.**

T Richtig.

SAS-Analyse

Beziehungsfaktor: interpersonale Struktur
Faktor des Supervisanden: Selbstdarstellung
Faktor des Klienten: Beratungsbeziehung (interpersonale Struktur)

Im Supervisionsgespräch führt der Supervisor den Supervisanden weg von der Konzeptbildung zur Symptomatik des Klienten und lenkt seine Aufmerksamkeit statt dessen auf die Dynamik der Beratungsbeziehung. Er lädt den Supervisanden behutsam dazu ein, über seine Beziehung zu dem Klienten nachzudenken. Im nachträglichen Reflexionsgespräch bemerkt er, daß er bei dieser Entscheidung zwei Aspekte der Situation berücksichtigt hat: seine eigene theoretische Orientierung in bezug auf das Gewicht sexueller Themen und die emotionale Achtsamkeit des Supervisanden in der Beratungsbeziehung.

In der Reflexion versteht der Supervisand, wozu ihn der Supervisor auffordert. Trotzdem bleibt er weiter bei seiner eigenen Erfahrung in der Supervision und bei der Supervisionsbeziehung. Er erklärt, warum er in der Supervisionsbeziehung nicht auf seine Nervosität eingeht. Zunächst verneint er zwar, daß sein Supervisor etwas mit seiner Nervosität zu tun hat, schließlich deutet er aber doch an, daß er etwas vom Supervisor gebraucht hätte. Es wäre gut für ihn gewesen, wenn ihm der Supervisor Gelegenheit gegeben hätte, seine emotionale Achtsamkeit in der Supervisionssitzung anzusprechen und unmittelbar mit der zwischenmenschlichen Dynamik der Supervisionsbeziehung umzugehen. Danach hätte er sich dann wieder mit der Beratungsbeziehung befassen können. Auch die Tatsache, daß das Gespräch mit Videokameras aufgezeichnet wurde, hat seine Nervosität noch gesteigert.

Supervisionsgespräch

T Er ist zwar ein bißchen zögerlich, aber schließlich, ahm, ich denke, er geht ziemlich offen damit um, ich war ... ahm ... laß mich mal sehen, ich denke, er ..., verstehst du, es ist ihm ein bißchen peinlich, aber ich denke, er geht ziemlich geradlinig damit um. Er wird ein bißchen ... du weißt schon ... er kichert ein wenig, wenn ... ahmm.

Supervisor: nachträgliches Gespräch	Supervisand: nachträgliches Gespräch
S Ein kritischer Aspekt wird hier auch, ahm, durch das Thema Sexualität deutlich gemacht, obwohl es sich nicht wirklich um ein sexuelles Thema handelt, und zwar habe ich den Eindruck, daß es **Männern schwerfällt, miteinander ernsthaft über Sexualität zu reden.** **I** Ich verstehe. **S** Es ging also nicht nur darum, ob sich Phil vielleicht unwohl mit Sex, mit Sexualität fühlt, sondern darum, wie er in der Beziehung mit einem anderen Mann mit diesem Thema, das zwischen Männern nicht gerade ein sehr offenes Thema ist, umgeht und welchen Einfluß das auf deren Beziehung hat und ein wenig auch darauf, wie er das Thema hier anspricht.	

I Was du also wirklich, ah, woran du also denkst, ist dieses **weitere Verständnis von Sexualität in unserer Kultur und die kulturellen Werte, die da mit einfließen und auch geschlechtsspezifische Fragen.**

S Ja, auch geschlechtsspezifische Fragen, Fragen über ... und die, ah, gewissermaßen die Regeln, nach welchen Männer leben, in bestimmten Gebieten, und welche Rolle das in ihren Beziehungen zueinander spielt. Eine hat damit zu tun, wie sie miteinander umgehen, wie wir in bezug auf Sex und Sexualität miteinander umgehen.

I Also, ich komme nicht um die Bemerkung herum, Marty, daß wir also hier den Phil haben, der über seine Beziehung zu einem männlichen Klienten spricht, und hier bist du, auch ein Mann, der zu Phil über diese Beziehung zwischen Männern spricht.

S Richtig.

I Es geht also hier um zwei Ebenen dieser gleichgeschlechtlichen ahm, ah, Beziehung.

S Oh ja.

SAS-Analyse

Faktoren des Supervisanden: Lernbedürfnisse und Selbstdarstellung
Supervisionsbeziehung: zwischenmenschliche Dynamik

Der Supervisor spricht über den Einfluß, den geschlechtsspezifische, kulturelle Wertmaßstäbe auf sein Denken haben, insbesondere diejenigen, die für Beziehungen zwischen Männern gelten. Deshalb schlägt er in der Supervisionssitzung diese Richtung ein. Dabei fällt auf, daß in dieser Phase des Gesprächs Supervisand und Supervisor verschiedene Wege gehen. – Der Supervisand beschäftigt sich immer noch mit der Nervosität, die er gegenüber seinem Supervisor empfindet, während der Supervisor an den Zusammenhang denkt, der zwischen theoretischen und kulturellen Themen und dem Klienten und der Beratungsbeziehung besteht.

Supervisionsgespräch

S Hast du ihn überhaupt danach gefragt, wie es ihm mit dir ging, was er empfunden hat, während er dir diese Dinge mitteilte? Ich meine, was er wahrgenommen hat, was mit ihm selbst los war, während er sich mit dir austauschte, über Dinge, die, wie du sagst, nach seinen eigenen Angaben für ihn angstbesetzt sind.

T Hauptsächlich hat er nur gesagt, ahm, du weißt schon, daß er dabei nervös wird. Ich weiß nicht, ob ich ihn direkt danach gefragt habe, wie es für ihn war, darüber zu reden, aber ich glaube, er sagte, daß er nervös war und er kicherte. Nein, er wurde sogar ziemlich nervös, und irgendwie mußte er ein bißchen langsamer werden und sich beruhigen. Ja, er hat so etwas wie ein bißchen Panik gefühlt.

Funktion: Lehren/Erklären	**Aufgabe: Methodenkompetenz**
Supervisor: nachträgliches Gespräch	**Supervisand: nachträgliches Gespräch**
	I Also, ich glaube, das kann ich nicht so einfach ignorieren: Du schüttelst sozusagen den Kopf. **T** Ja. Ich glaube, ich habe ihn nicht gefragt. Ich habe den Klienten nicht gefragt, wie das für ihn war, darüber zu sprechen. Und selbst, wenn ich es getan habe, ich kann mir schon vorstellen, daß ich ihn gefragt habe, aber ich weiß nicht mehr, was er gesagt hat. Ich glaube nicht, daß wir das erforscht haben. Also, vielleicht habe ich ja gefragt, und vielleicht ist er dann in eine andere Richtung gegangen und ich habe es nicht weiter verfolgt. Das vermute ich. **I** So, was fühlst du also, wenn Marty danach fragt, ob du das gemacht hast, und in Gedanken überlegst du: „Ich hab's nicht gemacht." Was ist die nächste Reaktion auf die Tatsache? „Ich hab's nicht gemacht, und mein Supervisor fragt mich danach." **T** Tja, hmm. Also, **ich zögere ein wenig, das anzuerkennen**, und denke, oh ja, dieses Gebiet hätte sich wirklich angeboten, es weiter zu verfolgen. Oder ich denke, daß ich ihn vielleicht gefragt habe und daß ihm das unangenehm war und daß ich auf das Unbehagen des Klienten reagiert habe und ihn nicht damit konfrontiert habe und daß **ich mich deswegen ungut fühle.**

I Also hat es dir in gewisser Weise dabei geholfen, dich auf den Prozeß mit dem Klienten zu konzentrieren. Das Auseinandersortieren, was du getan hast, und ob du es getan hast, ob du dich davon hast abbringen lassen und was das mit dir zu tun hat und mit deinem Unbehagen mit dem Klienten oder was auch immer. Oder mit deiner eigenen Unzufriedenheit mit dir selbst – ich glaube, das war es wirklich ... in diesem Augenblick.

T Ja, **ich beurteile mich da. So, wie: „Oh Mann, jetzt hab ich das schon wieder nicht gemacht."** Ich habe mich durch das Unbehagen des Klienten ablenken lassen. Wenn ich das nur registriert hätte. Weißt du, Marty, was passiert ist. Ich denke, ich habe ihn danach gefragt, aber ich kann mich nicht daran erinnern, es erforscht zu haben, weil ich nicht mehr weiß, was er darauf gesagt haben könnte. Das war vielleicht wieder so ein Moment, als ich mich unwohl dabei gefühlt habe.

SAS-Analyse

Supervisionsbeziehung: zwischenmenschliche Struktur (Autorität)
Faktor des Supervisanden: Selbstdarstellung

Der Supervisor untersucht das zwischenmenschliche Verhalten des Klienten und den Gefühlstenor der Beratungsbeziehung. Der Supervisand antwortet zögerlich und äußert nach einigem Überlegen Bedenken wegen seiner Präsentation in der Supervisionssitzung. Er spricht darüber, daß ihn der Supervisor nach etwas fragt, was er unterlassen hat. Die Tatsache, daß ihm das peinlich ist und er sich deswegen selbst kritisiert, zeigt, welches Maß an Fachautorität er dem Supervisor zuschreibt. Er möchte die richtige Antwort haben, um ihm zu gefallen. Im gesamten Gespräch wird deutlich, daß er weitgehend die Verantwortung für die Supervision übernommen hat und seine eigenen emotionalen Bedürfnisse nicht anspricht. Nur ein einziges Mal erwähnt er, daß er sich vom Supervisor gewünscht hätte, daß dieser die bestehende Supervisionsbeziehung anspricht. Obwohl der Supervisor in dieser Phase beginnt, die emotionalen Aspekte der Beratungsbeziehung anzusprechen, ist der Supervisand anscheinend nicht dazu bereit, sich auf dieses Gespräch einzulassen.

Die nächsten fünf Seiten dieses Transkripts wurden weggelassen. Im nächsten Abschnitt verläßt der Supervisor die Diskussion der Gefühlserfahrung des Supervisanden in der Beratungsbeziehung und greift die Konzeptbildung zum identifizierten Klientenproblem wieder auf.

Die reflektive Beziehung entsteht

Supervisionsgespräch

T Es klingt wie ... er beschreibt seine Mutter als hart ... Was soll ich sonst sagen? Das fällt mir dazu ein.

S Das ist ein interessantes Thema. Wie groß ist der geschlechtsspezifische Anteil der Interaktionen, die Sexualität ausdrücken, ohne daß sie eigentlich etwas mit Sexualität zu tun haben? Was denkst du?

T In dem Sinn, daß er gegenüber Frauen im allgemeinen nervös wird, nicht nur gegenüber einer bestimmten Frau.

S Etwas in dieser Richtung, ja, was hältst du davon?

T Ich denke, daß das sicher ein Teil davon ist ...

Funktion: Erklären mit anschließendem zielorientiertem Fragen	**Aufgabe: emotionale Achtsamkeit, fallbezogene Konzeptbildung**
Supervisor: nachträgliches Gespräch	**Supervisand: nachträgliches Gespräch**
S Eine weitere Verfeinerung der **fallbezogenen Konzeptbildung.** **I** Was mir an deiner Intervention besonders gefallen hat ... du hast zuerst deine Meinung gesagt. Und danach hast du gefragt: „Was denkst du?" Du hast nicht versucht, ihn dahin zu bringen, daß er über irgendeine versteckte Idee auf deine Weise nachdenkt.	**T** Jetzt im Augenblick habe ich das Gefühl, daß **ich zwischen Marty und mir eine große Distanz erlebe, in dieser ganzen Angelegenheit.** Irgendwie, daß ich ... teilweise diese Distanz selber schaffe, weil ich so nervös bin. Es kommt mir so vor, als ob Marty ganz weit da drüben ist und etwas kommentiert, und ich bemühe mich darauf zu reagieren, aber es kommt mir vor, als ob er irgendwo weit weg in einer Ecke des Raumes ist.
S Ich habe die Möglichkeit, ihm Meinungen und Interpretationen anzubieten, **ohne daß ich befürchten muß, daß er von ihnen vereinnahmt wird.**	**I** Und du würdest eigentlich etwas anderes von eurer Beziehung erwarten? Daß du in der Vergangenheit mit ihm Nähe erlebt hast?

T Ja, **ich habe mich ihm schon viel näher gefühlt, und ich glaube, eine Menge davon oder zumindest etwas hat mit diesem Kontext hier zu tun,** das kann für mich schon eine Anstrengung sein. Er kam mir aber auch ein wenig distanziert vor. Er hat sich irgendwie zurückgelehnt, machte Bemerkungen, stellte Fragen. Ich denke, wir hatten gerade damit angefangen etwas zu erforschen, und ich weiß nicht, ob das, was ich dargestellt habe, bei ihm irgend etwas in Gang gesetzt hat, oder ob wir einfach nur verschiedene Möglichkeiten untersucht haben.

I Ich verstehe, was du sagst. Und ich habe den Eindruck, es klingt so, als ob klientenbezogene Konzeptbildung und Strategie- und Therapieplanung an einem Punkt angelangt sind, an dem sie nicht mehr nützlich sind. **Daß du innerlich einen starken Druck spürst, über den Prozeß zwischen euch zu sprechen und über deine Nervosität.** Hast du dich frei genug gefühlt, das anzusprechen?

T Ich denke, damals, weißt du, als wir dieses Gespräch führten, da passierten andere Dinge in meinem Leben, damals wäre es wohl schwieriger gewesen – ich meine heute, tu' ich das mehr mit dir ...

I Ahm, mhmm.

T ... ich hätte es wohl schon ansprechen können ... hab's aber nicht getan, also, ja ich ... **also, ich war mir dessen bestimmt bewußt ... und ich hätte es wahrscheinlich auch ansprechen können.**

I Es ist dir also bewußt, und du weißt auch, wie man so etwas macht. Die Umstände aber und was damals in eurer Beziehung und in deinem persönlichen Leben los war, haben dich daran gehindert, den Sprung zu wagen oder das Risiko einzugehen und die Richtung des Gesprächs zu ändern.

T Richtig. Wenn ich denke, was damals los war, hätte ich es vielleicht schwerer ertragen, als heute unter den gleichen Bedingungen.

SAS-Analyse

Supervisionsbeziehung: zwischenmenschliche Struktur (Engagement), Beziehungsphase
Faktor des Supervisanden: Lernstil

Der Supervisor ist sich bewußt, welche Art der Beziehung er durch seine Lehrstrategie schafft, und vertraut darauf, daß der Supervisand seine Meinung frei äußert, auch wenn er anderer Ansicht ist. Im nachträglichen Reflexionsgespräch mit dem Supervisanden wird aber deutlich, wie wichtig es ihm ist, dem Supervisor zu gefallen. Er befürchtet, unvorbereitet dabei „erwischt" zu werden, daß er einen Aspekt der Beratungsbeziehung entweder überhaupt nicht oder in unangemessener Weise thematisiert hat.

Das nachträgliche Reflexionsgespräch mit dem Supervisanden zeigt, daß er dieses Gespräch fast wie ein Supervisionsgespräch behandelt. Bemerkenswert ist, daß er von einem Gefühl der Distanz zu seinem Supervisor spricht und danach seine persönliche Lebenssituation zum Zeitpunkt der Supervision erwähnt; dann spricht er von der Gegenwart und daß es zum jetzigen Zeitpunkt einfacher für ihn wäre, sich im Supervisionsprozeß stärker zu engagieren. Seine gesamten Überlegungen betreffen das Wesen der Supervisionsbeziehung und seine Rolle in dieser Beziehung. Teilweise scheint er sich über diese Situation Sorgen zu machen, weil er die Supervisionsbeziehung auch schon anders erlebt hat. Er hat bisher mehr Nähe erlebt und erwartet deshalb diese Qualität auch jetzt in seiner Arbeit mit dem Supervisor. Auch erwähnt er noch einmal, daß die Umstände der Supervision seine Konzentration beeinträchtigt haben und zu seiner Nervosität beigetragen haben.

Supervisionsgespräch

S Welches Konzept würdest du benutzen, und in welche Richtung wirst du mit ihm gehen? Worauf wirst du achten?

T Also ich denke, er muß wahrscheinlich wahrnehmen lernen, wie leicht er sich bedroht fühlt. Was er durchmacht ... was er im Zusammenhang mit Verlustängsten durchmachen muß. Vielleicht sind es nur die Erinnerungen und Assoziationen, die mit seiner Mutter zusammenhängen. Er sagt kaum etwas Negatives über sie, und er hat so gut wie keine negativen Gefühle ihr gegenüber, aber es ist durchgesickert, daß sie hart war, daß sie kontrollierend und wenig verständnisvoll war. Ich könnte mir vorstellen, daß da eine Menge ... er ist wahrscheinlich ziemlich zornig. Zum einen, daß er jetzt im Zusammenhang mit Frauen so viel durchmachen muß und das hauptsächlich wegen ... und dann, daß er so ... fühlt ... so ... also das Bild, das mir in den Sinn kommt, ist, daß er emotional so eine „dünne Haut" hat, als ob er ...

S Er ist zerbrechlich.

T Ja, zerbrechlich. Er hat nicht besonders viel Wärme ... er hat nicht die Fähigkeit, fürsorglich oder tröstend mit sich selbst umzugehen, ... wenn er in diese Art der Panik gerät. Im Zusammenhang mit diesen Themen sind da viele Gefühle ... derer er sich nicht bewußt ist, und er ist noch ein ziemlich junger Kerl.

S Wie geht es ihm im Umgang mit Männern?

T Also mir gegenüber, ich glaube, ich habe das schon erwähnt, bemüht er sich darum, liebenswert zu sein, ... gemocht zu werden. Es irgendwie normal zu machen, wie: „He, wie geht's denn so, Phil?" und: „Ich freu mich, dich zu sehen" und darüber hinaus, ich, laß mich mal überlegen ...

Funktion: Abklären/ zielgerichtetes Fragen	**Aufgabe: fallbezogene Konzeptbildung**
Supervisor: nachträgliches Gespräch	**Supervisand: nachträgliches Gespräch**
	T Ein paar Reaktionen. Eine ist, daß ich sehr viele Vermutungen über ihn habe. **I** Ahm, mhmm. Über den Klienten. **T** Richtig, über den Klienten. Ich glaube, **das gilt wahrscheinlich für alle Therapeuten, daß das Verständnis unserer eigenen Prozesse die Therapie beeinflußt.** **I** Ja. **T** Also, ich denke, manches davon trifft auf den Klienten zu, aber manches klingt wie Dinge, die ich über mich selbst gesagt habe. Diese beiden auseinanderzuhalten ist ein ziemlich schwieriger Prozeß. Ich denke, man neigt dazu, oder wenigstens ich neige hier dazu, **seinen Prozeß in der gleichen Weise zu verstehen, wie ich meinen eigenen verstehe.** Anstatt auf mehr Hinweise zu warten und zu sehen, wie ich darauf reagiere, was ich denke und was hochkommt. Ich war ein wenig zu voreilig und bilde Konzepte nach der Art, wie ich mich selbst verstehe, zum Teil auch deswegen, weil einiges, was ich gesagt habe, ja auch paßt. Vor einer oder zwei Minuten hatte ich noch eine andere Reaktion, meine Gefühle wegen **dieses ganzen Prozesses, auf den wir uns hier einlassen.**

Zu sehen, mich selbst hier zu sehen und die Gefühle wegen meiner Nervosität und dann meine Reaktionen darauf mit dir zu besprechen. Ich fühle mich dabei nicht so schlecht, wie ich es vielleicht noch vor ein oder zwei Jahren erlebt hätte ...

I Ahm, mhmm.

T Ich hab so ein Gefühl, wie: keine Lust, mit Elizabeth darüber reden, und wer bekommt das wohl zu sehen. Warum rede ich überhaupt so über mich ...

I Mhm, mhmm.

T Ich habe auch noch andere Seiten und so. Ich denke, daß ich mich jetzt schon mehr akzeptiere, aber trotzdem, ich bin mir nicht sicher, wie sehr, was auch meine Grenzen angeht und wieviel ich mich öffnen will und was ich nicht mitteilen will. Wieviel davon einfach gesund ist und wieviel nicht ...

I Sogar in diesem Prozeß jetzt, fragst du dich, ob das gesund ist oder nicht, soviel von dir zu zeigen und so offen zu sein.

T Aber, **daß ich dir das jetzt gerade eben gesagt habe, das fühlt sich gut an.** Ja, aber manchmal habe ich das Gefühl, daß ich offener geworden bin.

I Offener als du sein solltest.

T Offener als ich sein sollte oder als andere Leute wären. Ich erinnere mich, als ich vor ein oder zwei Jahren auf einer Reise war, habe ich viele Leute kennengelernt, und ich hab ihnen solche Sachen erzählt. Und sie haben dann gesagt: „So bist du doch überhaupt nicht, du hast diese oder jene Eigenschaften, warum stellst du dich so dar?" und sie fanden es schwierig das anzunehmen. Andererseits rede ich tatsächlich zu viel darüber, oder ich bin zu, ich weiß nicht ...

I Was ich verstehe, wenn ich dich so reden höre, da ist in dir jemand, der zensiert und der urteilt. Darüber hast du mit Marty noch nicht gesprochen. Ich denke gerade darüber nach, daß du Bedenken hast, dich zu öffnen und zu zeigen und gleichzeitig aber gerade in der Supervision diese Ängste überwinden willst, indem du über sie sprichst. Bis jetzt ist das in der Supervision noch nicht geschehen. Du kannst dabei bleiben, dich mit deinen Ängsten zu schützen, andererseits aber verhinderst du damit, daß du wichtiges Material entdeckst.

T Ja, genau. Dadurch werden Sachen ein bißchen unterminiert. **Jetzt, nachdem ich dir das gesagt habe, fühle ich zu dir einen stärkeren Kontakt, und ich denke, mit Marty wäre etwas ähnliches geschehen, wenn ich mit ihm über meine Nervosität wegen der Supervision gesprochen hätte.** Wenn ich gesagt hätte: „Ich bin nervös wegen der Bedingungen", dann hätte ich zu Marty einen besseren Kontakt gehabt, weil das ist es nämlich, was mit ihm und mir passiert.

I Ja, stimmt.

T Darüber haben wir gesprochen. Und **wäre ich mehr im Kontakt zu ihm gewesen, ich glaube, ich wäre entspannter gewesen und offener für die Fragen, die er mir gestellt hat über meinen Kontakt zum Klienten. Das ist interessant. Ich habe Schwierigkeiten darüber zu sprechen, wie ich auf den Klienten reagiert habe, weil ich nicht einmal auf Marty reagiert habe.**

I Ja, und es war wichtig für dich, diesen Zusammenhang in diesem Kontext herzustellen, bevor du darüber hinausgehen kannst.

T Ja.

I Und dich mit dem Klienten befassen kannst. Und du hast es in Gedanken immer vor dir, wenn du dir das anschaust.

T Ja. Und es stand auch einer unvoreingenommenen Erforschung im Weg, denke ich.

I Also, wenn wir uns das anschauen, dann denke ich, werden wir auch darauf achten, ob Marty, als Supervisor, das wahrnimmt und Strategien anwendet, die den ausdrücklichen Zweck haben, diese Diskussion einzuleiten.

SAS-Analyse

Faktor des Klienten: Beratungsbeziehung
Faktor des Supervisanden: Lernbedürfnisse, Selbstdarstellung
Faktor der Institution: Klima
Beziehungsfaktor: zwischenmenschliche Struktur

Weiterhin steht die fallbezogene Konzeptbildung im Zentrum des Supervisionsgespräches, es fällt aber auf, daß Sexualität und Geschlechtszugehörigkeit die Themen sind, die im Vordergrund stehen.

Im nachträglichen Reflexionsgespräch entsteht fast so etwas wie eine Supervisionserfahrung, weil der Supervisand seine Nervosität dadurch erklärt, daß er mitteilt, wie er sich selbst empfindet und was er über sich selbst denkt. Er sagt, in der Reflexion darüber zu sprechen, habe ihn befreit und sei in diesem Sinne therapeutisch. Als er einige historische Ereignisse erörtert, die damit zusammenhängen, wie er sich selbst erlebt, stelle ich die Verbindung zur Supervisionsbeziehung wieder her und beginne, die Funktion seiner Nervosität in der Supervisionsbeziehung zu analysieren. Er läßt sich mit mir auf diesen Prozeß ein und reflektiert, welche Rolle er dabei übernimmt, wenn er beim Supervisionsgespräch die Nervosität in den Untergrund drängt. Er analysiert seine Bedürfnisse für den Supervisionsprozeß und kommt zu dem Schluß, daß er, wenn er die Nervosität hinsichtlich der Situation überwunden hätte, freier gewesen wäre, sich mit dem Klienten zu befassen. Dieser Prozeß, der in dem nachträglichen Reflexionsgespräch stattgefunden hat, ist das, was der Supervisand in der Supervision gewollt hätte. Er nimmt das vorweg, was sich im Supervisionsgespräch entwickeln soll. Ironischerweise bestätigt sich hier, im nachträglichen Gespräch, Martys Hypothese: Männer haben im Gespräch mit Männern besondere Schwierigkeiten, über Sexualität (sprich Emotionalität) zu reden. Genau das spielt sich hier ab. In dem Gespräch mit mir, also einem Gespräch zwischen einer Frau und einem Mann, läßt sich der Supervisand sehr viel schneller auf die emotionale Ebene mit mir ein. Natürlich gibt es eine ganze Reihe von Faktoren, wie sie in der SAS-Analyse identifiziert sind, die seine Entscheidung möglicherweise beeinflussen. Dennoch verdient der Faktor der Geschlechtszugehörigkeit dabei, wie sich die Beziehung im nachträglichen Gespräch entwickelt, eine gewisse Aufmerksamkeit.

Ein Supervisionsabschnitt und das dazugehörige nachträgliche Gespräch wurden gestrichen. Darin wird die Aufgabe der fallbezogenen Konzeptbildung erörtert, und es finden sich theoretische Gedanken des Supervisors zu Beziehungen zwischen Männern.

Supervisionsgespräch

T Darüber hinaus, laß mich mal sehen, er sagt, er versteht sich besser mit seinem Vater. Zur Beziehung mit seinen Geschwistern weiß ich noch, daß sein älterer Bruder ihn verdroschen und geärgert hat und auch seine kleine Schwester geschlagen hat ...

S Mhm, mhmm.

T Ich sehe da aber keinen Unterschied zwischen ...

S Klingt nicht so, als ob er in der Beziehung zu seinen Geschwistern viel Trost gefunden hätte.

T Nein.

S Nach dem, was du sagst ...

T Nein.

S Wie ist seine Beziehung zu Männern jetzt? Hat er darüber gesprochen?

Funktion: zielgerichtetes Fragen und Erklären	**Aufgabe: fallbezogene Konzeptbildung**
Supervisor: nachträgliches Gespräch	**Supervisand: nachträgliches Gespräch**
S Dies ist für mich eine sehr entscheidende Stelle. Es ist für mich auch ein sehr persönliches Thema, ein Thema, mit dem ich mich theoretisch und klinisch sehr intensiv befasse: Fragen der Männlichkeit und des Mann-Seins. Und an dieser Stelle bin ich dabei, zu entscheiden, ob ich das Thema weiter verfolge, weil es einerseits meinem **theoretischen Interesse** dient, oder ob ich prüfe, ob dieser Weg auch für ihn nützlich und für seine besondere Situation auch relevant ist. Es ist also tatsächlich so, daß ich da ein persönliches Hobby habe; und ich muß unterscheiden, ob ich ihn in den Dienst meiner Interessen stelle oder ob ich meine Erkenntnisse und mein Interesse in den Dienst seiner Arbeit mit dem Klienten stelle. Dieses innere Abwägen ist ein recht kritischer Punkt für mich. **I** Weißt du oder hast du einen Eindruck davon, was du an dieser Stelle von ihm erwartet hast, damit du erkennst, ob du ihn in die richtige Richtung führst? Zu Erkenntnissen, die für seinen Klienten nützlich sein könnten?	**I** Hast du hier irgendeine Vermutung, auf was Marty hinauswill, wohin er dich führt, oder hast du überhaupt den Eindruck, daß er dich führt? **T** Was mir dazu einfällt, ist das, worüber wir vorhin gesprochen haben: **das Verhältnis, das der Klient zu mir hat und Martys Fragen über seine Beziehung zu Männern.** Was mit dem Klienten los war ... und ich weiß nicht, ob ich mir meiner Beziehung zum Klienten nicht bewußt war oder ob ich Schwierigkeiten hatte, an dieses Bewußtsein heranzukommen. **Ich hatte den Kontakt zu Marty verloren.** Jetzt gerade gehen mir drei verschiedene Gedanken irgendwie gleichzeitig durch den Kopf, aber ich denke, Marty will auf folgendes hinaus: einerseits befragt er mich über das Verhältnis des Klienten zu Männern, aber andererseits auch dazu, wie ich ihn erlebt habe. Und welche Rückschlüsse ich aus der Kenntnis unserer Beziehung für sein Verhalten gegenüber anderen Männern ziehen würde.

S Ich habe diese Frage angeschnitten, weil er mir zögerlich und unsicher vorkam. Es war mir nicht klar, ob ich ihn deswegen über den Fall hinausgeführt habe und ob es daran lag, daß er Schwierigkeiten hatte. Ich suchte nach einer Klärung, so als ob meine Frage im Kontext dieses Falles für ihn eine wirklich spezifische Bedeutung gehabt hätte. Ob das so war oder nicht, war für mich zweifelhaft. Mein Konzept war, ihm dabei zu helfen, ein umfangreicheres Verständnis für diesen Menschen in seiner Beziehung zur Welt zu gewinnen. Verstehst du, der Bereich der Überlegungen und Dysfunktionen war so eng gesteckt. Ging es nur um Frauen? Ging es um die Geschlechtszugehörigkeit im allgemeinen oder ging es darüber hinaus?

I Sein Zögern war sehr deutlich im Vergleich zu der Geläufigkeit, mit der er Fragen behandelte, als du wirklich das Thema Sexualität angingst und die speziellen Dinge, die der Klient zu seinem Verhältnis zu Frauen vorbrachte. Sein Zögern an dieser Stelle ist ein Unterscheidungsmerkmal für die Intervention. Wie du schon gesagt hast, man kann das unterschiedlich interpretieren. Mir ist aufgefallen, daß ihm nicht aufgefallen ist, ein Verständnis zu suchen, was es mit gleichgeschlechtlichen Beziehungen auf sich hat – das an sich wäre vielleicht schon der Mühe wert gewesen.

S Richtig. Es gibt also eine Anzahl von Möglichkeiten, die für mich ein Grund sind, den Prozeß zu unterbrechen – das heißt, zwar weiterzumachen, aber innerlich anzuhalten und meine Motive für das, was ich tue, zu überprüfen und besonders aufmerksam auf sein Feedback zu achten, **das mir die Beurteilungskriterien dafür an die Hand gibt, ob der von mir eingeschlagene Weg angemessen ist.**

I Wenn du also darüber nachdenkst, könntest du einen Zusammenhang erkennen zwischen dem, was sehr viel früher passiert ist, als er dich nach der Erfahrung – nach deiner Erfahrung zwischen dir und dem Klienten – fragte. Und genau an dieser Stelle bist du ausgewichen, du hast gesagt: „Ich glaube, ich habe diese Frage nicht beantwortet." Und was macht er jetzt – er redet über die Beziehung zu Männern. Männer mit Männern, also du sagst implizit, daß dich das auf deine Beziehung zum Klienten bringt, weil ihr beide Männer seid und vielleicht auch auf die Beziehung zu Marty, weil ihr beide Männer seid. Ich bin in dieser Gruppe die einzige Frau.

T Richtig ... richtig.

SAS-Analyse

Faktor des Supervisors: theoretische Orientierung und kulturelle Wertvorstellungen
Faktoren des Supervisanden: Selbstdarstellung und Lernbedürfnisse

Im letzten Abschnitt spricht der Supervisor davon, wie er seinen eigenen Prozeß und auch die Gesprächsrichtung mit dem Supervisanden kritisch verfolgt. Weil er unsicher ist, inwieweit die kulturellen Themen für die Situation des Klienten relevant sind, achtet er besonders aufmerksam auf das Feedback vom Supervisanden und überlegt, ob er sich mit dem „Zögern" des Supervisanden beschäftigen oder sich mehr den konzeptuellen Aspekten der Geschlechtszugehörigkeit in Beziehungen widmen soll.

Der kulturelle Aspekt von Männlichkeit und Männerbeziehungen wird im letzten Abschnitt des nachträglichen Gesprächs mit dem Supervisanden ausdrücklich angesprochen. Der Supervisand stellt dabei eine Verbindung zwischen mehreren Faktoren her: der theoretischen Diskussion über Männerbeziehungen, die vorher geführt wurde, die Fragen des Supervisors nach seiner Beziehung zum Klienten und schließlich seine Nervosität und seine Sorgen wegen der Dynamik in seinem Prozeß mit dem Supervisor. Diese Zusammenhänge macht er sich im nachträglichen Gespräch bewußt, sie tauchen aber im eigentlichen Supervisionsgespräch noch nicht auf.

Einen Abschnitt (zwei Schreibmaschinenseiten), in welchem die Klientensymptome in der Supervision beschrieben werden, habe ich weggelassen. Im nachträglichen Gespräch vermutet der Supervisand, daß er sich durch die „klassischen" Symptome des Klienten habe ablenken lassen.

Die Metapher taucht auf

Supervisionsgespräch

S Ich glaube, es könnte interessant sein, bei ihm nach Metaphern zu suchen. Zum Beispiel Metaphern über das Bild und die Technik des Kiffens und was das für ihn bedeutet. Einfach mal sehen, was er damit anfängt. Hast du irgendeinen Eindruck von seinem ästhetischen Empfinden oder Stil? Ist er ein Künstler? ... Oder ist er ein Techniker?

T Er ist ein braver kleiner Junge. Das ist der stärkste Eindruck ... ah ... ich vermute, daß da auch ein Künstler in ihm steckt, aber ich weiß nicht, ob der oder etwas anderes so stark zum Tragen kommen. Er kommt mir einfach so jung vor, das heißt natürlich nicht, daß man kein Künstler sein kann, oder ...

Funktion: Erklären und zielgerichtetes Fragen	Aufgabe: fallbezogene Konzeptbildung
Supervisor: nachträgliches Gespräch	**Supervisand: nachträgliches Gespräch**
S Hier habe ich mich auch ein wenig abgelenkt. Mein Hauptaugenmerk, zumindest momentan, war hier seine Methodenkompetenz. Ich wollte aber auch seine Kreativität anregen. **I** Die Kreativität von Phil? **S** Ja, Phils Kreativität. Einen kreativen Weg zu wählen, um die Fähigkeiten und Talente des Klienten zu betrachten, und mit diesem Mittel die Einsichten und Erkenntnisse des Klienten zu fördern. Ich glaube, daß ich mich mit diesem schlauen Kunstgriff eher abgelenkt habe. **I** Mit deiner eigenen Schlauheit! **S** Mit meiner eigenen Schlauheit! **I** Schau'n wir mal, ob Phil dich schlau findet.	**I** Hast du eine Ahnung, was dein Seufzer hier bedeutet hat? **T** Ich konnte mit dieser Frage irgendwie nichts anfangen. Ich wußte es einfach nicht; das ist alles, was mir dazu einfällt. Ich hatte nicht den Eindruck, daß er wirklich eines von beiden war. Ich meine, ich war mir nicht sicher. Das ist nicht das Wichtigste in diesem Fall. Er kam mir weder wirklich wie ein Künstler noch wie ein Techniker vor. Er kam mir verängstigt vor. **I** Aha. Was hättest du an dieser Stelle von Marty gewollt, daß er tut. **T** Ich weiß nicht, ob ich irgend etwas Bestimmtes wollte. Ich weiß nicht, ob ich jetzt deine Frage beantworte, aber es kommt mir so vor, ich denke, **das ist etwas, wofür Marty sich interessiert.** Ist jemand ein Künstler oder ein Techniker. Ich konnte ihm darauf wirklich nicht antworten, ich hatte weder für das eine noch für das andere einen Anhaltspunkt. Ich weiß nicht, ob ich irgend etwas Bestimmtes wollte. Meinst du im Zusammenhang mit der Sache Künstler oder Techniker? **I** Was brauchtest du in diesem Augenblick von deinem Supervisor? **T** Also, wenn ich sage, ich konnte damit nichts anfangen, meine ich, daß ich mit dieser Frage nichts anfangen konnte. Ich hatte keinen Hinweis. Weder für das eine noch für das andere. Ich vermute, daß wir die ganze Zeit über hauptsächlich davon sprechen, wie es war, mit ihm hier zu sitzen. Das wäre hilfreich gewesen. **Und auch darüber zu sprechen, wie es mir damit ging, daß ich mich mit meiner Beziehung zum Klienten nicht so sehr beschäftigt habe.** **I** Ahm, mhmm. Dich gewissermaßen mehr in die Richtung zu schieben, die mit deiner

Erfahrung der Beratungsbeziehung zu tun hat. Vielleicht, dich dabei zu erwischen, wie du in die Symptomatik abweichst.

T Ja, damit ich über meine Nervosität hätte reden können und damit hätte umgehen können. **Das heißt nicht, daß das die Aufgabe von Marty ist. Wenn wir darüber gesprochen hätten und ich ihm hätte sagen können, was ich darüber fühle, daß ich einige Beziehungsaspekte übersehen habe. Wir hätten dann Kontakt zueinander gehabt, und diese Sache wäre uns nicht mehr im Weg gestanden. Dann hätte ich mehr in das Klientenmaterial einsteigen und besser auf Martys Fragen eingehen können.**

SAS-Analyse

Faktor des Supervisanden: Lernbedürfnisse
Faktor des Klienten: identifiziertes Problem

Der Supervisor sucht anscheinend nach relevantem Material, mit dem er einen anderen Schwerpunkt setzen kann. Weg von den Symptomen des Klienten, hin zu dessen Art und Weise in der Welt zu sein. Diese Linie hat der Supervisor verfolgt, seit er kulturelle Themen wie Sexualität, Männlichkeit und Männerbeziehungen zur Sprache gebracht hat. Jetzt bemüht er sich darum, zu verstehen, wie der Klient in der Welt lebt, um das Verständnis seines Stils. Im nachträglichen Reflexionsgespräch wird deutlich, daß Supervisor und Supervisand in diesem Abschnitt den Kontakt zueinander verloren hatten. Der Supervisor gibt zu, daß er unter dem Einfluß seiner eigenen Ablenkung stand. Der Supervisand meint zu erkennen, daß es in diesem Abschnitt mehr um die Bedürfnisse des Supervisors ging als um seine eigenen. Er geht noch einmal auf seine Sorge um die Supervisionsbeziehung ein und weist darauf hin, daß er jetzt dazu bereit ist, über seine Beziehung zum Klienten und zu seinem Supervisor zu sprechen. Er wartet aber darauf, daß der Supervisor damit beginnt. Er analysiert aber seine Rolle in der Supervision und meint, daß es nicht die Verantwortung des Supervisors ist, zu diesem Thema hinzuführen. Bemerkenswert ist eine Formulierung, mit der der Supervisand seinen Klienten beschreibt. „Er ist ein braver kleiner Junge.“ Diese Bemerkung wird später im Gespräch relevant.

Hier wurde ein weiterer Abschnitt ausgelassen, in welchem der Gebrauch von Metaphern zum Verständnis des Klienten erörtert wird.

Die Sackgasse in der Beratungsbeziehung wird überwunden

Supervisionsgespräch

T Ahm. Irgendwie mehrdimensional zu sein und ein größeres Spektrum zu haben. Irgendwie habe ich mich durch die Sexualität in seinem Leben ablenken lassen.

S Warum, wenn du über dich selbst nachdenkst, wie kommt es, daß du dich davon ablenken oder abhalten hast lassen?

T Das ist eine gute Frage, ja. (Lange Pause)

Funktion: zielgerichtetes Fragen und Unterstützung	**Aufgabe: emotionale Achtsamkeit in der Beratungsbeziehung**
Supervisor: nachträgliches Gespräch	**Supervisand: nachträgliches Gespräch**
S Für mich ist es natürlich sehr wichtig, daß der Berater seinen eigenen Anteil betrachtet, und zwar im Sinne der Introspektion. Es ist aber auch wichtig, daß das nicht zentrales Thema der Interaktion wird, deshalb kommt es auch erst ziemlich spät in unserem Gespräch. Ich habe den Anstoß dazu schon ein wenig früher gegeben, **Phil als Menschen** anzuschauen. Ich habe es aber nur angeregt und nicht weiter verfolgt. Jetzt aber, nachdem wir uns ziemlich intensiv mit fallbezogener Konzeptbildung, mit Methodenkompetenz und verschiedenen anderen Aspekten seiner Arbeit mit diesem Klienten beschäftigt haben, jetzt **haben wir die Voraussetzungen geschaffen, daß diese Intervention angemessen ist, aber keine Grenze verletzt.** Er kann sich das auf die gleiche Weise anschauen, wie er sich andere Aspekte unseres Gesprächs angeschaut hat, und er ist dafür ganz offen.	**T** Das ist nach wie vor eine gute Frage. (Lacht) **I** Das ist der Moment, über den du gesprochen hast. Du bist jetzt, wo du hier sitzt, deswegen frustriert. **T** Bleiben wir einmal einen Augenblick dabei. Ich finde, ich denke, daß ich das hier schon beantworte – ich glaube, ich weiß noch, was ich sagte, aber ... ich glaube, es geht darum, sich wirklich auf den Klienten einzulassen und sich zu öffnen, und das habe ich vermieden. **I** Und hast du ein Empfinden, was du in dem Augenblick, in dem dir schließlich die Frage gestellt wurde, erlebt und gefühlt hast? Als du in dieser Rolle dasitzt und dich dein Supervisor nach deiner emotionalen Achtsamkeit mit dem Klienten fragt.

I Ich frage mich, ob es **eine besondere Eigenart dieses Therapeuten ist, die dich darauf bringt, diese Frage für eine sehr wichtige zu halten,** oder möchtest du diese Frage in jedem Fall unterbringen?

S Teils, teils. Theoretisch betrachtet ist diese Frage auf einer Reihe von Ebenen wichtig. Eine davon ist, daß die Persönlichkeit des Therapeuten ein Element der Therapie ist. Meine Funktion als Supervisor besteht darin, diesen Aspekt nicht zu verschleiern, sondern dafür zu sorgen, daß er untersucht werden kann. **Dabei muß geklärt sein, wenn wir diesen Bereich thematisieren und untersuchen, daß wir uns damit nicht in eine therapeutische Beziehung begeben, falls diese Themen eine persönliche Arbeit nötig machen.** Eine andere Ebene betrifft meine Erkenntnisse über die Rolle der Geschlechtszugehörigkeit in Beziehungen und das Thema Sexualität. Und das dritte ist, da war etwas in der Art, wie er gesprochen hat. Seine Reaktion auf meine Frage, auf meine Bemerkung, daß die Freundin viel hat, daß der Mann Frauen viel Macht überläßt. **Irgend etwas, was ich bei diesem Thema an seiner Energie wahrgenommen habe, brachte mich darauf, daß das auch ein persönliches Thema von Phil sein könnte.**

I Es gibt also drei verschiedene Ebenen, drei verschiedene Gründe und Überlegungen, das weiterzuverfolgen.

S Richtig. Ich habe also einen Anstoß gegeben, Raum dafür geschaffen für den Fall, daß es auftaucht. Zu diesem Zeitpunkt hatte ich nicht den starken Eindruck, daß es ein entscheidendes Thema war, für den Fall aber, daß es wichtig wird, müssen dafür die Voraussetzungen geschaffen sein.

T Ja. Was meine Reaktion ist: irgendeine Angst, oder einfach, das will ich nicht fühlen. Ich habe da so ein Gefühl, daß mein Klient irgendwie unvollständig ist, daß irgendwas fehlt, daß er zerbrechlich ist ... **aber weißt du, zerbrechlich** beschreibt es nie wirklich gut, es ist so, als ob ein Teil fehlt, das trifft es für mich besser. **Und das bringt ein Gefühl, das ich in mir habe, zum Vorschein, ein Gefühl, das ich eigentlich nicht spüren will.**

I Und dazu fordert Marty dich auf?

T Mhmm.

SAS-Analyse

Faktor des Supervisors: supervisionstheoretische Orientierung
Faktor des Supervisanden: Selbstdarstellung
Faktor des Klienten: identifiziertes Problem

Der Supervisor konzentriert sich nun auf die Selbstwahrnehmung des Supervisanden, nachdem die Ablenkung durch die Symptome in der Supervisionsbeziehung nicht mehr besteht. Damit kommt er zu dem Punkt zurück, an dem er dem Supervisanden eine Frage stellte, der dieser aber auswich; erst im nachträglichen Reflexionsgespräch konnte der Supervisand erkennen, daß er noch nicht so weit war, auf diese Frage einzugehen. Der Supervisor erklärt seine Gründe dafür, die Selbstwahrnehmung des Supervisanden weiter zu verfolgen: seine theoretische Orientierung, seine Wahrnehmung eines Energiewechsels beim Supervisanden (Selbstdarstellung) und seine Rolle als Supervisor, in der er den Supervisanden dabei unterstützt, sich seine eigenen Reaktionen in therapeutischen Beziehungen bewußt zu machen.

Im nachträglichen Reflexionsgespräch erklärt der Supervisand, was hinter dieser „Energie“ steckt, die der Supervisor wahrgenommen hat. Er erkennt, daß er Angst hat, mit seinem persönlichen Material umzugehen, das in seiner Beziehung zum Klienten eine Rolle spielt. Das erklärt auch die Schwierigkeiten, die er vorher mit dieser Frage hatte, erklärt, daß er sich in der Supervision abgelenkt fühlte und nicht in der Lage war, dieses Thema mit dem Supervisor anzusprechen. Auffällig ist, daß der Supervisand in einem früheren Reflexionsgespräch sagte, daß es nicht die Verantwortung des Supervisors sei, auf die Supervisionsbeziehung einzugehen, daß aber im eigentlichen Supervisionsgespräch die Frage des Supervisors diese Diskussion eröffnet.

Ein Parallelprozeß beginnt: Die Metapher kehrt zurück

Supervisionsgespräch

T Was mir auffällt, was mich direkt überfällt, ist, daß er und ich in gewisser Hinsicht ähnlich sind. Daß es vielleicht eine Art Verschwörung war, was weiß ich. (Gelächter)

S Wie, worin siehst du Ähnlichkeiten?

T Was ich sehen kann, also, woran ich dachte, war diese Sorge, von Gefühlen überwältigt zu werden, manchmal, oder ...

Funktion: Unterstützung	**Aufgabe: emotionale Achtsamkeit**
Supervisor: nachträgliches Gespräch	**Supervisand: nachträgliches Gespräch**
S Also gut. Halt es mal für eine Minute an. Als er da schweigt, da muß eine Entscheidung getroffen werden. **Entweder ihm irgendwie helfen, ihn vielleicht sogar unterschwellig zu unterstützen, ihn dazu zu bringen, das, was er denkt, ausdrücklich mitzuteilen, oder zu entscheiden, daß es ausreicht, wenn er sich innerlich dessen bewußt ist und daß es nicht notwendig ist, es mit mir zu teilen.** Ich habe mich für die zweite Möglichkeit entschieden: an dieser Stelle nicht zu intervenieren, um ihn irgendwie zu ermutigen. Als er sagte: „Könnte es das sein?" hat er zu sich selbst gesprochen. Um es deutlich zu machen: **Meiner Meinung nach war es an diesem Punkt nicht notwendig, daß er es auch für mich deutlich macht.** Ganz offensichtlich war er frei genug, sich seinen eigenen Prozeß bewußt zu machen. **I** Gab es einen bestimmten Grund, etwas Bestimmtes an Phil oder der Situation oder an diesem Klienten oder andere Faktoren, warum du dich für die zweite Möglichkeit entschieden hast? **D.h. im wesentlichen**	T Irgendwie graut mir vor dem, was ich jetzt gleich sagen werde. Nicht in erster Linie, daß es mir davor graut zu sagen, was ich gerade zu dir gesagt habe. Aber ich habe eine grobe Erinnerung an manches, was ich gesagt habe, und ich habe gar kein gutes Gefühl dabei ... **I** Es zu hören? **T** Daß ich es höre, daß du es hörst, daß Marty es hört oder daß sonst irgend jemand es hört. **I** Ahm, mhmm. **T** Ja, lauter ungute Gefühle. **Und dann diese Sache also, zeige ich „zu viel" von mir? Dieses Gefühl hätte ich auch, wenn wir es nicht aufzeichnen würden, ich meine, schon das zu Marty in der Supervision zu sagen, da mach ich ... ahhhhhg ...** **I** In gewisser Weise erklärt das, warum du dich so ausschließlich auf die Symptome konzentriert hast und daß es einige Zeit gebraucht hat, bis es in der Supervisionssitzung zu diesem Punkt gekommen ist. Und jetzt ist es soweit; du wolltest es; du hast gesagt, daß es für dich wichtig ist, dich damit zu befassen; das hast du mir gesagt, und jetzt ist es soweit; und ich denke, was du jetzt erlebst, ist vielleicht die Erkenntnis, jetzt weiß ich, warum dieser Augenblick nicht früher gekommen ist. **T** Mann, das ist ein Riesenthema. Was ich dazu denke ist, ja **es ist nicht früher geschehen, weil es eine wichtige Sache ist, aber auch deswegen nicht, weil ich davor Angst hatte hier zu sein, denke ich.** Also letztendlich glaube ich, daß meine Nervosität hier zu sein, zwar eine Rolle dabei gespielt hat, daß ich

auf seinen inneren Dialog zu vertrauen?

S So, wie ich Phil kenne, ist er sehr offen **in unserer Beziehung. Er fühlt sich wohl und sicher genug, sich mir recht offen mitzuteilen.** Also vertraue ich darauf, daß er mir Material nicht vorenthalten würde, das wir gemeinsam für seine Weiterentwicklung mit einem Klienten brauchen.

I Du denkst also, gerade wenn du ihn nicht drängst oder darauf bestehst, daß er etwas mitteilt, daß er dann selbständig damit umgehen kann. Daß du sogar, gerade weil du nicht in seinen inneren Dialog eindringst, ihm die Entscheidungsmacht ermöglichst.

S Ja, und außerdem **verstärkt es noch das Gefühl, in unserer Beziehung sicher zu sein.**

I Also geht es dir bei dieser Entscheidung in erster Linie um eure Beziehung, verstehe ich das richtig?

S Das ist jedenfalls ein ganz wesentlicher Aspekt dabei.

nicht über dieses Thema gesprochen habe, aber nur zu einem Teil.

I Das hat es sicherlich noch schwieriger gemacht.

T Ja, eine gewisse Rolle hat es schon gespielt.

I Es ist nicht so, daß dieses Thema nicht real ist, wenn du nicht hier bist; es ist real, aber die Bedingungen hier machen es schwer; sie haben den Effekt sozusagen vervielfacht.

T Wahrscheinlich habe ich mich auch gegen andere Dinge gewehrt, Dinge, die noch dazukommen, daß ich dieses Thema nicht wahrnehme. Ich glaube es war für mich typisch, in einer solchen Situation so zu reagieren. Ich glaube, da gehören noch andere Dinge dazu, die ich nicht ganz erkenne. Aber es ist einfach interessant, daß **ich mit Marty wenig in Kontakt war. Auch zu dir hatte ich wenig Kontakt, bis wir über dieses Thema gesprochen haben. Und jetzt sprechen wir darüber, daß ich mit dem Klienten keinen Kontakt herstelle. Das ist die Parallele, obwohl ich den Eindruck habe, daß die Themen ganz unterschiedlich sind. Zwischen dir und mir, zwischen Marty und mir, nur dieser Kontext. Und mit dem Klienten, da gab es gewisse Ähnlichkeiten zwischen uns.**

I Also, das hier ist ein ganz wesentlicher und kritischer Moment.

T Ja, das ist wahr.

I Bist du darauf vorbereitet, es dir jetzt anzuhören?

T Sicher.

I Stürz dich rein, hm?

SAS-Analyse

Faktor des Supervisanden: Lernbedürfnisse
Beziehungsfaktoren: zwischenmenschliche Struktur der Supervisions- und nachträglichen Reflexionsgespräche
Faktor des Klienten: Beratungsbeziehung

In diesem nachträglichen Reflexionsgespräch verbinden sich die Ängste des Supervisanden aus dessen Beratungsbeziehung, aus der Supervisionsbeziehung und dem nachträglichen Gespräch zu einer Einheit. Er stellt die Verbindungen zwischen diesen drei Kontexten in hervorragender Weise her, entwirrt seine eigenen emotionalen Themen im Zusammenhang mit seinem Klienten und erkennt, wie diese sein Engagement in den drei Beziehungen beeinflussen.

Für den Supervisor ist dies eine kritische Stelle, weil er nicht nur entscheiden muß, ob er über die emotionale Achtsamkeit des Supervisanden ausreichend informiert ist, sondern weil er auch seine eigene Rolle als Supervisor gegenüber der eines Therapeuten abzugrenzen hat. Dies ist ein Beispiel dafür, wie die persönliche emotionale Achtsamkeit zwar in ihrer Relevanz für die Beratungssituation unterstützt wird, aber eine tiefergehende emotionale Arbeit, die über die professionelle Bedeutung hinausgeht, unterbleibt. Anders ausgedrückt, der Supervisor bleibt innerhalb der Grenzen, die durch die Rollenerwartungen in der Supervisionsbeziehung definiert sind, und begibt sich nicht in eine therapeutische Beziehung.

Bei der Entscheidung, den Supervisanden nicht weiter zu drängen, berücksichtigt der Supervisor zwei Faktoren: sein Vertrauen in die Fähigkeit des Supervisanden, mitzuteilen, was er für seinen eigenen Lernprozeß braucht (Lernbedürfnisse), und sein Vertrauen darauf, daß die Supervisionsbeziehung so von Gegenseitigkeit geprägt ist, daß sie eine persönliche Öffnung ermöglicht. Der Supervisand sah sich zwar zu einem früheren Zeitpunkt im Supervisionsgespräch nicht dazu in der Lage, über seine Ängste in der Beratungs- und Supervisionsbeziehung zu sprechen, die Tatsache aber, daß dieses Material jetzt auftaucht, scheint das Vertrauen des Supervisors zu rechtfertigen. Das bedeutet, daß das Gespräch einem Rhythmus folgt; auch wenn der Supervisand zu einem früheren Zeitpunkt seine Gefühle nicht mitgeteilt hat, können sie später immer noch an die Oberfläche kommen. Im letzten Abschnitt des Gespräches werden wir das sehen können. Wie groß die Bedeutung von Autorität und Verletzlichkeit innerhalb der Supervisionsbeziehung ist, wird hier eindringlich an zwei Faktoren sichtbar: die Angst des Supervisanden, was er zum Supervisor sagen könnte, wie er sich vor uns allen exponieren könnte einerseits, und das unbeirrbare Vertrauen des Supervisors in dessen Fähigkeit, offen und ehrlich zu sein.

Supervisionsgespräch

T ... und zusammenzubrechen. Es ist typisch, wenn ich ... mich mit den Dingen, mit welchen der Klient ringt, wenn ich mich damit identifizieren kann, dann bin ich effektiver, denke ich, ich weiß nicht, was es damit auf sich hat ...

S Hiermit.

T ... mit dieser Präsentation, was vielleicht dazu geführt hat ihm auszuweichen, aber ...

S Ging dir irgend etwas zu nahe?

T Vielleicht.

S Du kannst etwas an dich heranlassen, und das ist nützlich – aber vielleicht gibt es da eine Grenze, die du überschreitest, und das steht dir dann im Weg.

T Vielleicht.

S Der liebe kleine Junge?

T Ja, ich glaube, das stimmt. Ja.

Funktion: Unterstützen	**Aufgabe: emotionale Achtsamkeit**
Supervisor: nachträgliches Gespräch	**Supervisand: nachträgliches Gespräch**
	I Als ich den Ausdruck sah, streckte Marty seinen Kopf so nach vorn und sagte: **„Der liebe kleine Junge?"**, und dann hast du so ein wenig gelacht und jetzt, als du es wieder angeschaut hast, hast du wieder ein bißchen gelacht. Wie war das für dich, was war die Gefühlsebene bei dieser kleinen Interaktion? **T** Es war gar nicht so schlimm, wie ich ... ich hatte erwartet, etwas anderes zu sagen, also, jetzt im Augenblick war es kein besonderes Gefühl, mehr so: „Oh, der liebe kleine Junge." Ein paar Freunde von mir haben das kürzlich an mir wahrgenommen. Ich hab da diese „netter kleiner Junge"-Nummer drauf, also, es war so was wie „Ach ja". **I** Du hast gelacht, und als du es hier gehört hast, hast du wieder gelacht. **T** Marty hatte das vorher noch nicht zu mir gesagt, aber jemand anderes hatte es gesagt. Interessant, **daß er das aufgegriffen hat. Daß er ausgerechnet das aufgegriffen hat und nicht irgend etwas anderes, worüber wir gesprochen haben.** Also das da, das hängt mir wirklich zum Hals raus.

I Ich sage dir jetzt mal meinen Eindruck. In diesem Augenblick hatte ich den Eindruck, auf dem Band, daß da ein Kontakt da war. Als ich diese kleine Interaktion angeschaut habe, seine kleine Kopfbewegung und dein leises Lachen ...

T Zwischen Marty und mir ...

I ... ja, ihr beide hattet da einen besonderen Kontakt, den ich vorher nicht erkennen konnte. Ergibt das für dich irgendeinen Sinn?

T Ja, oh ja, ich denke, das stimmt.

I An diesem Punkt der Supervision beharrte Marty auf der Erfahrung zwischen dir und dem Klienten, und das führte zu einem Augenblick, in dem ihr zwischen euch etwas ausgedrückt habt, was für euren Kontakt sprach ... einem positiven Kontakt.

T Ja, vielleicht war das das erste Mal, daß ich mich wirklich wahrgenommen fühlte. Ich hatte gesagt: „Wenn wir doch nur über meine Nervosität reden würden", oder wenn wir doch nur über dies oder das reden würden, aber dann sagte er: „Oh du meinst, wie ein netter kleiner Junge?" **Da hat er mich wahrgenommen, es war nicht mehr, als ob er irgendwo in der hintersten Ecke sitzt und mir allgemeine Supervisionsfragen stellt,** wie: „Habt ihr über die Familie gesprochen?" Nein, das ist nicht fair, er hat schon gefragt, ich glaube, er hat danach gefragt, wie ich mich fühle, wenn ich mit ihm zusammen bin. Aber das sind Fragen, die mir in jeder beliebigen Supervision zu meinem Klienten gestellt würden. **Als er sagte: „Du meinst, wie ein netter kleiner Junge?", da hat er mich wahrgenommen, es war irgendwie viel unmittelbarer.**

SAS-Analyse

Faktor des Klienten: identifiziertes Problem
Beziehungsfaktor: zwischenmenschliche Struktur
Faktor des Supervisanden: Selbstdarstellung

Der Supervisor benutzt die gleichen Worte, mit denen vorher der Supervisand seinen Klienten beschrieben hat. So konfrontiert er ihn behutsam mit der Ähnlichkeit und seiner Identifikation mit dem Klienten.

Wie groß der Einfluß des Supervisors ist und wie wichtig eine persönlich bedeutsame und engagierte Supervisionsbeziehung ist, wird klar, als der Supervisand darüber nachdenkt, was diese Interaktion für ihn bedeutet hat. Er betont deutlich, wie wichtig es ist, als Person „wahrgenommen" zu werden, und zwar für ihn als Fachmann und für die Supervisionsbeziehung. Mit dieser einen Bemerkung („netter kleiner Junge") hat der Supervisor die Ähnlichkeit zwischen der Beratungs- und der Supervisionsbeziehung miteinander verknüpft, ohne dabei je die Grenze zur Privatsphäre des Supervisanden zu überschreiten. Der Supervisor blieb innerhalb der Grenzen der Supervisionsbeziehung, einen therapeutischen Prozeß mit dem Supervisanden hat er nicht eingeleitet.

Supervisionsgespräch

S Was empfindest du dabei, daß ich das angesprochen habe, daß wir darüber reden?

T Es geht mir gut dabei, es sei denn, die Leute, die es anschauen ... Nein, es ist schon in Ordnung.

Funktion: Klärung/ zielgerichtetes Fragen	**Aufgabe: emotionale Achtsamkeit in der Supervisionsbeziehung**
Supervisor: nachträgliches Gespräch	**Supervisand: nachträgliches Gespräch**
I Diese letzten paar Sekunden, das sieht wie eine ganz entscheidende Interaktion aus. Du lachst so ein bißchen und beobachtest sehr intensiv. Wenn du es jetzt anschaust, welche Gefühle wurden da für dich ans Licht gebracht? **S** Also, vor allem anderen, ich mag den Phil als Person sehr gern, aus vielen Gründen. Er ist warmherzig, er ist aufgeschlossen, und er ist bereit zu untersuchen, was mit ihm selbst geschieht. Trotzdem ist es **weiterhin für mich wichtig, ihn nicht zu drängen, damit die Sicherheit unserer Beziehung und das positive Gefühl verstärkt werden. Gegen Ende habe ich in gewisser Weise unterrichtet.**	

I In diesem Moment?

S In diesem, unmittelbar bevor ich darüber gesprochen habe, wie wichtig es ist, sich bewußt zu machen, wenn die Identifikation so intensiv und ausschließlich wird, daß sie die professionelle Beziehung beeinträchtigt. Ich habe zwar eine Art Frage gestellt, aber tatsächlich seine Aussagen umformuliert. Ich denke, ich habe das, was er gesagt hat, aufgegriffen und es deutlicher gemacht.

I Also, mir ist aufgefallen, wie fein diese Lehrmethode im Zusammenhang mit dem emotionalen Thema war. Wenn ich das als Außenstehende beobachte, wird mir sehr deutlich, wie emotional bewegt Phil hier war. Da war ein gewisses Zögern, seine inneren Gefühle und Dialoge mitzuteilen, und mein Eindruck war, daß du ihm die Distanz gelassen hast, seine Privatsphäre zu wahren. Damit hast du ihm auch gesagt: „Ich vertraue darauf, daß du damit selbst zurecht kommst." Dann hast du ihm einige Informationen gegeben, die seinen inneren Dialog anregen konnten. **Aber so, wie du eure Beziehung, Phils Erfahrungsstand und seine klinische Kompetenz einschätzt, war das möglicherweise das Beste, was du tun konntest, damit er sein eigenes Potential nutzt.**

S Ja, das ist für mich ein ganz entscheidendes Konzept. Abgesehen von allem anderen, ob ich mit ihm oder mit anderen Supervisanden arbeite, stelle ich mir die Frage: **Was kann ich jetzt tun, damit der Supervisand sein eigenes Potential bestmöglich nutzt? Wie verhalte ich mich in der Interaktion, damit der Mensch, mit dem ich arbeite, seine persönliche und professionelle Kompetenz und Autorität erlebt ...?** Was dann an Feedback kommt, wenn das gelingt, das ist meine Belohnung.

I Ja.

SAS-Analyse

Faktoren des Supervisanden: Erfahrungsstand, Lernbedürfnisse, Selbstdarstellung
Beziehungsfaktoren: zwischenmenschliche Struktur, Autorität und Engagement

An diesem Punkt stellt der Supervisor eine Frage, die den Supervisionsprozeß betrifft. Die Frage lädt den Supervisanden dazu ein, Feedback über seine Arbeit zu geben.

Der Supervisor reflektiert die Bedeutung der Interaktion und wie wichtig es war, nicht mehr als nötig in die Privatsphäre des Supervisanden einzudringen. Er spricht über persönliche Eigenschaften des Supervisanden, seine Beratungserfahrung und über ihre Beziehung als entscheidenden Faktor für die Wahl seiner Lehrmethode.

Supervisionsgespräch

T Vielleicht ist das ... ich kenne das Gefühl nicht ...

S Jetzt im Moment?

T Ja, das Gefühl, ihm gegenüber direkter zu sein, wenn ich jetzt darüber nachdenke, ich werde ein bißchen depressiv, wenn ich direkter zu ihm sein soll. Wenn ich darüber hinweggehe, kann ich es vermeiden, depressiv zu sein.

S Und was bedeutet dieses depressive Gefühl für dich, unter diesen Umständen?

T Mhmm. Oh Mann, was das für mich bedeutet. Ich denke, weil ich mit ähnlichen Themen zu tun habe, was Frauen angeht, in gewisser Beziehung. Es ist schon möglich, daß ich mich damit mit ihm nicht so unmittelbar auseinandersetzen wollte.

Funktion: Unterstützen und Klären	**Aufgabe: emotionale Achtsamkeit**
Supervisor: nachträgliches Gespräch	**Supervisand: nachträgliches Gespräch**
S Hier ist eine Öffnung. Ich stelle ihm eine Frage, die ganz offensichtlich ein Gefühl betrifft, aber ich stelle sie in einen kognitiven Rahmen – „Was bedeutet dieses Gefühl für dich?" Er kann also kognitiv oder intellektuell antworten, und das wäre eine ganz legitime Reaktion auf meine Frage, oder er kann seinen eigenen Gefühlszustand reflektieren. Und **er ist aufgeschlossen, offen und sicher genug und so professionell, daß er seine Gefühle untersuchen will, und so wählt er diesen Weg.** **I** Ahm, mhmm. Und obwohl die Frage in ihrer Struktur ganz ähnlich ist, wie eine Frage, die du vor einiger Zeit gestellt hast, ist seine Reaktion ganz anders. **S** Ja.	

I ... daß das Gespräch jetzt offener ist und die Intensität zunimmt, es geht mehr und mehr um Phils therapeutisches Engagement in seinem Fall ...

S Mhmm.

I Also reagiert er auch anders.

S Ja, die Qualität, die emotionale Qualität ist ganz anders.

I Ich muß jetzt doch noch eine Bemerkung machen über eine Hypothese, die du vor einiger Zeit formuliert hast. Daß er sich damit beschäftigt, welche Macht Frauen haben und welche Macht Frauen in seinem Leben haben. Das ist jetzt in seiner Reaktion sichtbar geworden.

S Ja.

SAS-Analyse

Faktoren des Supervisanden: Erfahrungsstand, Selbstdarstellung

Im Supervisionsgespräch wird die Angst des Supervisanden überwunden. Die emotionale Ähnlichkeit zwischen dem Supervisanden und seinem Klienten wird in ihrer Relevanz für die therapeutische Beziehung diskutiert.

Im nachträglichen Reflexionsgespräch wird die zunehmende Intensität der Supervisionsbeziehung analysiert und wie diese Intensität die supervisorisch-strategischen Entscheidungen beeinflußt. Auch hier greift der Supervisor – bei der Formulierung seiner Frage und der Untersuchung der Beratungsbeziehung – auf seine Kenntnis des Supervisanden zurück: dessen Erfahrungsstand (Professionalität), seine Selbstdarstellung und ihre Beziehung zueinander. Nach der Intervention mit dem „netten kleinen Jungen" hat das Engagement der beiden zugenommen, und so kann die Frage nach dem therapeutischen Engagement im Beratungsfall in ihrer wahren Bedeutung *überdacht* werden. Bemerkenswert ist auch, daß das Thema der Geschlechtszugehörigkeit in Beziehungen, das zuvor eher theoretisch behandelt wurde, nun in der Diskussion über die Identifikation des Supervisanden mit dem Klienten wieder relevant wird.

Beendigung

Supervisionsgespräch

S So, wie ich Depression verstehe, wenigstens teilweise, ist sie die Manifestation einer Art Hoffnungslosigkeit, einer Schwäche, der Unfähigkeit, mit etwas fertig zu werden, was wirklich wichtig war. Und du hast erwähnt, daß er dir zerbrechlich vorkommt, wenn du ihn also konfrontierst, dann könnte das ein Angriff auf seine Zerbrechlichkeit sein, so daß er sich, gewissermaßen hilflos fühlen würde, hilflos irgend etwas daran zu ändern und was ist, wenn du das wieder zurück auf dich überträgst. Das ist immerhin eine interessante Betrachtungsweise, daran kannst du denken.

Funktion: Lehren/Erklären	**Aufgabe: fallbezogene Konzeptbildung und emotionale Achtsamkeit**
Supervisor: nachträgliches Gespräch	**Supervisand: nachträgliches Gespräch**
I Wolltest du etwas dazu sagen?	**I** Hast du eine Idee, was Marty hier tut.
S Ja. Es war mir besonders wichtig, daß er das nicht als einen diagnostischen Kommentar über ihn versteht. Also habe ich **es zurückgeführt zum Klienten und dann die Verbindung zu ihm hergestellt. Aber eben nicht als Diagnose, sondern als interessantes Phänomen, über das man sich Gedanken machen kann.**	**T** Hmm. Ich denke, er sucht eine Erklärung oder ein Verständnis, warum ich reagiert habe, wie ich es getan habe. Aber ich habe den Eindruck, du meinst, da ist noch mehr dabei. **I** Also, vielleicht ist es der andere Teil, wie du diese Bemerkung erlebt hast?
I Auch hier wieder denke ich, ist die Reihenfolge deiner Botschaften wichtig. Denn obwohl er dir den Blick in sein Inneres angeboten hat, stellst du die Verbindung zur Interaktion mit dem Klienten wieder her und gehst dann wieder zurück zu ihm. Am Ende deiner Botschaft hast du wirklich den Zusammenhang hergestellt von seiner Reaktion auf deine Reaktion. **S** Mhm, mhmm.	**T** Also, während er das sagte, wurde mir ein bißchen schwummrig im Kopf, also **hat er wahrscheinlich irgend etwas getroffen.** Und dann habe ich gedacht, er redet da über Depression oder Hoffnungslosigkeit. Hoffnungslosigkeit darüber, daß man irgend etwas nicht machen kann, und dann habe ich **darüber nachgedacht, was mit mir gerade los war und eigentlich immer schon mit mir los war und ob das passen könnte.** Und ich spüre schon so etwas, was für mich hoffnungslos war oder schwierig oder weswegen ich depressiv sein könnte.
I Diese Strategie scheint zu bewirken, daß du ihm wiederum mehr Abstand, mehr Raum läßt.	**I** Also für mich sah das auf den ersten Blick aus wie eine allgemeine, psychologische Bemerkung: „Das ist das, was ich unter Depression verstehe." Und du sagst: „Also ich

S Ja, ohne aber dabei die Bedeutung dieser Introspektion herabzumindern.

denke, er erklärt, was Depression mit Gefühlen macht." Und wenn du darüber nachdenkst, wie du seine Bemerkung erlebt hast, dann hat es viel mehr mit dir zu tun, damit, was Depression für dich persönlich ist.

T Ja.

I Mir fällt besonders auf, daß diese Bemerkung so eine vielschichtige Wirkung hat. Eine davon ist, daß du wissen oder ahnen kannst, welche Absicht Marty mit dieser Bemerkung verfolgt. Das hat aber nicht zwingend etwas damit zu tun, wie du sie erlebst oder wie wichtig sie für dich ist. Ich bin wirklich beeindruckt, wie vielschichtig solche Bemerkungen aufgenommen werden können.

T Er sagt also etwas, was eine mehr allgemeine Bedeutung haben könnte, ich aber nehme es ganz persönlich auf.

SAS-Analyse

Beziehungsfaktor: Vertrag
Faktor des Supervisanden: Lernstil

In der Abschlußphase des Gesprächs erklärt der Supervisor, warum er eine Strategie wählt, die in gewisser Weise Distanz schafft (Erklären). So will er den Supervisanden dazu ermutigen, sich weiterhin damit auseinanderzusetzen, wie er sich mit dem Klienten identifiziert. Daß der Supervisand die Botschaft des Supervisors als sehr komplex erlebt hat, wird deutlich, als er davon spricht, daß ihm schwummrig im Kopf wurde, und dann im nachträglichen Reflexionsgespräch analysiert, welche Bedeutung er erkennt.

Supervisionsgespräch

S Da hast du jetzt ein paar Sachen, an denen du herumkauen kannst, auch wenn du ihn nicht siehst.

T Ja, ich meine, ich hatte schon das Gefühl, daß ich mich im Kreis gedreht habe, weil ich nur auf die Symptome geachtet habe, es war auch irgendwie eindimensional. Ist schon interessant, wenn ich mir überlege, was ich vielleicht anders hätte machen können. Vielleicht habe ich wirklich mit ihm kollaboriert.

S Ein Gedanke noch zum Abschluß. Wenn es stimmt, daß das Symptom den Blick auf das eigentliche Problem verstellt hat, dann hat er dir vielleicht wirklich Rauch in die Augen geblasen.

T Mhm, mhmm.

S Nur eine kleine Metapher. Lassen wir's dabei bewenden.

T OK, auf jeden Fall interessiert es mich schon irgendwie, ob ich jetzt, während wir darüber reden, ob ich mich ein bißchen wie er fühle – die Art, wie er angespannt war ...

S Das ist vielleicht ein bißchen unangenehm, vielleicht sind das aber auch wichtige Erkenntnisse, mit denen du jetzt arbeiten kannst.

T OK.

Funktion: Erklären und Modell sein	**Aufgabe: fallbezogene Konzeptbildung und emotionale Achtsamkeit**
Supervisor: nachträgliches Gespräch	**Supervisand: nachträgliches Gespräch**
S Zum Abschluß habe ich versucht, wieder zum klinischen Bereich zurückzukommen, zur Interaktion mit dem Klienten, um damit noch mal zu betonen, daß **der Grund, warum wir überhaupt hier sind, ist seine Arbeit mit dem Klienten, darum geht es in unserer Arbeit.** **I** Das Gespräch hat also einen gewissen Rhythmus, und der Kreis schließt sich, es wird wieder vom Klienten gesprochen. Möchtest du abschließend noch irgend etwas sagen, wenn du dir dieses Gespräch hier noch einmal anschaust, was ist dein Eindruck von deiner Arbeit mit Phil? **S** Für mich persönlich war es **ein Gefühl der Wärme, das ich persönlich in der Interaktion mit Phil empfunden habe.** Mit ihm macht es viel Freude, wie ich schon gesagt habe, er ist sehr aufgeschlossen und offen. Für mich als Supervisor war es sehr hilfreich, die Arbeit noch mal anzuschauen und mir selbst noch einmal darüber klar zu werden, welche Motive ich für mein Tun hatte, wie ich auf die Interventionen gekommen bin. Und auch ein Gespür dafür zu bekommen, wie mein Konzept über Prozeß und das, was ich tatsächlich mache, miteinander zusammenhängen. Das ist für mich eine Möglichkeit, meine Arbeit auf diesem Gebiet weiter zu verfeinern. Das hilft mir dabei.	**I** Gibt's noch irgendwelche abschließende Gedanken über den Eindruck des Gesprächs? Was ist für dich dabei herausgekommen? **T** Ich denke, es hat mir etwas gebracht, das Videoband anzuschauen. Ich denke, ich habe ein tiefergehendes Verständnis gewonnen. Für die Arbeit mit dem Klienten und auch dafür, was mit Marty und mir los war. Besonders, was Marty und mich angeht. Es jetzt anzuschauen, war etwas ganz anderes, als unmittelbar im Gespräch zu sein. Ja, ich denke, das ist es. Ich meine, es hat mir genutzt. Ich denke, ich fühle mich jetzt viel entspannter als zuvor. **I** Ganz allgemein oder in diesem spezifischen Kontext? **T** Also, ich denke beides. Ganz allgemein denke ich, bin ich zu diesem Gespräch viel entspannter gekommen als zur Supervision. Aber auch, das habe ich ja schon gesagt, weil ich über meine Angst und meine Gefühle gesprochen habe. Mit dir zu sprechen hat dabei auch eine große Rolle gespielt. **I** Wenn du jetzt noch einmal auf dieses Gespräch zurückschaust, gibt es da irgendeine Stelle, wo du gewollt hättest, daß der Supervisor etwas anderes macht, daß Marty etwas anderes macht?

I Was für mich so deutlich wurde ist, daß die Überlegungen hinter den Interventionen im unmittelbaren Gespräch gar nicht so offensichtlich sind. Im Verlauf des Gesprächs aber kann man diese Überlegungen immer mehr erkennen, weil du sie hier artikulieren kannst. Für mich war es eine Lernerfahrung, den Hintergrund deiner Worte zu erfassen, deine Überlegungen zu verstehen und warum du bestimmte Dinge gemacht hast. Ich danke dir.

T (lacht) **Ich lache, weil es mein eigener Quatsch ist. Ich meine, also er hat etwas über den kleinen Jungen gesagt. Und da war ein Teil in mir, der hätte gerne gehabt, daß mich Marty erlöst und vielleicht sagt: „Was ist los Phil, du schaust so ängstlich aus?" Daß er mir da irgendwie durchhilft, daß Pappi sich um alles kümmert, anstatt daß ich selbst sage: „Moment mal, Marty. Ich merke, daß ich gerade Angst habe. Ich möchte, daß wir darüber reden, was hier los ist, es macht mich nämlich wahnsinnig."** Einfach wie ein Erwachsener damit umgehen, wenn Gefühle mir dabei im Weg sind, sie annehmen und darüber reden.

I **Genau das hast du heute gleich zu Beginn getan. Dadurch hast du deinen Überlegungen zur Supervision eine andere Richtung gegeben.**

T Ja, wahrscheinlich hätte ich das von Anfang an schon machen können.

I Es einfach hinter dich bringen.

I (lacht) Da gab es etwas, was anscheinend im Gespräch nicht geschehen ist, und das war etwas, wonach du gefragt hattest. Nämlich unmittelbar im Supervisionsgespräch darüber zu reden, was zwischen dir und Marty los war. Hast du eine Vermutung, wie das die Gesprächsrichtung möglicherweise verändert hätte?

T Also, **ich wäre weniger defensiv gewesen.** Wenn ich einfach nur gesagt hätte, was ich fühle. Wenn ich es Marty hätte wissen lassen. Ich glaube, ich hätte einen besseren Kontakt zu ihm gehabt. Ich denke, ich fühle mich da, als ob ich von dieser Sache umgeben bin, ich mach mir selber Angst und behalte das für mich, und ich fühle mich gar nicht gut dabei. Hätte ich Kontakt hergestellt, wäre das einfach weggefallen. Das Gespräch wäre vielleicht anders verlaufen. Vielleicht hätte ich mich dann darauf einlassen können, mich wirklich daran zu erinnern, was ich mit dem Klienten erlebt habe. Ich wäre von dem Gefühl, hier bedroht zu sein, nicht so vereinnahmt gewesen. Es wäre mehr so gewesen:

„OK, hier bin ich sicher, jetzt kann ich über den Klienten nachdenken."

Ich hätte über den Klienten und was sich da abgespielt hat, nachdenken können und wahrscheinlich wäre es mir leichter gefallen beispielsweise zu sagen: „Weißt du, Marty, ich habe gar nicht wirklich darauf geachtet, was wir für eine Beziehung hatten", weil ich mir nicht solche Gedanken darüber gemacht hätte, daß es mir schlecht gehen würde, wenn ich das zugebe. Wenn ich mit Marty in Kontakt gewesen wäre, wäre das leichter gewesen.

I Ja. Das hätte zu einer besseren Zusammenarbeit zwischen dir und Marty geführt.

T Richtig, wir wären schneller weiter gekommen und mehr in die Tiefe gegangen.

I Gegen Ende des Gesprächs sah es so aus, als hättest du diese Verbindung hergestellt.

T Ja.

I Vielleicht hätte das früher passieren können. Das weißt du nicht, aber das könntest du mal ausprobieren.

SAS-Analyse

Beziehungsfaktoren: Vertrag und Struktur (Engagement)
Faktor des Supervisanden: Lernbedürfnisse

Am Ende des Gespräches ist der Supervisand in der Lage, sein eigenes Unbehagen im Interview mitzuteilen und die Parallele zum Klientenverhalten innerhalb der Beratungsbeziehung zu erkennen.

Die Überlegungen des Supervisors unterstreichen die Erwartungen an seine Rolle als Supervisor. Es geht ihm um die Bedeutung der Interaktion für die Beratungsbeziehung und um die Relevanz für die therapeutische Entwicklung des Supervisanden. Zum Abschluß sagt er, wie wertvoll für ihn die nachträgliche Reflexion war, weil er artikulieren konnte, was er tut und wie er seine Arbeit noch verbessern kann.

Der Supervisand stellt in seinen Überlegungen einen Zusammenhang her zwischen seinem Verhalten als netter, kleiner Junge und seinem Verhalten im Supervisionsgespräch, wo er das Bedürfnis hatte, daß der Supervisor ihn rettet und seine Angst anspricht. Diese Einsicht bestätigt noch einmal das Vertrauen des Supervisors in den Supervisanden, selbst an seiner emotionalen Achtsamkeit zu arbeiten. Eine seiner letzten Interventionen: „... ein paar Sachen, auf denen du herumkauen kannst ..." erweist sich in diesem Zusammenhang als prophetisch. Dadurch, daß er zuvor darauf verzichtet hat, dem Supervisanden zu Hilfe zu kommen und dessen Angst nicht angesprochen hat, hat er dem Supervisanden die Möglichkeit überlassen, selbst etwas zu entdecken und seine eigene Macht in der professionellen Rolle zu finden. Ganz am Ende stellt der Supervisand noch eine Verbindung her zwischen der Bedeutung, die alle drei Beziehungsebenen für ihn hatten: die Beratungsbeziehung, die Supervisionsbeziehung und die Beziehung zu mir in der nachträglichen Reflexion. Vielleicht spricht das für die starke Wirkung der Prozesse, die z.B. der Reflexionsprozeß auf die Ausbildung von Supervisanden und Supervisoren haben könnte.

Ich hoffe, daß diese Verknüpfung der Gespräche zum Nachdenken anregt über das Potential, das der Supervisionsprozeß in sich birgt. Er ist ein Werkzeug für das Lernen und Lehren von Supervision. Über die Supervision als Erfahrung nachzudenken ermöglicht es, hinter den Worten Bedeutung und Sprache zu entdecken. Auch wenn ich die SAS-Analyse und die fortlaufenden Kommentare in den nachträglichen Reflexionsgesprächen hier anbiete, so hoffe ich, daß dies erst der Anfang zum Verständnis ist. Ich will diejenigen, die sich mit Supervision beschäftigen, dazu ermutigen, dieses reichhaltige Arbeitsgebiet auf eigene Weise zu analysieren und zu begreifen.

Für mich ist es besonders wichtig, daß Supervisoren sich eine hohe Sensibilität für die Supervisionsbeziehung bewahren und dafür, wie diese und die Beratungsbeziehung intrinsisch miteinander verbunden sind. Alle Aspekte der Supervisionsbeziehung waren für die Entscheidungen des Supervisors von vitaler Bedeutung. In diesem Prozeß wurde aufgezeigt, wie er Privatsphäre und Individualität des Supervisanden dadurch respektiert hat, daß er dessen Identifikation mit dem Klienten in kleinen Schritten aufgedeckt hat. Dabei standen nicht seine eigenen Erkenntnisbedürfnisse im Vordergrund, vielmehr ging es darum, dem Supervisanden bei seinen Entdeckungen so viel Zeit zu lassen, wie dieser dafür brauchte. Schon am Anfang des Gespräches empfiehlt der Supervisor dem Supervisanden, auf seine Gefühle in der Beratungsbeziehung zu achten, aber dessen Reaktion führt ihn solange von diesem Thema weg, bis er dessen Bereitschaft erkennt, diese Gefühle zuzulassen. Seine Geduld, dem Gespräch Zeit zu lassen, sein Respekt vor dem Supervisionsvertrag und sein Vertrauen in die Struktur der Beziehung erlauben es ihm, seine so zutreffenden Erkenntnisse behutsam und zum richtigen Zeitpunkt einzusetzen. Der Supervisor setzt sich nicht unter Druck, um die Ängste des Supervisanden zu verstehen. Vielmehr bestimmen diese Ängste die Geschwindigkeit, mit der er die Verletzlichkeit des Supervisanden und dessen Identifikation mit dem Fall behandelt.

Mit der simplen, kleinen Bemerkung – „netter kleiner Junge“ – zeigt der Supervisor, daß er das Dilemma des Supervisanden verstanden hat. Er stellt diese Bemerkung gezielt in den Raum, damit der Supervisand sich damit auseinandersetzen und sie für seine persönliche und professionelle Selbstwahrnehmung nutzen kann. Er eilt ihm nicht zur Hilfe, denn damit würde er das alte Muster verstärken, daß man sich um ihn kümmert, weil er so zerbrechlich ist. Der Supervisor führt ihm eine Möglichkeit vor, mit Zerbrechlichkeit umzugehen, ohne ihn zu retten, sondern indem er ihm Stärke zutraut. Damit ist er offensichtlich auch Modell für die Arbeit mit dem Klienten.

Man könnte nachträglich einwenden, daß der Supervisor auf die Angst des Supervisanden hätte direkter eingehen sollen, am Ende des Gespräches zeigt sich aber, daß diese Angst auch ohne Drängen aufgedeckt wurde. So stellt der Supervisand im nachträglichen Reflexionsgespräch seine Analyse ganz frei vor. Er selbst stellt die Verbindungen her zwischen Beratungsbeziehung, Supervisionsbeziehung, der Beziehung im nachträglichen Gespräch und seinem eigenen persönlichen Ringen. Dabei darf man nicht übersehen, daß der Supervisor empfohlen hat „darauf herumzukauen“, und genau das hat der Supervisand getan. Er hat seine intellektuellen Fähigkeiten kraftvoll auf seine emotionale Achtsamkeit angewandt. Das SAS-Modell bietet nur Sprache und Methode, um über diese Vorgänge zu sprechen. Die Bedeutung liegt in der Praxis selbst und in den gemeinsam gewonnenen Erkenntnissen der Beteiligten.

6 Eine Konsultationsgruppe wird supervidiert

Die Ausbildung von Supervisoren hängt damit zusammen, wie wir die Aufgaben der Supervision verstehen. Der Ausbilder muß sich die Frage stellen: „Welchen Gegenstand unterrichte ich, und wie werde ich das Wesentliche dieses Gegenstandes erklären?" Um zu verstehen, wie Supervision gelehrt werden kann, müssen zuallererst diejenigen Faktoren identifiziert werden, die möglicherweise einen Einfluß auf Prozeß und Resultat der Supervision haben. Das Systemorientierte Arbeiten mit Supervision (SAS) bietet sowohl einen Bezugsrahmen als auch eine Sprache für die Identifikation derjenigen Faktoren, die bei den Entscheidungen des Supervisors eine Rolle spielen. Grundlage dieses Bezugsrahmens und seiner Sprache sind empirisch und praktisch gewonnene Erkenntnisse.

Zur Veranschaulichung und Definition der verschiedenen Faktoren des Modells wurden bisher in diesem Buch Transkripte von Supervisionsgesprächen benutzt. Mit der gleichen Methode können Kliniker die Aufzeichnungen ihrer Supervisionsarbeit betrachten, wenn die Interaktion selbst zum Gegenstand der Fallanalyse wird (*Kagan* & *Kagan* 1990). Es ist ebenfalls sinnvoll, die Supervisionsarbeit in einem umfangreicheren Zusammenhang zu untersuchen. Bei der „fallbezogenen Methode" stehen im Zentrum der Arbeit die Präsentation der Klientengeschichte, dazu nach Bedarf Beispiele der Supervisionsinteraktion und im Anschluß eine Konzeptbildung über die Supervisionssituation und Interventionsempfehlungen. Mit dieser Methode wird nicht nur die Unmittelbarkeit und eher detailorientierte Betrachtungsweise der einzelnen Elemente einer Interaktion erfaßt, sondern die Supervisionssituation wird auch in ihrem historischen und kontextuellen Zusammenhang verstanden.

In Kapitel 6 wird die Anwendung des SAS-Modells in der Supervisionsausbildung, im Kontext einer Gruppenkonsultation zur Supervision dargestellt. Dieses Modell eignet sich als Bezugsrahmen für die Analyse eines Dilemmas in der individuellen Praxis sowie für Falldiskussionen und die Supervisionsausbildung.

Drei Beziehungen im Kontext

Wenn die Ausbildung von SupervisorInnen diskutiert wird, kann eine Vielzahl von Beziehungen direkt oder indirekt eine Rolle spielen. Jeder einzelne Supervisor kann mehrere Supervisanden haben, jeder Supervisand wiederum mehrere Klienten. Darüber hinaus haben in der Gruppenkonsultation nicht nur die Ausbilder eine Beziehung zu den Supervisoren, sondern die verschiedenen Supervisoren haben auch Beziehungen untereinander. Natürlich werden all diese Beziehungen in der Gruppe nicht ausdrücklich diskutiert, und der Ausbilder wird diese Beziehungen auch nicht im Detail kennen. Wenn aber die Supervisoren in einer solchen Gruppe irgendein Thema ansprechen, dann werden sie das aus einer Sichtweise heraus tun, die von ihren Beobachtungen und Erfahrungen mit diesen verschiedenen Beziehungen und Kontexten geprägt ist. Die individuelle und kollektive Energie dieser Beziehungen speist die Komplexität dieses Kontexts, in welchem Gruppenkonsultation stattfindet.

Jede Erörterung der Supervisionsausbildung muß die Praxis der Supervision und die Praxis der psychologischen Beratung mit einbeziehen. Diese drei Prozesse – Supervisionsausbildung, Supervisionspraxis und Beratungspraxis – sind durch ihre Gleichzeitigkeit, durch die Rollen von Supervisoren und Supervisanden in der Gruppenkonsultation und durch die Beratungsbeziehung eng miteinander verknüpft. Da diese drei Unterrichts- und Praxiskontexte leicht verwechselt werden, habe ich zur besseren Unterscheidung drei Begriffe zu ihrer Bezeichnung gewählt: *Beratungsbeziehung* bezeichnet alle Diaden zwischen Supervisanden und ihren Klienten. *Supervisionsbeziehung* bezeichnet alle Diaden zwischen Supervisoren und Supervisanden. *Konsultationsgruppe* bezeichnet die Gruppe von Supervisoren, die sich mit ihrem Ausbilder treffen, um sich in ihrer Supervisionsarbeit weiterzubilden. Werden die Zusammenhänge dieser drei Beziehungen in ihrem Kontext verstanden, dann werden auch Aufgaben und Prozesse der Supervisionsausbildung im Rahmen einer Gruppe besser erkennbar (*Holloway* 1994).

Die Konsultationsgruppe wird im SAS-Modell als institutioneller Faktor dargestellt, weil die Ausbilder folgende Aspekte repräsentieren: die Institution und das Ausbildungsprogramm sowie Ethik, Standards und Politik des betreffenden Landes. Die Konsultationsgruppe hat einen Einfluß auf das Betriebsklima, in welchem praktische Supervision und das Ausbildungsprogramm im allgemeinen stattfinden. Beratungsbeziehung und Klient erscheinen im Modell auf dem Flügel, der den Klientenfaktor darstellt. Die Verbindungen zwischen diesen Kontexten werden durch die dualen Rollen der Supervisanden und der Supervisoren hergestellt. Die Prozesse, die bei diesen Begegnungen ablaufen, stehen zueinander in einer Wechselwirkung, denn nicht nur die beteiligten Einzelpersonen, sondern auch die unterschiedlichen Diskussionsthemen haben Querverbindungen zueinander. In der Gruppenkonsultation können alle Rollen oder Themen, die im Kontext dieser drei Beziehungen auftauchen, Gegenstand der Arbeit sein.

Wenn die Konsultationsgruppe ihre Arbeit aufnimmt und ein Supervisor am Anfang seiner Ausbildung steht, ist er bereits in den Kontext dieser drei Beziehungen eingebettet. Die Teilnehmer suchen bei der Gruppenleitung Orientierung für alle Themen, die aus diesen drei Kontexten auftauchen. Dennoch ist die Supervisionsleistung in jeder einzelnen Beziehung die Kernaufgabe dieser Gruppe.

Die Supervisoren sind vor zwei umfangreiche Aufgaben gestellt: Was soll ich lehren, und wie schaffe ich eine Beziehung, die für das Erreichen der Lernziele förderlich ist? Mit diesen Fragen stellt der Ausbilder zunächst einen Kontext für die persönliche Lernerfahrung der Supervisoren her. Mit Hilfe des Modells können Supervisoren sowohl die Ursachen für das aktuelle Dilemma als auch die Wechselwirkung der einzelnen Faktoren untereinander und den Einfluß der verschiedenen Faktoren auf den Kontext der drei Beziehungen identifizieren.

Die verschiedenen Ebenen der Analyse durchdringen jede einzelne Beziehung und verbessern die Möglichkeiten, den Kontext jedes einzelnen Themas zu erkennen und dessen Einfluß auf die anderen Kontexte herauszufinden. Diese Art der Analyse hilft den Teilnehmern dabei, Interventionen zu finden, die auf das Hauptproblem und den dazugehörigen Kontext abzielen. Beispielsweise kann die Angst eines Supervisors damit zu tun haben, daß er sich seinen Kollegen in der Konsultationsgruppe nicht gewachsen fühlt, oder damit, daß ein bestimmter Supervisand direkte Anweisungen für ein Beratungsdilemma fordert. Im ersten Fall könnte die gesamte Intervention in der Konsultationsgruppe durchgeführt werden, Fragen des Wettbewerbs und der Kooperation könnten innerhalb der Kollegengruppe diskutiert werden. Über den Erfolg dieser Intervention und die Bewältigung der Angst des Supervisors würde weitgehend der Gruppenprozeß als solcher entscheiden. Im zweiten Fall könnte die Gruppe dazu beitragen, die Ursache des Problems in einer bestimmten Supervisionsbeziehung zu identifizieren und eine Interventionsstrategie zu entwickeln. Dabei könnten auch die Wesensmerkmale der Beratungsbeziehung ins Gewicht fallen. In jedem einzelnen Fall würde die Gruppenleitung die Teilnehmer dazu auffordern, zu reflektieren, welche Wirkung eine Intervention hat, wenn sie auf einen der drei Kontexte abzielt und wie sie dabei auch die beiden anderen Kontexte beeinflußt.

Geschichten aus der Supervisionsausbildung

Seit ich Supervisoren ausbilde, habe ich Geschichten gesammelt, in welchen Supervisoren von ihrem Bemühen erzählen, die Praxis der psychologischen Beratung effektiver zu lehren.

Bei jeder Geschichte habe ich das SAS-Modell angewandt, um zu demonstrieren, wie es für den Beratungsprozeß genutzt werden kann. Ob in der Konsultationsgruppe oder in der Einzelkonsultation, bei jeder dieser Geschichten geht es vorrangig darum, Supervision für die Praxis zu lehren. Im Lauf der Jahre tauchten bekannte Themen immer wieder auf. Zu jedem dieser Themen habe ich den Kontext, die Beteiligten, das Problem und die Art und Weise, in der die Beteiligten mit dem Dilemma umgegangen sind, festgestellt, um für den Supervisor eine Intervention und Arbeitshypothese herauszufinden.

Das SAS-Modell ist der Bezugsrahmen für die Fallanalyse und bietet eine gemeinsame Fachsprache für die Diskussion. Zu jeder Fallstudie gehört eine dreiteilige Abbildung (Abbildung 6.1), in der die verschiedenen Faktoren in ihrer Relevanz für den Fall dargestellt werden. Die ursprüngliche Intervention des Supervisors und seine Überlegungen werden auf der Abbildung „Das Dilemma des Supervisors“ dargestellt. In der Abbildung der SAS-Analyse wird die Strategie-Analyse mit den dazugehörigen Faktoren und den entscheidenden Erkenntnissen, wie sie im Lauf der Diskussion auftauchten, dargestellt. Zum Schluß folgt das Prozeß-Schema, auf welchem die ursprüngliche Supervisionsaufgabe und -funktion und das empfohlene Interventionsziel abgebildet sind. Mit dem Diagramm soll betont werden, wie sich während des gesamten Prozesses der Akzent der Arbeit immer wieder verlagert und wie dieses Diagramm zur grafischen Darstellung der Fallanalyse benutzt werden kann.

Fall 1: Der lange Arm des Direktors

Das Dilemma der Supervisorin Die Supervisorin brachte zwei Themen zur Konsultationsgruppe mit: (a) die Supervisandin sträubte sich dagegen, die Arbeit mit Klienten zu beginnen, und (b) die Supervisorin hatte Bedenken, ihre eigene Orientierung zu stark in den Supervisionsprozeß einzubringen.

Der Rahmen der klinischen Dienstleistungen Die klinische Arbeit wurde im Rahmen eines Beratungszentrums der Universität geleistet. Der Direktor war seit vielen Jahren im Amt und unterstützte das Ausbildungsprogramm. Im Zentrum wurden fünf Studenten praktisch ausgebildet, die sich bereits auf ihr Diplom vorbereiteten. Obwohl seit Jahren im Zentrum Studenten ausgebildet wurden, gab es weder für sie noch für die Supervisoren klare Richtlinien.

Die Supervisorin Die Supervisorin war seit fünf Jahren als Vollzeitkraft psychologische Beraterin für die Mitarbeiter des Zentrums. Obwohl sie erst jetzt ein Praktikum in Supervision machte, hatte sie am Zentrum seit Jahren auch supervidiert.

Die Supervisandin Die Supervisandin war im vorletzten Jahr ihres Studiums und hatte die erforderlichen Praktika nahezu abgeschlossen. Sie hatte umfangreiche Erfahrungen mit chronisch psychisch Kranken gesammelt, hatte aber noch kaum mit jungen Erwachsenen gearbeitet.

Die Geschichte der Supervisorin

Ich hatte das Gefühl, daß ich dafür verantwortlich war, Alexandra ins Zentrum einzuführen. Vom Direktor hatten wir wirklich keinerlei Orientierung oder Satzung bekommen, und da ich schließlich für ihr klinisches Verhalten verantwortlich war, sah ich mich gezwungen, ihr alle Regeln und Vorschriften klarzumachen. Am Ende war ich es, die ihr einen ganzen Packen Orientierungsmaterial zusammenstellte. Dieses Material gab meine Einstellungen wieder, wie verfahren werden sollte, nicht aber irgend etwas, was man Institutspolitik hätte nennen können. Danach hatte ich das Gefühl, mich richtig exponiert zu haben. Ich hatte das Gefühl, meine Kompetenzen überschritten zu haben, aber auch nachdem mir das klar geworden war, konnte ich nicht damit aufhören. Normalerweise bin ich eine nette Person – ich halte mich an die Regeln und mach meine Arbeit gut –, aber ich war selbst überrascht, wie wichtig es mir hier war, Regeln für die Supervision aufzustellen. Bei meiner ersten kurzen Begegnung mit Alexandra gab ich ihr das ganze Material und empfahl ihr, sich eine Woche Zeit zu nehmen, um sich mit dem Zentrum und mit den Mitarbeitern bekannt zu machen. Bei dieser ersten Begegnung habe ich nicht so viel Zeit mit ihr verbracht, wie mir lieb gewesen wäre, und es ist mir aufgefallen, daß sie mir gegenüber ein wenig nervös und schüchtern war. Ihre Zurückhaltung ist mir aufgefallen, ich konnte aber einfach nicht darauf eingehen. Ich hätte es jederzeit aufgreifen und versuchen können, es leichter für sie zu machen, aber ich konnte mich einfach nicht dazu durchringen. Wenn ich nachträglich darüber nachdenke, was ich bei dieser Begegnung gemacht habe, bin ich ziemlich verwirrt, denn ich sehe mich selbst als sehr beziehungsorientiert. Sie ging jedenfalls wieder weg von mir, und ich machte mich wieder an den Papierberg auf meinem Schreibtisch. Da saß ich, und das Unbehagen nagte an mir, weil ich mich so verhalten hatte.

Nach zwei Wochen kam Alexandra wieder zu mir, sagte mir, daß sie alles durchgelesen hätte, daß sie die Organisation verstand, die Mitarbeiter kennengelernt hätte und nicht bereit war, die Arbeit mit Klienten zu beginnen. Ich war gar nicht glücklich. Ich wollte nicht mit dem umgehen, was ich für ihren Widerstand hielt. Was konnte ihre Bereitschaft erhöhen? Ich sagte ihr, daß ich bereit wäre, sie bei einem Aufnahmegespräch dabei zu haben, und das schien sie zu erleichtern. Aber wir sprachen nicht darüber, daß ich immer ungeduldiger wurde und warum sie beunruhigt war oder was sie brauchte. Dann wurde auch noch in letzter Minute das Aufnahmegespräch abgesagt, weil ich zu einem Notfall mußte. Alexandra stand nun da, sie hatte keine Gelegenheit zur Beobachtung gehabt, und die nächste

Supervision war erst in einer Woche vereinbart. Von anderen Mitarbeitern hörte ich, daß sie die Supervisorin wechseln wollte, aber nicht sagen wollte warum. Mein Vorhaben, eine kompetente Supervisorin zu sein, war dahin.

Die Konsultationsgruppe war besorgt. Da war eine erfahrene Supervisorin, der die Kontrolle vollkommen entglitten war und die nicht verstehen konnte, wie es in der Beziehung zu ihrer Supervisandin so weit hatte kommen können. Sie waren besonders deshalb so überrascht, weil sie die Supervisorin als eine warme, unterstützende und prozeßorientierte Frau erlebten. Was stand ihr dabei im Weg, mit dieser Supervisandin eine produktive Beziehung aufzubauen?

Die Faktoren der Supervisorin wurden untersucht: Hatte sich die Supervisandin in irgendeiner Weise präsentiert, die der Supervisorin so gegen den Strich ging? Hatten Supervisorin und Supervisandin so unterschiedliche Rollenerwartungen? Auch die Faktoren der Supervisandin wurden untersucht: War sie vielleicht zu unerfahren, oder fehlten ihr Kompetenz und Selbstvertrauen, daß sie keine Klienten übernehmen wollte? Immerhin war dies ja schon ihr zweites Praktikum. Vielleicht war ihre Ausbildung im Praktikum nicht ausreichend gewesen? Sie untersuchten auch die institutionellen Faktoren. War die Supervisandin für das spezielle Klientel dieser Institution einfach nicht geeignet? Oder lag es am Betriebsklima des Zentrums, das die Studentin einschüchterte?

Im Verlauf des Gespräches wurde der Supervisorin klar, daß sie die Studentin mochte, und sie erkannte, daß die Ängste dieser Supervisandin ein ganz normaler Teil ihrer Unerfahrenheit mit diesem speziellen Klientel waren. Sie erkannte ebenfalls, daß ihre Bemühungen, die Ängste der jungen Frau dadurch zu beheben, daß sie ihr noch mehr Informationen gab oder ihr zeigte, wie sie selbst arbeitete, keinen Erfolg hatten. Wesentlich war auch, daß sie ja noch gar keine Beziehung hatte, in der sie zu einem Verständnis darüber hätte gelangen können, warum sie sich dieser Supervisandin gegenüber in ihrer Rolle als Supervisorin so anders verhielt. Was waren überhaupt ihre Erwartungen an ihre eigene Rolle als Supervisorin?

Nach dieser letzten Frage hielt die Supervisorin inne und platzte dann heraus, daß es vom Zentrum aus keine klare Rollenerwartung für sie als Supervisorin gab und daß sie sich verwundbar und im Stich gelassen fühlte, weil sie alleine die Verantwortung für eine sinnvolle Ausbildungserfahrung trug. Sie hatte sich sehr darum bemüht, vom Direktor eine in sich stimmige Satzung mit Prinzipien für Ausbildung und Politik am Zentrum zu bekommen, aber nichts war geschehen. So hatte sie das Gefühl, daß sie selbst die Verantwortung dafür übernehmen mußte. In diesem Zusammenhang erzählte sie von einem schwerwiegenden Ethikverstoß, den ein Supervisand vor einigen Jahren begangen hatte. Obwohl sie selbst

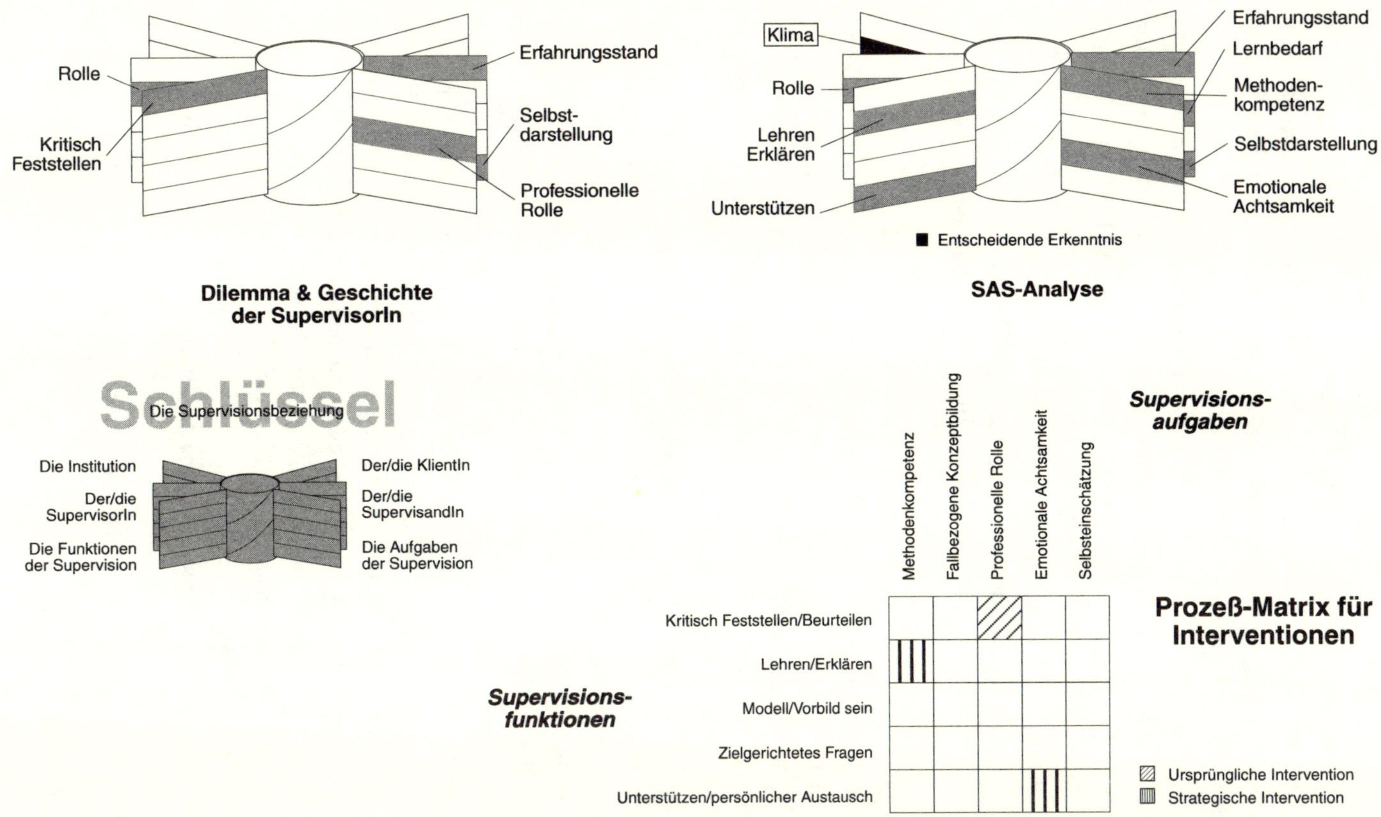

Abb. 6.1: Fallstudie 1: SAS-Analyse in der Supervisionskonsultation

nicht dessen Supervisorin gewesen war, wußte sie, daß dieser Student weder eine angemessene Ausbildung noch hinreichende Supervision bekommen hatte. Sie lastete es dem Zentrum an, daß die Arbeit dieses Studenten nicht kritisch und aufmerksam genug verfolgt worden war. Als sie diese Geschichte erzählte, wurde ihr bewußt, wie zornig sie auf den Direktor war, weil er einerseits der Rolle des Ausbildungsleiters nicht gerecht wurde, andererseits aber auch ihr nicht die Gelegenheit gab, offiziell die Verantwortung für ein Ausbildungsprogramm zu übernehmen, das sowohl das Zentrum als auch Supervisoren und Supervisanden hätte schützen können. Die Ängste, die sie selbst wegen der Ausbildung hatte, waren durch die Studentin, die sich unvorbereitet und unsicher fühlte, nur verschärft worden. Bei dem Versuch, mit den Ängsten der Studentin genauso umzugehen wie mit ihren eigenen, hatte sie vergessen eine Arbeitsbeziehung aufzubauen.

SAS-Analyse In diesem Beispiel hatten die vordergründigen Faktoren der Unerfahrenheit und Angst einer Studentin die zugrundeliegenden Themen verschleiert. Die Geschichte des Ausbildungsprogramms am Zentrum und ein Direktor, der sich um diese Angelegenheiten nicht kümmerte, wurden von der Supervisorin als schwerwiegend eingeschätzt und sie befürchtete katastrophale Konsequenzen für die Ausbildung. Es waren der unterdrückte Zorn der Supervisorin und ihre Sorge um die Ausbildung, die bei der Studentin die Angst vor der Arbeit mit Klienten hervorgerufen hatten. Hätten sich die Teilnehmer der Konsultationsgruppe nur mit der Angst der Supervisandin befaßt, dann hätte die Supervisorin nie entdecken können, daß die Geschichte des Ausbildungsprogramms ihre Supervisionsarbeit so stark beeinträchtigte. Als sie erst einmal ihren eigenen Zorn zur Kenntnis genommen hatte, konnte sie sich wieder darauf konzentrieren, eine Supervisionsbeziehung zu entwickeln (s. SAS-Analyse, Abb. 6.1). Sie beschloß, sich darauf zu konzentrieren, der Studentin zu Methodenkompetenz und Selbstvertrauen für die Arbeit mit dem neuen Klientel zu verhelfen. Sie beschloß außerdem, den Direktor jetzt nicht mit ihren Bedenken zu konfrontieren, sondern statt dessen sein Einverständnis für ihre Supervisionsrichtlinien einzuholen. Auch wenn dadurch das Ausbildungsprogramm insgesamt nicht verändert würde, so hätte sie wenigstens die Möglichkeit, ihre eigene Arbeit nach Grundsätzen durchzuführen, die vom Direktor gebilligt worden waren. Was sie brauchte, war das Gefühl, in ihrer Arbeit mit Studenten abgesichert zu sein. (s. Prozeß-Schema, Abb. 6.1)

Fall 2: Der Kontakt kommt nicht zustande

Das Dilemma der Supervisorin Die Supervisorin machte sich Sorgen, weil sie mit ihren beiden Supervisandinnen nicht das gleiche Maß an Engagement erlebte. Sie überlegte, ob der Unterschied in ihrem Supervisionsverhalten ein kulturelles Phänomen sein könnte. (Abb. 6.2 zeigt die SAS-Analyse der Fallstudie, die aus diesem Dilemma entwickelt wurde.)

Der Rahmen der klinischen Dienstleistung Im Rahmen eines Praktikums sahen die Studentinnen ihre ersten Klienten. Seit zwei Monaten waren sie bei der Supervisorin.

Die Supervisorin Die Supervisorin war Lateinamerikanerin und in der klinischen Arbeit sehr erfahren. Sowohl in ihrer Institution als auch in Fachkreisen außerhalb war sie sehr geachtet. Als Spezialistin in multikultureller Beratung wurden ihre Beratungsdienste von den unterschiedlichsten Organisationen in Anspruch genommen, wenn man eine Spezialistin für multikulturelle Beratung brauchte.

Die Supervisandin Die Supervisorin arbeitete mit zwei Studentinnen. Lily war sehr dynamisch und fähig, in psychologischen Kategorien zu denken. Bevor sie in Vorbereitung auf ihren Studienabschluß in dieses Praktikum gekommen war, hatte sie noch keinerlei Erfahrung in psychologischer Beratung. Marge war in der gleichen Phase ihres Ausbildungsprogramms, hatte aber schon einige Jahre in einem fachärztlichen Behandlungszentrum gearbeitet. Beide Studentinnen waren Amerikanerinnen europäischer Abstammung. Marge sprach fließend Spanisch und Englisch und hatte im spanischen Kulturkreis gelebt.

Die Geschichte der Supervisorin

Meine Supervision mit diesen beiden Studentinnen ist so grundverschieden. Mit Lily bin ich voller Enthusiasmus und freue mich auf den Prozeß zwischen uns, während ich mir bei Marge vorkomme, als ob ich Zähne ziehe. Bei ihr bin ich so direktiv und merke, wie ich eine Frage nach der anderen stelle und ihr schließlich meine Ansichten über psychologische Beratung erkläre. Aber bei dieser ganzen Arbeit höre ich von ihr so gut wie gar nichts. Das hatte ich von Marge nicht erwartet; sie ist zwar keine Lateinamerikanerin, aber sie spricht meine Sprache und lebt in einer ähnlichen kulturellen Umgebung wie ich. Manchmal sprechen wir sogar spanisch miteinander, aber auch dann ist zwischen uns eine Barriere, da fehlt das zwischenmenschliche Engagement. Lily dagegen scheint über Beziehungen ähnlich wie ich zu denken. Was mir aber am meisten Sorgen macht ist, daß ich sie miteinander vergleiche. Ich ertappe mich dabei, wie ich mir wünsche, Marge wäre mehr wie Lily. Ich weiß nicht einmal, ob sie fachlich gut ist, denn irgendwie gelingt es mir nicht, in ihr ein Interesse für die Supervision zu wecken. Vielleicht ist das einfach ihre Art mit Beziehung umzugehen. Manchmal habe ich das Gefühl, daß ich mehr über ihre Familiengeschichte sprechen möchte, vielleicht würde ich dann herausfinden, warum sie keinen Kontakt zu mir sucht. Ich bin so enttäuscht, ich denke nämlich, sie hat ein Potential, und wir könnten soviel mehr daraus machen.

Die Gruppe war erstaunt, wie unterschiedlich diese zwei Studentinnen waren, mehr noch aber darüber, daß die Supervisorin keine Verbindung zu Marge hatte. Man konzentrierte sich zunächst auf Marge. Waren es Faktoren zwischenmenschlicher Art, oder hatte es mit der Art ihrer Selbstdarstellung zu tun, die verhinderten, daß sie wirklich in Supervision war? Welche Lernbedürfnisse hatte sie? Vielleicht dachte sie, daß sie Supervision gar nicht so brauchte, weil sie schon praktisch gearbeitet hatte? Wie erfahren war sie denn wirklich? Verheimlichte sie eine Angst, die Supervisorin könnte zuviel von ihr erwarten, weil sie schon Erfahrung in psychologischer Beratung hatte? Was hatte es mit ihrer Familie auf sich und inwieweit gehörte das zur Supervision? Vielleicht war es ja auch in Ordnung, persönlich weniger engagiert zu sein. Vielleicht war ja Kontakt gar nicht notwendig, damit diese Studentin ihr Potential entwickeln konnte. Welches waren die Faktoren der Supervisorin? Erwartete sie vielleicht zuviel von der Beziehung oder von der sprachlichen und möglicherweise kulturellen Verbindung? Vielleicht waren ihre Ansprüche zu hoch? Schließlich untersuchte die Gruppe die Beziehungsstruktur im Zusammenhang mit den kulturellen Faktoren.

SAS-Analyse Die Erkenntnis, daß die Ursachen der Probleme in der Beziehung lagen, veranlaßte schließlich die Konsultationsgruppe dazu, die drei Beziehungsfaktoren zu diskutieren: Vertrag zwischen den Beteiligten, Phase der Beziehung und zwischenmenschliche Struktur. Die Supervisorin hatte besonders darauf geachtet, den Studentinnen ihre Annahmen und Grundeinstellungen zu Supervision darzulegen. Sie hatte sie dazu ermutigt, alle Seiten dieser Standpunkte zu diskutieren und mit ihr über die Gefühle und Gedanken zu sprechen, die sie hatten, was die Aspekte der verschiedenen Kulturen in ihrer Supervisionsbeziehung anging. Die Beziehungsstruktur war in jedem der Fälle anders, und die Gruppe forderte zunächst die Supervisorin auf, zu sagen, was für ihr Wohlbefinden in Beziehungen wichtiger war, Autorität oder persönliches Engagement. Sie meinte, daß sie sowohl von ihrem kulturellen Hintergrund her als auch vom professionellen Verständnis gegenseitiges, persönliches Engagement und gemeinsame Autorität schätzte. Dabei charakterisierte sie Autorität als eine Funktion des Beratens und Unterstützens ihrer Studenten. Anders ausgedrückt, ihr lag daran, die Distanz zwischen sich und ihren Supervisandinnen möglichst gering zu halten, dabei aber Rolle und Verantwortung als Supervisorin beizubehalten. Als sie die beiden Beziehungen unter dem Aspekt von Autorität und Engagement beschrieb, entdeckte sie, daß ihre professionelle Beziehung zu Lily ihren eigenen Idealen entsprach, während sie sich in der Beziehung zu Marge gezwungen sah, die Funktionen des Erklärens und kritischen Begleitens auszuüben, was zur Folge hatte, daß sie mehr Kontrolle, Autorität also im Sinne von „Macht über", ausübte

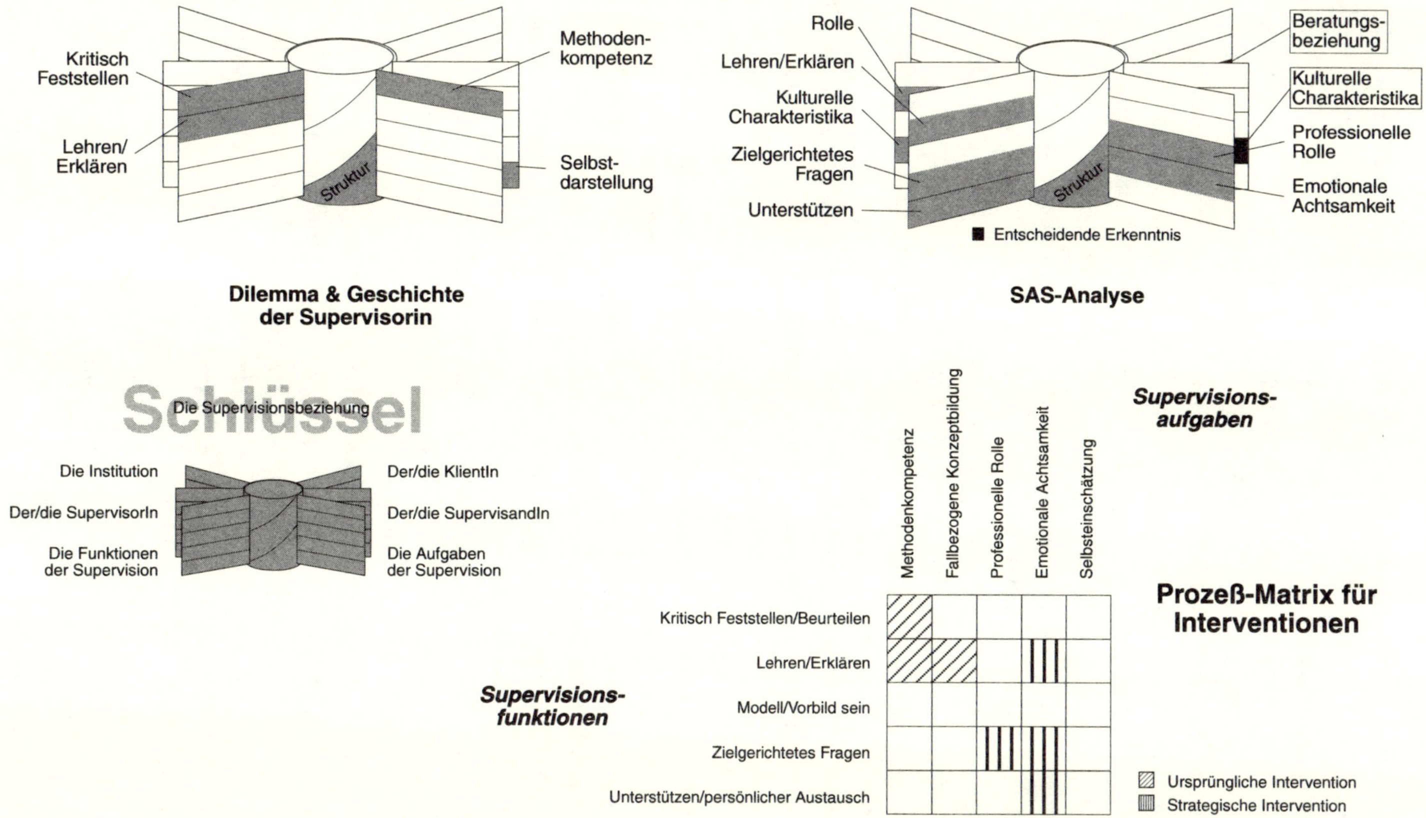

Abb. 6.2: Fallstudie 2: SAS-Analyse in der Supervisionskonsultation

oder im besten Fall eine Kollegialität oder ein Engagement neutraler Art erlebte. Es wurde ihr auch klar, daß Marge sich um so mehr zurückzog, je mehr sie selbst sich bemühte, Situationen zu schaffen, in welchen sie ihr näherkommen konnte. Aus ihrer Verzweiflung heraus fing sie schließlich damit an, Marge Ratschläge zu erteilen, was zwar die Ängste von Marge zu lindern schien, sie selbst aber sehr entmutigte. Sie hatte das Gefühl, daß sie ihrer eigenen Modellvorstellung einer Supervisorin nicht entsprach und zu autoritär war. Die Konsultationsgruppe stellte die Frage, ob die Supervisorin dieses Gefühl, nicht im Kontakt zu sein, angesprochen und ob sie Marge danach gefragt hätte, was sie über die ihr gestellten klinischen Aufgaben dachte oder wie sie die Supervisionsbeziehung erlebte. Die Supervisorin erkannte, daß diese Art von Intervention an und für sich schon eine stärkere Verbindung zu Marge erfordern würde, weil es dabei um die Unmittelbarkeit der Situation ging (s. SAS-Analyse, Abb. 6.2).

Die Supervisorin ertappte sich dabei, wie sie sich, im Bemühen die Situation zwischen den Studentinnen auszugleichen, von Lily zurückzog. Sie verhielt sich beiden gegenüber sehr reserviert und litt unter dem Gefühl, daß sie nicht sie selbst sein konnte. Sie machte sich wegen ihrer Erwartungen an die Supervision Sorgen und begann daran zu zweifeln, ob ihre Erwartungen im Kontext einer eurozentrischen Sichtweise realistisch waren. War es für sie überhaupt angemessen, in der Supervision eine so große Verbundenheit zu erwarten? Konnte diese Studentin die notwendigen Fähigkeiten nicht auch in einer etwas distanzierten Beziehung erwerben? Sie hatte Bedenken, daß die Auswirkungen dieser Distanz sich in mangelnder Wärme und Verbundenheit in den Beratungsbeziehungen der Supervisandin niederschlagen würden. Die Supervisorin verfolgte die Entwicklung der Beratungsbeziehung und achtete besonders darauf, ob die Studentin eine ähnliche zwischenmenschliche Struktur mit ihren Klienten bilden würde. Ihren Klienten gegenüber war Marge zurückhaltend, strahlte aber Wärme und Aufnahmebereitschaft aus. Die Supervisorin überlegte noch einmal, wie sich die verschiedenen Kulturen auf die Studentin auswirkten. Wehrte sie sich vielleicht gegen die Verbundenheit mit der Supervisorin, weil sie eine Frau und Lateinamerikanerin war und sie deswegen ihre Fachkompetenz anzweifelte? Sah sie die Einstellungen und Werte der Supervisorin als so verschieden an, daß die Beziehungsautorität darunter litt? Die Faktoren Kultur, Geschlechtszugehörigkeit und Rolle konnten alle dazu beitragen, den Mangel an persönlichem Engagement in der Supervision zu erklären (s. Prozeß-Schema in Abb. 6.2). Die Supervisorin faßte den Entschluß, diese Themen mit ihrer Supervisandin im Kontext der Weltsicht zu diskutieren. Sie begann das Gespräch sehr allgemein, fast akademisch, aber schließlich sprachen sie auch über die persönlichen Erfahrungen, die sie beide bei der Entwicklung ihrer beruflichen Wertvorstellungen und Ziele gemacht hatten. Am Ende bekannte die

Studentin, daß sie sich in Gegenwart der Supervisorin unbehaglich fühlte, weil sie sie als sehr mächtig und kompetent erlebte und diese Macht ablehnte. Ihre Erfahrungen im spanischen Kulturkreis waren nicht nur positiv gewesen; obwohl sie sich von der Offenheit der Menschen angezogen fühlte, erlebte sie ihre eigene Zurückhaltung im Kontrast dazu und fühlte sich eingeschüchtert und nicht wahrgenommen. In der Situation ihrer Gastfamilie hatte sie sich nicht angenommen gefühlt und sich darüber geärgert, obwohl die Leute versucht hatten, sie wie ein Familienmitglied zu behandeln. Sie erkannte, daß sie die Situation mit ihrer Supervisorin an diese Erfahrung erinnerte. Sie fand sich für die Beziehung unzulänglich und befürchtete, daß auch die Supervisorin sie unzulänglich finden würde. Durch dieses Gespräch konnten beide, Supervisorin und Supervisandin, anfangen, eine Beziehung zueinander aufzubauen, die für beide wichtig war, in der sie Kontakt zueinander hatten und sensibler darauf eingehen konnten, daß sie verschieden waren.

Fall 3: Bring mir einfach nur bei, wie man's macht!

Das Dilemma der Supervisorinnen Die beiden Supervisorinnen waren verwirrt und durcheinander, als sie zu mir kamen. Ihre Supervisanden verweigerten die Supervision. Sie waren nicht bereit dazu, über die Gefühle und Gedanken zu sprechen, die sie zu den Beratungs- und Supervisionsbeziehungen hatten. Was war der Grund für ihre Verweigerung? Die Supervisorinnen machten sich um die therapeutische Zukunft der beiden Supervisanden große Sorgen, weil es ihnen nicht gelang, sie in den Supervisionsprozeß einzubinden.

Der klinische Institutionsrahmen Das kleine Beratungsinstitut war eine kommunale, gemeinnützige Einrichtung, für Leute mit niedrigem Einkommen. Sämtliche Beratungssitzungen wurden dort, zum Zweck der Supervision, auf Videoband aufgenommen.

Die Supervisorinnen Beide Frauen, Rebecca und Georgine, waren Amerikanerinnen europäischer Abstammung. Sie waren miteinander befreundet und waren klinische Mitarbeiterinnen an einem kleinen Ausbildungszentrum der Gemeinde. Als Klinikerinnen waren sie kompetent und erfahren und übten ihren Beruf mit Hingabe aus. Sie supervidierten Studenten, die ihre ersten Praktika machten, weil ihnen an der Aus- und Weiterbildung von Fachleuten lag und weil ihnen der Supervisionsprozeß Spaß machte.

Die Supervisanden Beide Supervisanden waren gereifte Persönlichkeiten, die vor ihrer psychologischen Beratungstätigkeit andere Berufe ausgeübt hatten. Sie waren hochmotiviert, sich das therapeutische Handwerkszeug anzueignen, und engagierten sich sehr dafür, eingesetzt zu werden. Der Mann war Amerikaner europäischer Abstammung und hatte zuvor den Beruf des Lehrers fünf Jahre lang ausgeübt. Die Supervisandin war eine bikulturelle Frau europäisch/indianischer Abstammung und hatte vor ihrer Universitätsausbildung zur psychologischen Beraterin in kommunalen Organisationen gearbeitet.

Die Geschichten der Supervisorinnen

Rebecca: Meiner Supervisandin fällt es schwer, in der Beziehung zu ihrer Klientin Grenzen zu setzen. Manchmal hat man den Eindruck, daß die beiden Freundinnen sind, die auf der Straße miteinander plaudern. Ich habe mit ihr den Unterschied zwischen Freundschaft und Therapie diskutiert und hatte den Eindruck, daß sie das auf der intellektuellen Ebene verstanden hatte, es aber nicht auf die Ausübung ihrer Rolle übertragen konnte. Dieses Plaudern nahm zwar in den Stunden ein wenig ab, taucht aber unvorhersehbar immer wieder auf, und ich denke, daß sie die beiden Rollen nicht voneinander abgrenzen kann. Deshalb habe ich einen Prozeß emotionaler Erforschung mit ihr angefangen. Ich habe wirklich schwer daran gearbeitet, sie zu einer emotionalen Selbstwahrnehmung zu bringen, und war recht zufrieden, weil sie bereit war, sich zu öffnen und persönliche Gefühle, die sie für die Klientin empfand, mitzuteilen. In zwei weiteren Supervisionsstunden führte ich diese Arbeit fort, und wir untersuchten, welche Bedeutung Freundschaft in ihrer Kultur hat und wie wichtig es ist, als Mensch und im Beruf geschätzt zu werden. Es hat mir wirklich Spaß gemacht, die Komplexität und den Zusammenhang zu erforschen, der zwischen der beruflichen Abgrenzung und ihrem kulturellen Hintergrund besteht. Ich habe ihr erklärt, wie wichtig es ist, klare Grenzen zu setzen und wie kritisch duale Beziehungen in ethischer Hinsicht sind. Darauf war sie den Tränen nahe und machte zu. Ich hatte wirklich nicht verstanden, was da passiert war. Als sie in die nächste Stunde, die letzte vor dem heutigen Tag kam, war sie sehr zornig auf mich, weil ich in ihre persönliche Welt eingedrungen und so unsensibel für ihren kulturellen Hintergrund gewesen war. Sie bestand darauf, daß ich sie supervidieren und ihr die professionellen Fertigkeiten beibringen sollte. Ich sollte auf gar keinen Fall versuchen, ihre Therapeutin zu sein. Ich war dermaßen von ihrer Heftigkeit schockiert, aber mehr noch, weil sie fand, daß ich es war, die die Grenzen durcheinanderbrachte.

Georgine: Ich weiß genau, was du durchmachst. Mein Supervisand scheint überhaupt nicht fähig zu sein, seine eigenen emotionalen Reaktionen auf die Klientin zu erforschen. Er versucht wirklich, sich mit der Klientin anzufreunden, und sagt ihr tatsächlich, wie sie als Frau auf ihn wirkt. Ich denke, er versucht sie davon zu überzeugen, daß sie ein netter Mensch ist und daß er sie attraktiv findet. Das ist dermaßen frustrierend mit ihm. Er ist weder fähig noch bereit, sich damit zu befassen, welche Bedürfnisse er selbst hat, so daß er seine professionellen Grenzen in dieser Weise überschreitet. Ich habe ihn schon einige Male damit konfrontiert, wie er sich dieser Klientin gegenüber verhält. Das letzte Mal habe ich mir seine Beratungsstunde mit dieser Klientin angesehen – ich konnte es einfach nicht fassen. Es sah so aus, als ob er versuchte, sie zu verführen. In der letzten Supervisionsstunde hat er mir überdeutlich gesagt, daß ich ihn damit in Ruhe lassen sollte, seine Gefühle für die Klientin zu untersuchen. Ich sollte ihm lieber beibringen, wie man psychologische Beratung macht. Wenn er Psychotherapie wollte, würde er sich einen Berater suchen und ihn dafür bezahlen.

In ihrer gemeinsamen Konsultationsstunde saßen die beiden Supervisorinnen mir gegenüber. Rebecca ist eine sehr nachdenkliche und stille Person. Was einem bei ihr als erstes auffällt, ist wahrscheinlich ihre ruhige Intelligenz. Wenn sie eine Idee aufgreift, dann tut sie dies mit Beharrlichkeit und einer gewissen Sturheit und geht damit in den Untergrund. Sie hat sehr feine Antennen für kleine Verhaltensnuancen und deren Bedeutung. Heute sah sie ziemlich entmutigt aus, und in ihrer Ausstrahlung war so etwas wie Rage zu spüren oder jedenfalls ein Schimmer von etwas, was für Rebecca Rage war. Als sie anfing zu erzählen, war ihre Stimme höher als sonst, und ich spürte sofort eine starke Intensität.

Georgine wirkte irgendwie heiter. Auf eine stille Art ist sie sehr präsent. Sie kann die schärfsten Konfrontationen äußern, ohne auch nur für einen Moment die Haltung zu verlieren, und tut dies aber mit soviel Wärme und Ermutigung, daß man spürt, daß sie einen schätzt, auch wenn sie deutlich macht, was man ändern muß. Sie kannten meine Vorliebe für die Analyse komplexer, zwischenmenschlicher Beziehungen und schauten mich erwartungsvoll an. Ich spürte, daß sie von mir eine Erforschung ihrer Gefühle in ihren beiden Supervisionsbeziehungen wollten. Ihre Intensität war so stark, und wir hatten schon einige Knäuel von Beziehungsfäden, ihren Emotionen und Verhaltensweisen, miteinander entwirrt, und ich spürte die Versuchung nachzugeben. Aber ich wußte, diesmal mußte es anders sein. Was sie brauchten, war ein ziemlich direkter Unterricht über die Grenzen ihrer Rollen, die Bedeutung von Verträgen und die Entwicklung einer Supervisionsbeziehung. Sie hatten das genauso nötig wie ihre Supervisanden, die die Grenzen ihrer Rollen als Berater erkennen mußten. Ich mußte ihnen genau das geben, was ihre Supervisanden von ihnen forderten – nämlich durch die Erfahrung zum Verständnis gelangen, daß Methodenkompetenz für die professionelle Autorität unentbehrlich ist. Auch wenn es ihnen im Moment noch so langweilig und unpersönlich vorkam, ich mußte sie an den Sinn ihres Supervisionsvertrages erinnern und daran, daß ihre Supervisanden noch unerfahren waren. Ich sagte ihnen, daß es durchaus möglich sei, daß ihre Supervisanden einfach noch nicht wußten, wie man innerhalb einer Beratungsbeziehung Wärme und Anteilnahme zeigt. Hier handelte es sich eindeutig um einen Parallelprozeß zwischen Beratungs- und Supervisionsbeziehung, und der mußte in der Konsultation gestoppt werden. Wir mußten gemeinsam eine klare und sorgfältige Analyse ihrer Supervisionsmethoden durchführen. Wir begannen also zunächst damit, herauszufinden, welche Fertigkeiten den Supervisanden fehlten und mit welchen Supervisionsmethoden man sie vermitteln konnte. Dabei konzentrierten wir uns auf diejenigen Fertigkeiten, die sie zur Definition der Beraterrolle brauchten. Ich bemerkte, daß sie Zweifel hatten und meine Aufmerksamkeit lieber auf ihre Gefühle gelenkt hätten. Denn nach all ihrer Mühe und Arbeit mit diesen Beratungsstümpern fühlten sie sich als SupervisorInnen verkannt. Ich widerstand dieser Einladung und behandelte die Bereiche Beratungsfähigkeiten und Unterrichtsmethodik. Erst danach sprachen wir über Beziehungen, Kulturen und Geschlechtszugehörigkeit und welchen Einfluß diese Faktoren auf ihr Engagement mit den Supervisanden hatten (s. Das Dilemma und die Geschichte der Supervisorinnen, Abb. 6.3).

SAS-Analyse Die Supervisorinnen hatten die Probleme, die die Berater bei der Entwicklung einer Beratungsbeziehung hatten, ganz richtig erkannt. Sie hatten aber bei der Bewältigung dieser Probleme fast ausschließlich die emotionale Achtsamkeit der Supervisanden im Auge. Zunächst waren die Berater ja auch dieser Richtung gefolgt, hatten dann aber das Gefühl, in eine therapeutische Beziehung gelockt worden zu sein, wobei ihnen die Fertigkeiten, die sie brauchten, um sich anders verhalten zu können, verweigert wurden. Für die Supervisorinnen war es notwendig, noch einmal ihr Verständnis des Supervisionsvertrages zu überprüfen. Hatten sie selbst die Grenzen der Supervisionsbeziehung gewahrt? Außerdem mußten sie die Beziehungsphase und den Erfahrungsstand der Supervisanden berücksichtigen. Ihre Beziehungen waren noch am Anfang, und eine tiefergehende Selbstoffenbarung konnte als verfrüht betrachtet werden. Die Beharrlichkeit, mit der sie auf der Selbstoffenbarung bestanden, war zu intensiv. Auch wenn diese Richtung am Anfang angemessen war, wurde sie für die Supervisanden bald zu belastend, zumal sie keine Relevanz zu den Themen der Klienten erkennen konnten. Diese Berater fingen gerade mit ihrer Tätigkeit an und brauchten Methoden, um das, was sie intellektuell über ihre Beraterrolle verstanden hatten, auch umsetzen zu können. Über die Fertigkeiten, die man für Freundschaften braucht, verfügten sie bereits; was sie jetzt brauchten waren Fertigkeiten, mit welchen sie in der Beratung eine warme und förderliche Beziehung schaffen konnten. Die persönlichen Vorlieben der Supervisorinnen für zwischenmenschliche Achtsamkeit und eher therapeutische Supervisionsinterventionen – das heißt ihre eigenen, zu eng definierten Erwartungen an die Supervisorenrolle – verhinderten, daß sie das Bedürfnis der Supervisanden Fertigkeiten zu erlangen berücksichtigten. Auch die Bedeutung der kulturellen und geschlechtsspezifischen Unterschiede zwischen ihnen spielte eine Rolle dabei, daß die Supervisorinnen so wenig Sensibilität für den Zorn ihrer Supervisanden hatten. Die Supervisorinnen waren davon ausgegangen, daß die Art und Weise, wie die Berufsanfänger ihre Beziehungsfertigkeiten einsetzten, in irgendeiner Dysfunktion begründet war, die darin bestand, daß sie die Klienten als Freunde brauchten. Im Gespräch waren die Supervisorinnen zwar dazu in der Lage, mit den Supervisanden über kulturelle Sitten und Traditionen in Berufsbeziehungen zu reden, aber indem sie auf

Selbstoffenbarung und intimeren Gesprächen beharrten, widersprachen sie in ihrem eigenen Verhalten diesen Normen. Die Supervisanden hatten den Eindruck, daß ihnen unlautere Motive unterstellt wurden, was ihr Verhalten zu den Klienten anging. In Abbildung 6.3 der SAS-Analyse wird auf die Möglichkeit eines dreifachen Parallelprozesses hingewiesen: in der Beratungsbeziehung der Supervisanden (Flügel des Klientenfaktors), in der Supervisionsbeziehung (Beziehungsachse) und in der Konsultationsbeziehung (Flügel des institutionellen Faktors).

Die Supervisanden waren schließlich in der Lage, den Supervisorinnen ihre Absichten unter geschlechts- und kulturspezifischen Aspekten zu erklären. Die Supervisorinnen konnten diejenigen Verhaltensweisen genau identifizieren, die im Kontext der Beratung ineffektiv waren, und die Supervisanden machten Vorschläge, wie sie sich mit den Klienten so verhalten konnten, daß die Situation zwar entschärft wurde, sie sich aber dennoch authentisch und in Übereinstimmung mit ihrer Kultur und ihrem Geschlecht erlebten. Rebecca eröffnete schließlich eine Diskussion über unterschiedliche Beratungsrichtungen, die sich für die kulturelle Gruppe ihrer Supervisandin am besten eignete und über Unterschiede in Beziehungsstrukturen und –rollen, die in nicht europäisch-amerikanischen Kulturen zu erwarten waren. Für beide Supervisorinnen war es besonders wichtig, ihren ursprünglichen Supervisionsschwerpunkt der Introspektion auch unter kulturellen und geschlechtsspezifischen Gesichtspunkten zu begreifen, damit sie ihren Supervisanden angemessen begegnen konnten (s. Prozeß-Schema, Abb. 6.3).

Fall 4: Die Infektion breitet sich aus

Das Dilemma der Supervisorin Die Supervisorin war sich vollkommen im klaren darüber, daß sie in der Supervision einen Fehler gemacht hatte. Sie hatte den Prozeß in der Gruppensupervision nicht erkannt und hatte, wie sie es ausdrückte, mit ihrer Intervention eine Katastrophe ausgelöst. Was hätte sie anders machen sollen? Wie wären die anderen in der Gruppe damit umgegangen? Wie konnte sie mit ihrer Supervisandin wieder eine tragfähige Arbeitsbeziehung herstellen?

Der klinische Institutionsrahmen Einmal in der Woche traf sich die Konsultationsgruppe, die aus Supervisionsanfängern bestand, mit ihren Supervisanden, um ihre gemeinsame Arbeit zu diskutieren. Bei den Supervisanden handelte es sich um psychologische Berater in ihrem zweiten Praxisjahr. Sie arbeiteten mit Klienten in einer kommunalen Beratungsstelle.

Die Supervisorin Die Supervisorin war eine Berufsanfängerin mit begrenzter klinischer Erfahrung. Zu ihren klinischen Aufgaben gehörten Einzel- und Gruppensupervision.

Der Supervisand Ein Berufsanfänger in der psychologischen Beratung, ca. 20 Jahre alt, der aber in paraprofessionellen Selbsthilfegruppen relativ umfangreiche Erfahrung erworben hatte. Zur Zeit arbeitete er mit einigen Klienten in einer kommunalen Beratungsstelle.

Die Geschichte der Supervisorin

OK, Leute. Das größte Problem habe ich mit meinem Supervisanden in der Gruppensupervision. Zur Zeit hat er mich wirklich in der Zwickmühle. Er fordert meine bedingungslose Aufmerksamkeit und weist sie dann zurück. Die ganze Gruppe gibt ihm unglaublich viel Sendezeit, aber er geht überhaupt nicht darauf ein. Im Gegenteil, er hat ihnen gesagt, daß er wütend auf sie ist, weil sie ihn so in den Mittelpunkt stellen. Aber in der Einzelsupervision ist er sehr gesprächig und überzieht jedesmal die Zeit. Letzte Woche war ich unheimlich frustriert und zornig auf ihn. Erst hat er die Stunde um 45 Minuten überzogen und wollte dann noch einen zusätzlichen Termin für die gleiche Woche. Beim letzten Gruppentreffen haben Barbara und ich beschlossen, ihn mit seinen Doppelbotschaften an die Gruppe zu konfrontieren. Als ich es aber dann machte, hatte ich das ganz schlechte Gefühl, den falschen Zeitpunkt erwischt zu haben. Die Gruppe war sehr engagiert dabei gewesen, einer Teilnehmerin zu helfen, ihre Gegenübertragung mit einem Klienten durchzuarbeiten. Ich habe die Idee der Gegenübertragung aufgegriffen und meinem Supervisanden gesagt, daß nach meinem Empfinden zwischen uns auch etwas Derartiges passierte. Die Gruppe reagierte darauf mit reichlich Verwirrtheit, nicht so aber Barbaras Supervisandin. Im allgemeinen hält sie sich in der Gruppendiskussion ziemlich zurück, aber jetzt teilte sie sich sehr offen mit. Sie sagte, daß sie die Supervision als einen wirklich offenen Prozeß erlebte und das Gefühl hatte, es ihrer Supervisorin sagen zu können, wenn sie ein Problem mit ihr hatte. Der Rest der Gruppe schien überhaupt nicht zu verstehen, worum es eigentlich ging, also legte ich los mit einer Erklärung über Gegenübertragung in der Supervision. Ich dachte, es könnte für sie von Interesse sein, zu verstehen, daß auch Supervisoren nur Menschen sind und solche Verstöße auch ihnen unterlaufen können. Als ich fertig war, kochte mein Supervisand. Er stand auf und verließ demonstrativ den Raum. Ich saß wie versteinert da, und Barbara machte weiter. Ich weiß nicht – hätte ich ihm nachlaufen sollen, hätte ich es in der Gruppe diskutieren sollen oder was? Wir haben dann einfach weitergemacht und eine Falldarstellung analysiert.

Ich freute mich, als ich den Unterrichtsraum betrat. Ich arbeitete sehr gern mit dieser Gruppe, und es ging um mein Lieblingssupervisionsthema. An diesem Tag war Susan dran. Sie sollte eine Konsultation machen und teilte gerade eine kurze Zusammenfassung ihres „Dilemmas" aus. Susan war eine starke und intelligente Kraft in dieser Klasse. Sie hatte wirklich ein Talent, die Aufmerksamkeit auf die Schwachstellen des Supervisionsprozesses zu lenken. Susan war mit einer anderen Frau der Gruppe eng befreundet, und die Verbundenheit zwischen ihr und Barbara war für die Gruppe ganz deutlich. Barbara war die Rückenstärkung. Sie unterstützte Susan oft bei der Untersuchung des Gruppenprozesses und vertrat gelegentlich

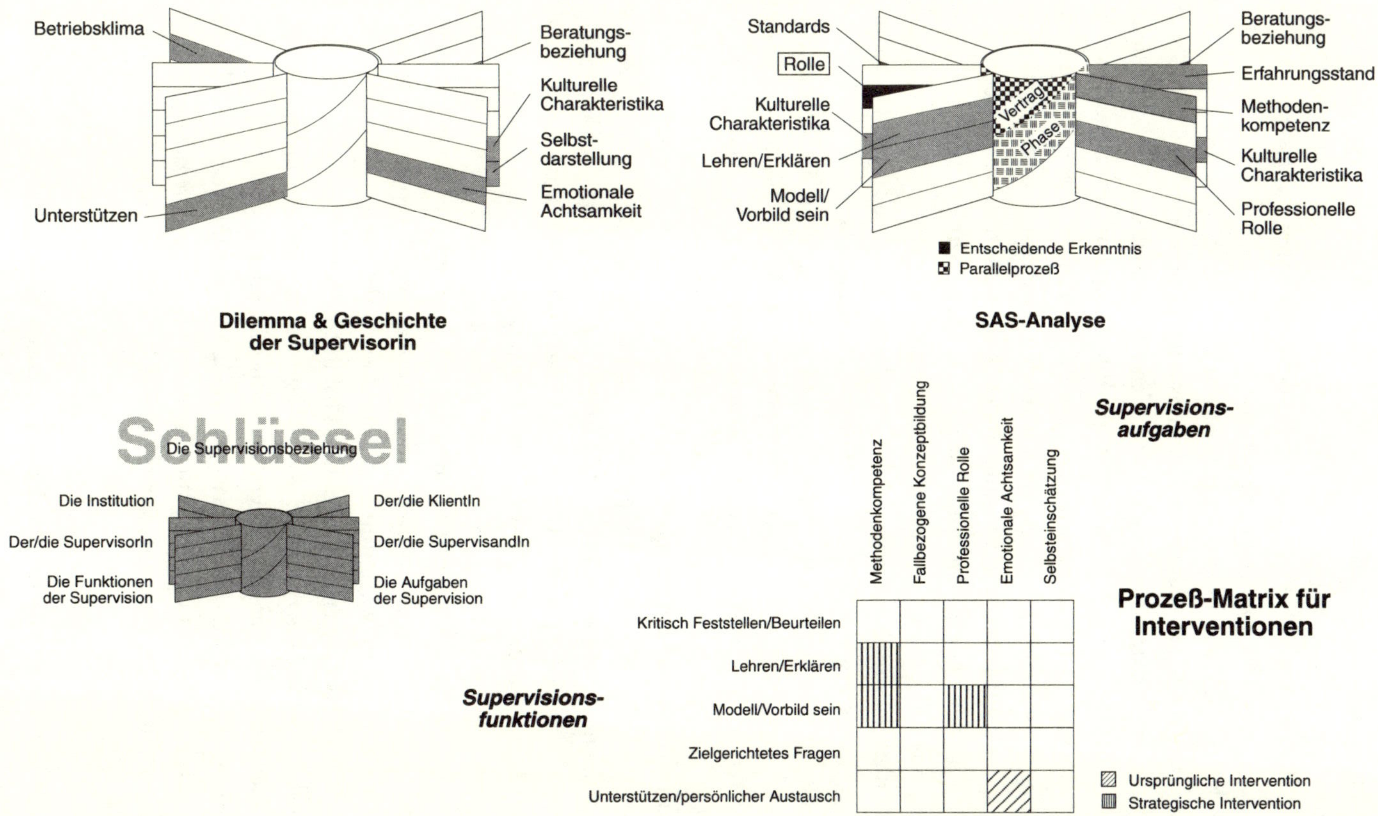

Abb. 6.3: Fallstudie 3: SAS-Analyse in der Supervisionskonsultation

auch eine ganz andere Ansicht. Wenn sie eine solch gegensätzliche Meinung ausführte, verschärfte sich ausnahmslos, für einen kurzen Moment, Susans Blick. Sobald Barbara aber das Gespräch wieder der geschickten Führung Susans überließ, war ihr Gesicht wieder so gelassen wie zuvor.

Ich hörte mir Susans Geschichte über ihre Schwierigkeiten mit dem Supervisanden an und wie sich diese in der Supervisionsgruppe auswirkten. Dabei war ich neugierig, ob Barbara ahnte, daß sie bei dieser Konsultation wahrscheinlich eine wichtige Rolle spielte. Ich sah von meinen Papieren auf und bemerkte, daß Barbara bei Susans Geschichte rot wurde und verstohlen zu ihr hinschaute. Susan nickte ihr aufmunternd zu. Ich war gespannt, was wohl als nächstes passieren würde. Die Gruppe kam gut voran und verstand Susans Dilemma mit ihrer Supervisionsbeziehung immer besser. Von Susan selbst kam aber nicht der geringste Hinweis darauf, was sie von den Ideen hielt. Während dieser gesamten Zeit war Barbara still. Schließlich machte eine Teilnehmerin darauf aufmerksam, daß Barbara, die ja anscheinend etwas mit dieser Situation zu tun hatte, sich an der Diskussion überhaupt noch nicht beteiligt hatte. Diese Bemerkung nahm Barbara zum Anlaß, über Schwierigkeiten mit ihrer Supervisandin zu sprechen, und die Gruppe beschäftigte sich eine Weile mit den Themen dieser Einzelsupervision. Über die Supervisionsgruppe wurde immer noch nicht gesprochen. Während die allgemeine Aufmerksamkeit Barbara galt, schien die Spannung zwischen ihr und Susan immer stärker zu werden. Ich sagte der Gruppe, was ich im Prozeß beobachtete. Dadurch wurde langsam sichtbar, daß Susan und Barbara bei der Co-Leitung der Gruppe Konflikte hatten. Barbara erlebte Susan in den Interaktionen als dominierend, Susan ihrerseits fühlte sich dazu gezwungen, weil sich Barbara so stark zurückhielt. Die Konsultationsgruppe erkannte sofort, daß die gleiche Dynamik auch in der Supervisionsgruppe bestimmend sein mußte: Barbara erhält die Aufmerksamkeit, weil sie still ist, und Susan steht im Rampenlicht, weil sie die Konfrontation nicht wagt und nicht weiß, wie tief diese Diskussion auf der persönlichen Ebene gehen würde. Die Diskussion führte schließlich zu der Erkenntnis, daß die Supervisanden die unausgesprochenen Spannungen und Frustrationen zwischen den Co-Leiterinnen untereinander ausagierten. Zuletzt kam die Gruppe wieder auf das Thema von Susans Supervisand zurück und erörterte Interventionen für den Umgang mit seinen Ansprüchen, seinem Zorn und seiner Ablehnung in der Einzelsupervision (s. Geschichte und Dilemma der Supervisorin, Abb. 6.4).

SAS-Analyse Den Schwerpunkt der Konsultation bildete schließlich die eigentliche Problemursache – die Beziehung zwischen den zwei Mitgliedern der Konsultationsgruppe. Obwohl die Art, wie sie miteinander umgingen, auch die Super-

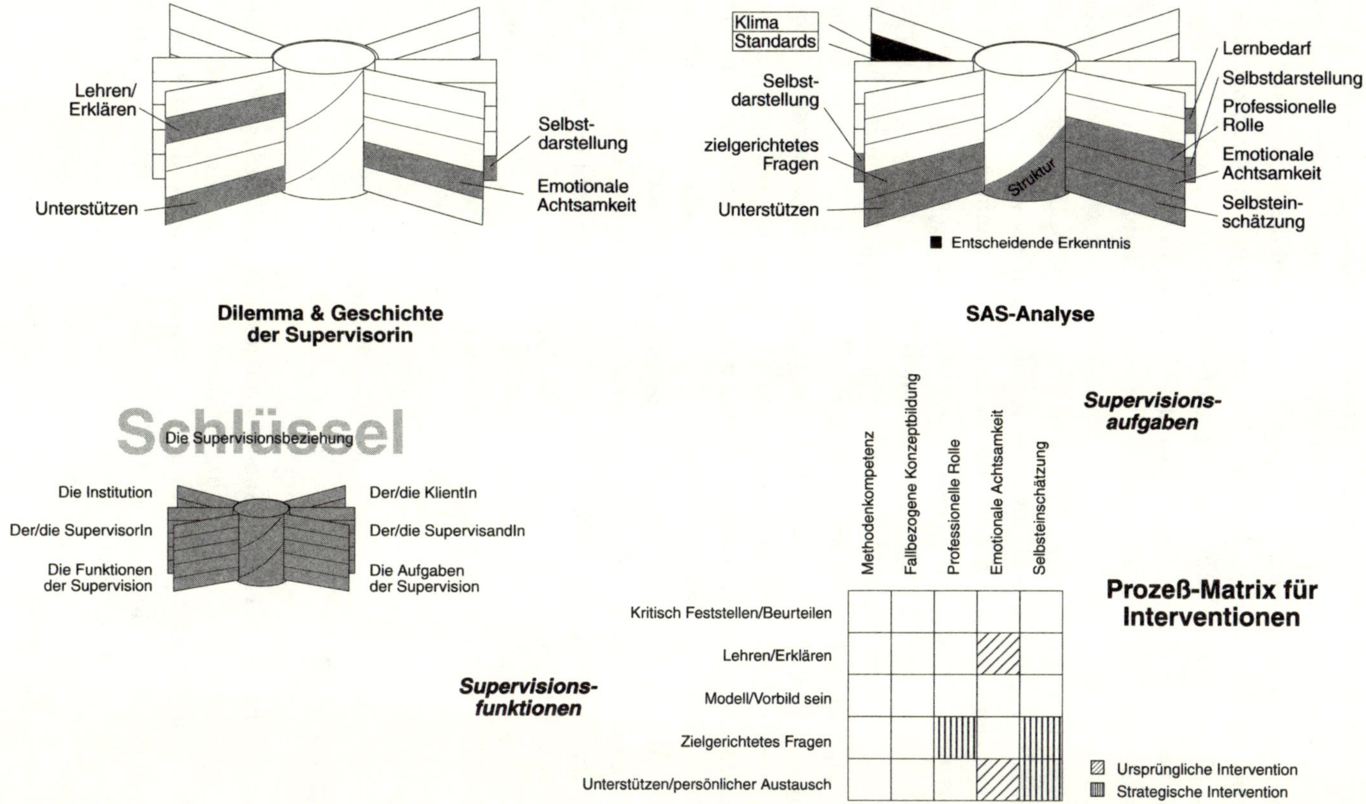

Abb. 6.4: Fallstudie 4: SAS-Analyse in der Supervisionskonsultation

visionsgruppe und die Beziehung zu ihren Supervisanden in der Einzelsupervision angesteckt hatte, war die wirkliche Ursache der Wettbewerb zwischen ihnen. Wie sie nämlich in der Konsultationsgruppe um meine und die Aufmerksamkeit und Anerkennung ihrer Kollegen buhlten. Die ganze Gruppe begann zu verstehen, wie sie sich Susans Macht gebeugt hatten und oft erwarteten, daß sie bei irgendeinem Thema die Führung übernahm. Obwohl diese Dynamik nicht allen von Anfang an bewußt war, war ihnen doch aufgefallen, wie still Barbara war und wie sie im Schatten von Susan blieb. Manche fühlten sich abgelehnt, wenn sie die Beziehung zwischen Susan und Barbara erlebten und mieden die beiden. Die Intervention galt allen Teilnehmern der Konsultationsgruppe und erst als diese bereit waren, ihre zwischenmenschlichen Konflikte zu verarbeiten, konnten sie sich mit Problemlösungen für die Supervisionsgruppe der beiden und deren Beziehungen zu ihren Supervisanden beschäftigen. Susan und Barbara sprachen in ihrer Arbeit mit den Supervisanden über die Schwierigkeiten, die sie mit der gemeinsamen Gruppenleitung hatten, und daß diese Probleme sich wohl auch auf die Supervisionsbeziehungen auswirkten. Sie ermutigten die Supervisanden zur Selbsterforschung, inwieweit sie selbst zu diesem Prozeß beitrugen. Die beiden Supervisorinnen und ihre Supervisanden arbeiteten gemeinsam daran, diesen Konflikt zu beenden und sich dann wieder vorrangig den Lernbedürfnissen der angehenden Berater zuzuwenden. Abbildung 6.4 (SAS-Analyse) zeigt, wie das Problem (aufgeführt unter den institutionellen Faktoren: Betriebsklima und –standards), von der Konsultationsgruppe ausgehend, die Supervisionsbeziehungen infiziert. Die Voraussetzungen für Veränderungen mußten zwar in der Dynamik der Konsultationsgruppe geschaffen werden, in der Prozeß-Matrix werden aber die Interventionen gekennzeichnet, die Susan in ihrer Supervisionsbeziehung einsetzen kann.

Zum Abschluß

Dies ist kein Handbuch für die Supervisionsausbildung. Eine Liste der Supervisionstechniken enthält es auch nicht, und für manche wird das eine Enttäuschung sein. Dieses Buch soll Supervisoren und Supervisionsausbilder dazu anregen, das, was sie in der Supervision tun, zu reflektieren, ihre eigene Intuition zu entdecken, eine Sprache zu benutzen, mit der sie anderen vermitteln können, was sie wissen und die schwierigen Fragen nach dem Sinn ihrer Arbeit zu stellen. Dieses Buch ist der Versuch, die praktischen und wissenschaftlichen Erkenntnisse über Supervision verständlich zu machen und sie so miteinander zu verbinden, daß sie für die Sinnfragen unmittelbar praktisch anwendbar und relevant sind. Die hier gezeigten

Beispiele sind nur ein kurzer Blick auf die vielschichtigen Beziehungen, die wir in der Supervision entwickeln. Mit der Ausarbeitung dieser Beispiele soll gezeigt werden, wie das SAS-Modell als Bezugsrahmen auf die tatsächliche Supervisionsarbeit angewandt werden kann. Dieses Modell ist aus der Supervisionsarbeit für die Supervisionsarbeit entstanden. Es liefert eine Sprache, die über zufällige Betrachtungen hinausgeht und zu einer kritischen Analyse hinführt. Einer Analyse unseres eigenen Handelns und der Wirkung, die diese Arbeit auf unsere Supervisanden und auf deren Klienten hat. Die Reflexion unserer Arbeit im Kontext dieser Beziehungen ermöglicht eine fundierte und durchdachte Supervisionsarbeit.

Meine Unterrichtsarbeit und die Konsultationen, die ich mit Angehörigen aller helfenden Berufe durchgeführt habe, waren für die Konzeptbildung des SAS-Modells von unverkennbarem Einfluß. Die unmittelbare Supervisionsarbeit und der Supervisionsunterricht haben mich davon überzeugt, daß es weder „Rezepte“ noch „Vorschriften“ für die Supervision gibt, sondern daß wir Supervisoren brauchen, die reflektieren und die eine Sprache zur Verfügung haben, mit der sie ihre Erkenntnisse und ihre Entscheidungsprozesse mitteilen. Das SAS-Modell ist ein Werkzeug, mit dem Supervisoren ihre Arbeit analysieren, ihren Unterricht zielgerichtet und bewußt durchführen und für jede einzelne Person ihre Art des Lehrens kontinuierlich verbessern können. Ich habe in diesem Buch auch versucht, lebendige Supervisionspraxis einzufangen und diese mit empirischen Erkenntnissen zu verbinden.

In diesem Buch habe ich über meine Konzeptbildung der Supervision geschrieben und diese in ein Modell übersetzt. Zusätzlich zur Illustration der Modellanwendung in unterschiedlichen Kontexten habe ich für Definitionszwecke einige Beispiele dargestellt. Ich habe mich darum bemüht, eine sehr komplexe Unterrichtsmethode möglichst klar und konkret zu erklären. Zwar habe ich versucht, das SAS-Modell in gedruckter Form wiederzugeben, die Spannung und Erregung aber, die Gespräche, Erkenntnisprozesse und Demonstrationen in einer interaktiven Lernatmosphäre hervorbringen, können in dieser Form aber nicht eingefangen werden. Dies gilt vielleicht auch ganz allgemein für das Wesen der Supervision. Die besten Supervisionsmomente werden sichtbar, wenn fähige Supervisoren und engagierte Supervisanden kreativ miteinander arbeiten. Die Überzeugung, daß Supervision nicht nur ein Handwerk, sondern auch Kunst ist, kann uns aber nicht davon abhalten, nach einer Methodik zu suchen, die Richtschnur für die Bemühungen der Supervisoren ist, eine Methodik, mit der sie die Prinzipien der Pädagogik verstehen, Supervisionsfertigkeiten erlernen und beides individuell und kreativ für den jeweiligen Supervisanden anwenden können. Ich hoffe, daß dieses Buch eine Methodik für die Diskussion der Supervision bietet, damit wissenschaftliche Erkenntnisse und die Intuition der Praxis im Gespräch verankert werden.

Europäische Gesellschaft für Supervision EAS e.V.
Ethische Richtlinien

Präambel

Die Europäische Gesellschaft für Supervision EAS e.V. setzt sich zusammen aus Personen und Institutionen, die in der Supervision (Supervisoren), in der Lehrsupervision (Lehrsupervisoren) sowie in der Ausbildung von Supervisoren (Ausbilder) tätig sind. EAS beachtet im psychosozialen Bereich gültige, allgemeine Kompetenzrichtlinien.

Die obengenannten Personen werden in der Folge Mitglieder genannt. Mit Supervisanden sind Personen gemeint, die Supervision empfangen. Klienten sind die Klienten der Supervisanden. Kandidaten sind diejenigen, die an einer Supervisorenausbildung teilnehmen.

Ziel der Ethik-Richtlinien

Die Ethik-Richtlinien für Mitglieder der EAS e.V. sollen dabei helfen:

1. ethischen und rechtlichen Schutz von Klienten, Supervisanden und Kandidaten zu gewährleisten;
2. die Bedürfnisse der Supervisanden sowie deren professionelle Entwicklung in einer dem Wohl der Klienten entsprechenden Art und Weise zu erfüllen;
3. die Bedürfnisse der Kandidaten bezüglich ihrer Ausbildung sowie professionellen Entwicklung in einer dem Wohl der Klienten und den Erfordernissen des Ausbildungsprogramms entsprechenden Art und Weise zu erfüllen;
4. Verfahren, Vorgehensweisen und Kriterien für die Durchführung von Ausbildungsprogrammen zu erstellen.

Diese Richtlinien ermöglichen den Mitgliedern, ethische Aspekte ihrer Aufgaben zu untersuchen und klarzustellen. Sie informieren auch die Öffentlichkeit darüber, welches Verhalten diesbezüglich von den Mitgliedern erwartet werden kann. Die

Richtlinien sind formell alle fünf Jahre – falls nötig auch öfter – zu überprüfen und anzupassen, um die Mitglieder in ethischen Fragen bei Supervision und Ausbildung zu unterstützen.

Grundannahmen

Mitglieder respektieren die Würde jedes Menschen. Sie diskriminieren nicht nach dessen kultureller und ethnischer Herkunft, nach physiologischem, psychologischem, soziologischem oder ökonomischem Zustand oder nach sexueller Präferenz.

Mitglieder üben ihren Beruf in voller Verantwortung gegenüber den Gesetzen des Staates aus, in dem sie leben.

Der Schutz des Supervisanden und seiner Klienten ist die vorrangige Verantwortung der Mitglieder. Darum haben sie diesen ihre bestmöglichen Dienste bereitzustellen und so zu handeln, daß sie keinem Supervisanden absichtlich oder fahrlässig Schaden zufügen.

Mitglieder suchen in dem Supervisanden das Bewußtsein der Würde, Autonomie und Verantwortung des Menschen zu wecken und ein Handeln aus diesem Bewußtsein zu fördern.

Mitglieder unternehmen jede nur mögliche Anstrengung, eine optimale Erfüllung der Aufgabe ihrer Supervisanden zu fördern.

Handhabung der Ethischen Richtlinien

Bei vermeintlicher Nichteinhaltung dieser Richtlinien wenden Mitglieder oder Betroffene sich an die Kommission für Ethik und Berufsfragen der EAS. Die Mitgliedschaft bzw. der Weiterbildungsvertrag eines Mitglieds kann von der EAS ausgesetzt werden, wenn dessen Verhalten nicht den in den Richtlinien dargelegten Grundsätzen entspricht und der/die Betreffende auch nicht bereit ist, nach entsprechender Konfrontation durch Kollegen oder den Fachverband, dieses Verhalten zu ändern.

1. Wohl und Rechte des Supervisanden und des Klienten

1.01 Mitglieder verpflichten sich, Supervisanden so zu begleiten und auszubilden, daß sie die Integrität ihrer Klienten respektieren und ihr Wohl fördern.

Mitglieder fordern ihre Supervisanden und Ausbildungskandidaten auf, ihre Klienten zu informieren, daß sie Supervision erhalten und daß Beobachtungen und/oder Aufnahmen aus den Sitzungen dem Supervisor vorgestellt werden können.

1.02 Mitglieder suggerieren Klienten und Supervisanden in keinerlei Weise, daß sie über einen höheren Ausbildungs- oder Anerkennungsgrad als den tatsächlich erreichten verfügen.

1.03 Mitglieder machen ihre Klienten auf ihre Rechte aufmerksam – einschließlich Schutz des Persönlichkeitsrechts sowie des Rechtes der Klienten auf Vertraulichkeit im Beratungsverhältnis und bezüglich der daraus resultierenden Informationen. Die Klienten werden auch darüber informiert, daß ihr Persönlichkeitsrecht und Recht auf Vertraulichkeit durch die Supervision nicht beeinträchtigt wird.

1.04 Ein Mitglied nützt den Supervisanden in keiner Weise aus, insbesondere nicht in finanzieller und persönlicher Hinsicht. Sexuelle Beziehungen zwischen Mitgliedern und Supervisanden sind untersagt.

1.05 Ein Mitglied geht mit seinem Supervisanden nach entsprechender Information eine vertraglich vereinbarte Beziehung ein, in der beide die Fähigkeit und die Absicht haben, den Inhalt dieses Vertrages zu erfüllen.

Wenn der Supervisand oder das Mitglied nicht in der Lage oder bereit ist, im Rahmen dieser vertraglichen Beziehung zu handeln, muß das Mitglied die Beziehung lösen, und zwar so, daß dem Supervisanden dadurch keinen Schaden zugefügt wird.

1.06 Mit dem Eingehen der Beziehung schafft das Mitglied für den Supervisanden ein angemessenes Umfeld. Dazu gehören physische Sicherheit während der Arbeit und die Information des Supervisanden über etwaige riskante Verfahren und dessen Zustimmung dazu.

1.07 Aufzeichnungen aus dem Arbeitsverhältnis – einschließlich Gesprächsnotizen, Testergebnisse, Korrespondenz, elektronischer Speicherung von Dokumenten sowie Tonband- und Videoaufzeichnungen – gelten als vertrauliche, berufliche Informationen. Dies gilt auch für professionelle Information von Dritten. Eine schriftliche Einverständniserklärung des Klienten (oder seines gesetzlichen Vormundes im Falle von Minderjährigen) liegt vor, wenn solche Informationen in Ausbildung, Supervision und/oder Forschung eingesetzt werden.

1.08 Die berufliche Beziehung zwischen Mitgliedern und Supervisanden ist durch den Vertrag definiert und endet mit der Beendigung des Vertrages. Jedoch bleiben gewisse professionelle Verpflichtungen auch nach Beendigung des Vertrages bestehen. Sie beziehen sich unter anderem auf die folgenden Punkte:

a) Aufrechterhaltung der vereinbarten Vertraulichkeit (Schweigepflicht)
c) Vermeidung jeder Ausnutzung der früheren Beziehung
c) Bereitstellung etwa benötigter Nachsorge.

1.09 Supervisoren sind gehalten, sich bei Forschung an Menschen an die gültigen professionellen und rechtlichen Richtlinien zu halten.

1.10 Wenn persönliche oder medizinische Probleme die Einhaltung der vertraglichen Beziehung gefährden, müssen Mitglieder entweder den Vertrag in verantwortlicher Weise lösen oder aber gewährleisten, daß der Supervisand alle benötigten Informationen erhält, um seinerseits eine Entscheidung über die Aufrechterhaltung des Vertrages zu treffen.

2. Professionelle Tätigkeit des Supervisors

Die Rolle des Supervisors umfaßt folgende Verantwortlichkeitsbereiche:
a) Überwachung des Wohls des Klienten,
b) Förderung der Einhaltung relevanter rechtlicher, ethischer und beruflicher Richtlinien für die klinische und Beratungspraxis,
c) Überwachung der klinischen und Beratungsleistungen und der beruflichen Entwicklung des Supervisanden.

2.01 Mitglieder übernehmen keine supervisorischen Aufgaben, wenn sie dafür nicht spezifisch ausgebildet sind.

2.02 Supervisoren bilden sich fort und weiter, z.B. mit Kursen, Seminaren und professionellen Konferenzen; sie tun dies fortlaufend und regelmäßig. Diese Fort-/Weiterbildung erfolgt in allen von ihnen ausgeübten Aufgabenbereichen.

2.03 Supervisoren fördern bei ihren Supervisanden das Bewußtsein für ethische und professionelle Themen sowie für die rechtliche Verantwortung in ihrem Aufgabenbereich.

2.04 Supervisoren halten Supervisanden zur Einhaltung der jeweiligen staatlichen Vorschriften zur Ausübung ihres Berufes an.

2.05 Supervisoren bieten Supervisanden Möglichkeiten an, zur Unterstützung in Krisensituationen den jeweiligen Supervisor oder einen Kollegen zu kontaktieren.

2.06 Die Überwachung der supervisorischen Arbeit mittels Ton- und/oder Videobändern – zusätzlich zur Bearbeitung der mündlichen Berichte und schriftlichen Unterlagen – ist ein normaler und regelmäßiger Bestandteil eines fortlaufenden Supervisionsprozesses.

2.07 Supervisoren sorgen für eine der Aufgabe angemessene Frequenz und Dauer der Kontakte mit ihren Supervisanden.

2.08 Supervisoren geben Supervisanden fortlaufend Feedback in bezug auf die Erfüllung ihrer Aufgaben. Diese erfolgt auf eine für den Vertrag und den Ausbildungsstand angemessene Weise. Sie kann sowohl formell wie informell, sowohl mündlich wie schriftlich erfolgen.

2.09 Supervisoren in mehrfachen Rollen gegenüber ihren Supervisanden (z.B. Ausbildungsverantwortlicher, klinischer Supervisor, Teamsupervisor) reduzieren Konfliktbereiche wo möglich. Grundsätzlich werden die Rollen unter verschiedenen Supervisoren aufgeteilt. Wenn dies nicht möglich ist, wird der Supervisand sorgfältig darüber informiert, welche Erwartungen und Verantwortungsbereiche mit jeder Rolle verbunden sind, und die Ausübung verschiedener Rollen wird in Raum und Zeit getrennt.

2.10 Supervisoren haben keinerlei sexuellen Kontakt mit Supervisanden. Supervisoren vermeiden soziale Kontakte mit Supervisanden, welche die Beziehung zwischen Supervisor und Supervisand beeinträchtigen könnten. Wenn aus irgendeinem Grund die Objektivität und professionelle Urteilsfähigkeit des Supervisors in der Arbeitsbeziehung eingeschränkt ist, wird das Supervisionsverhältnis aufgelöst.

2.11 Supervisoren bieten keine psychotherapeutische Beziehung als Ersatz für oder Ergänzung zur Supervision an. Persönliche Themen werden in der Supervision nur bezüglich ihrer Auswirkungen auf die Klienten sowie auf die Konsequenzen für die professionelle Tätigkeit angesprochen.

2.12 Durch laufende Einschätzung und Bewertung des Supervisanden lernen Supervisoren persönliche oder professionelle Einschränkungen des Supervisanden kennen. Supervisoren können Psychotherapie oder psychologische Beratung empfehlen, wenn sich herausgestellt hat, daß ein Supervisand Defizite im Verständnis der eigenen Person oder bei der Problemlösung hat, die eine effiziente Arbeit behindern. Supervisoren übernehmen diese Tätigkeiten mit dem Supervisanden nicht selbst.

3. Die Ausbildung

3.01 Ausbilder stellen sicher, daß die durchgeführten Programme und angebotenen Lernerfahrungen im Einklang mit den gegenwärtig gültigen Richtlinien der EAS und anderer anerkennender Verbände sind.

3.02 Ausbilder und Lehrsupervisoren bieten Kurse und Lehrsupervision nur für die Bereiche an, in denen sie kompetent und erfahren sind.

3.03 Um auf dem Gebiet der Ausbildung und Supervision höchste Qualität zu erreichen, beteiligen Ausbilder und Lehrsupervisoren sich aktiv an Besprechungen mit Kollegen mit ähnlicher Ausbildung und Erfahrung.

3.04 Ausbilder informieren Kandidaten ausführlich über das Ausbildungsprogramm ihrer Institution in bezug auf Erfordernisse, Erwartungen, Rollen und Regeln. Sie fördern eine angemessene Beteiligung ihrer Kandidaten bei der Ausarbeitung von Vorgehens- und Verfahrensweisen ihrer jeweiligen Institution, ihres Programms, ihrer Kurse und individuellen Supervisionsverhältnisse. Sie nehmen nur solche Personen als Kandidaten an, die die Zulassungsvoraussetzungen der EAS für ein Ausbildungsprogramm erfüllen.

3.05 Ausbilder und Lehrsupervisoren bieten den Kandidaten Lernerfahrungen an, in denen theoretisches Wissen wie praktische Anwendung integriert sind. Sie informieren die Supervisanden über die Ziele, Verfahrensweisen und theoretischen Ausrichtungen des von ihnen gewählten Ansatzes. Sie bieten ihnen auch Möglichkeiten, das Gelernte anzuwenden und die erworbenen Fähigkeiten theoretisch zu verstehen. Die vermittelten Theoriemodelle und Methoden widerspiegeln die gegenwärtige Praxis, Forschung und Ressourcen.

3.06 Ausbilder und Lehrsupervisoren ermutigen und unterstützen Kandidaten, ihre eigene theoretische Ausrichtung selbst zu definieren, Lernziele für sich selbst festzulegen und ihre eigenen Fortschritte auf die Erreichung dieser Ziele hin zu beobachten.

3.07 Ausbilder bewerten die Erfahrung und Fähigkeiten der Supervisanden, um einen Standard für kompetentes Verhalten im Beruf festzulegen. Sie begrenzen die Tätigkeiten der Supervisanden in Übereinstimmung mit dem gegenwärtigen Niveau ihrer Fähigkeiten und Erfahrungen.

3.08 Ausbilder und Lehrsupervisoren empfehlen Psychotherapie oder psychologische Beratung, wenn sich herausstellt, daß ein Kandidat Defizite im Verständnis der eigenen Person oder bei der Problemlösung hat, die die berufliche Entwicklung behindern. Ausbilder übernehmen diese Tätigkeiten mit dem Kandidaten nicht selbst.

3.09 Ein Ausbilder schlägt keine Kandidaten zur Prüfung vor, wenn er glaubt, daß er in einer Weise beeinträchtigt ist, die die Ausübung seiner professionellen Tätigkeit behindert. Der Ausbilder hilft in solchen Fällen dem Kandidaten, den Charakter der Beeinträchtigung zu verstehen und nach Möglichkeit, die Probleme zu beseitigen.

3.10 Wenn sich herausstellt, daß Kandidaten keine kompetenten professionellen Dienstleistungen anbieten können, werden sie aus dem Ausbildungsprogramm ausgeschlossen. Dies wird entsprechend bewerteten Kandidaten klar und professionell erklärt, und zwar schriftlich.

3.11 Wenn ein Ausbildungsprogramm eine Erfahrung persönlichen Wachstums oder Beratung beinhaltet, bei der relativ intime Bereiche der eigenen Person aufgedeckt werden, werden Vorkehrungen getroffen, um Rollenkonflikte für jene Ausbilder und Lehrsupervisoren zu minimieren, die auch in anderen Rollen im Ausbildungsprogramm tätig sind.

3.12 Ausbilder beachten die Reihenfolge der folgenden Prioritäten bei Konflikten zwischen den Bedürfnissen des Klienten, jenen des Kandidaten und denen des Ausbildungsprogrammes bzw. der durchführenden Organisation. Staatliche Gesetze und Vorschriften sind immer der erste Bezugspunkt, weil diese den Schutz des Klienten gewöhnlich gesetzlich berücksichtigen. Wo gesetzliche Vorschriften und Ethik-Richtlinien nicht vorhanden oder unklar sind, wird das Urteilsvermögen des Ausbilders von der folgenden Liste geleitet:

a) relevante rechtliche Vorschriften und Ethik-Richtlinien (z.B. Warnungsverpflichtung, Gesetze im Bereich Kindesmißbrauch usw.),
b) das Wohl des Klienten/der Klientin,
c) das Wohl des Supervisanden (oder Kandidaten),
d) das Wohl des Supervisors (oder Lehrsupervisors, resp. Ausbilders),
e) die Erfordernisse des Ausbildungsprogrammes und/oder der durchführenden Stelle sowie verwaltungstechnische Erfordernisse.

4. Die Berufspraxis

4.01 Mitglieder lassen sich während ihrer gesamten beruflichen Laufbahn selber supervidieren, unabhängig von Ausbildungsgrad, bestandenen Prüfungen oder Mitgliedschaft in einer professionellen Organisation. Auch informieren sie sich laufend in ihrem Anwendungsgebiet durch Teilnahme an Konferenzen und Seminaren, so wie über die Belange der Fachverbände.

4.02 Mitglieder enthalten sich in ihren öffentlichen Aussagen herabsetzender Äußerungen oder Anspielungen bezüglich des Standes, der Qualifikation oder des Charakters eines anderen Mitglieds. Hingegen ist direkte persönliche und sachliche Kritik willkommen.

4.03 Mitglieder konfrontieren Kollegen, wenn sie Grund zu der Annahme haben, daß diese sich nicht entsprechend dieser ethischen Richtlinien verhalten, und informieren – falls keine Lösung gefunden wird – ihren Fachverband darüber.

European Association for Supervision e.V.
Kirchröder Str. 92
D-30625 Hannover

Tel.: 05 11 / 55 42 52
Fax: 05 11 / 55 42 42

Literatur

Abbey, D.S., Hunt, D.E. & Weiser, J.C. (1985). Variations on an theme by Kolb: A new perspective for understanding counseling and supervision. *The Counseling Psychologist, 13,* 477-501.

Accreditation Committee. (1986). *Accreditation handbook.* Washington, DC: American Psychological Association.

Alexander, P.A. & Judy, J.E. (1988). The interaction of domain-specific and strategic knowledge in academic performance. *Review of Educational Research, 58,* 375-404.

Altman, I. & Taylor, D.A. (1973). *Social penetration: The development of interpersonal relationships.* New York: Holt, Rinehart & Winston.

Altucher, N. (1967). Constructive use of the supervisory relationship. *Journal of Counseling Psychology, 14,* 165-170.

American Counseling Association. (1981). *American Counseling Association ethical guidelines for practice.* Washington, DC: Author.

Ashby, J.D., Ford, D.H., Guerney, B.G. & Guerney, L. (1957). Effects on clients of a reflective and leading type of psychotherapy. *Psychological Monographs, 7,* 1-32.

Atkinson, D.R., Morten, G. & Sue, D.W. (1989). *Counseling American Minorities: A cross-cultural perspective* (3rd ed.) Dubuque, IA: William C. Brown.

Barak, S.A. & LaCrosse, M. (1975). Multidimensional perceptions of counselor behavior. *Journal of Counseling Psychology, 22,* 471-476.

Barrett-Lennard, G.T. (1962). Dimensions of perceived therapist response as causal factors in therapeutic change. *Psychological Monographs: General and Applied, 76* (43, Whole No. 562).

Bartell, P.A. & Rubin, L.J. (1990). Dangerous liaisons: Sexual intimacies in supervision. *Professional Psychology: Research and Practice, 21* (6), 442-450.

Bartlett, W.E. (1983). A multidimensional framework for the analysis of supervision of counseling. *The Counseling Psychologist, 11* (1), 9-18.

Baumeister, R.F. (1982). A self-presentational view of social phenomena. *Psychological Bulletin, 91,* 3-26.

Berger, C.E. & Calabrese, A.M. (1975). Some explorations in initial interaction and beyond: Toward a developmental theory of interpersonal communication. *Human Communication Research, 1,* 99-112.

Bergin, A.E. & Garfield, S.L. (1986). *Handbook of psychotherapy and behavior change.* New York: John Wiley.

Bernard, J.M. & Goodyear, R.K. (1992). *Fundamentals of clinical supervision* (pp. 307-344). Boston: Allyn & Bacon.

Beutler, L.E. & McNabb, C.E. (1981). Self-evaluation for the psychotherapist. In: C.E. Walker (Ed.), *Clinical practice of psychology* (pp. 397-439). New York: Pergamon.

Borders, L.D. & Fong, M.L. (1989). Ego development and counseling ability during training. *Counselor Education and Supervision, 29,* 71-83.

Borders, L.D., Fong, M.L. & Cron, E.A. (1988). In-session cognitions of a counseling student: A case study. *Counselor Education and Supervision, 28,* 59-70.

Borders, L.D., Fong, M.L. & Neimeyer, G.J. (1986). Counseling students' level of ego development and perceptions of clients. *Counselor Education and Supervision, 26,* 37-49.

Boyd, J. (1978). *Counselor supervision: Approaches, preparation, practices.* Muncie, IN: Accelerated Development.

Bradley, L.J. (1989). *Counelor Supervision: Principles, process, practice.* Muncie, IN: Accelerated Development.

Burns, C.I. (1994). Declarative knowledge differences in expert and novice counselors. *Dissertations Abstracts international, A54(08),* 2891. (University Microfilms No. 9402010)

Byrne, D. (1971). *The attraction paradigm.* New York: Academic Press.

Carey, J.C., Williams, K.S. & Wells, M. (1988). Relationships between dimensions of supervisors‘ influence and counselor trainees‘ performance. *Counselor Education and Supervision, 28,* 130-139.

Carifio, M.S. & Hess, A.K. (1987). Who is the ideal supervisor? *Professional Psychology: Research and Practice, 3,* 244-250.

Carkhuff, R.R. & Berenson, B.G. (1967). *Beyond counseling and therapy.* New York: Holt, Rinehart & Winston.

Carroll, M. (1995). *Counseling Supervision: Theory, skills and practice.* Unpublished manuscript, Roehampton Institute, London.

Chenault, J. (1968). A proposed model for a humanistic counselor education program. *Counselor Education and Supervision, 8,* 4-7.

Cherniss, C. (1980). *Staff burnout: Job stress in the human services.* New York: Russell Sage.

Chi, M.T.H. (1985). Interactive roles of knowledge and strategies in the development of organized sorting and recall. In: S.F. Chipman, J.W. Segal & R. Glaser (Eds.), *Thinking and learning skills* (Vol. 2, pp. 457-484). Hillsdale, NJ: Lawrence Erlbaum.

Chickering, A.W. (1969). *Education and identity.* San Francisco: Jossey-Bass:

Cole, M., Kolko, D. & Craddick, R. (1981). The quality and process of the internship experience. *Professional Psychology, 12,* 377-384.

Coleman, H.L.K., Wampold, B.E. & Casali, S.L. (1994). Ethnic minorities‘ ratings of ethnically similar and European American Counselors: A meta-analysis. *Journal of Counseling Psychology, 42,* 247-294.

Cook, D.A. & Helms, J.E. (1988). Visible racial/ethnic group supervisees‘ satisfaction with cross-cultural supervision as predicted by relationship characteristics. *Journal of Counseling Psychology, 35,* 268-274.

Cormier L.S. & Hackney, H. (1993). *The professional counselor: A process guide to helping.* Boston: Allyn & Bacon.

Cummings, A.L., Hallberg, E.T., Martin, J., Slemon, A.G. & Hiebert, B.A. (1990). Implications of counselor conceptualizations for counselor education. *Counselor Education and Supervision, 30,* 120-134.

Demos, G.G. & Zuwaylif, F. (1962). Counselor attitudes in relation to the theoretical positions of their supervisors. *Counselor Education and Supervision, 2,* 280-285.

DePaulo, B.M. (1992). Nonverbal behavior and self-presentation. *Psychological Bulletin, 111,* 203-243.

Dodds, J.B. (1986). Supervision of psychology trainees in field placements. *Professional Psychology: Research and Practice, 17,* 296-300.

Dodenhoff, J.T. (1981). Interpersonal attraction and direct-indirect supervisor influence as predictors of counselor trainee effectiveness. *Journal of Counseling Psychology, 28,* 47-52.

Doehrman, M.J. (1976). Parallel processes in supervision and psychotherapy. *Bulletin of the Menninger Clinic, 40* (1), 1-104.

Dunlap, D. & Goldman, P. (1991). Rethinking power in schools. *Educational Administration Quarterly, 27,* 5-29.

Dye, H.A. & Borders, L.D. (1990). Counseling Supervisors: Standards for preparation and practice. *Journal of Counseling and Development, 69,* 27-32.

Efstation, J.F., Patton, M.J. & Kardash, C.M. (1990). Measuring the working alliance in counselor supervision. *Journal of Counseling Psychologie, 37,* 322-329.

Egan, G. (1982). *The skilled helper* (2nd ed.). Monterey, CA: Brooks/Cole.

Ekstein, R. (1964). Supervision of Psychotherapy. Is it teaching? Is it administration? Or is it therapy? *Psychotherapy: Theory, Research and Practice: 1,* 137-138.

Ekstein, R. & Wallerstein, R.S. (1958). *The teaching and learning of psychotherapy.* New York: Basic Books.

Ellis, M.V. & Dell, D.M. (1986). Dimensionality of Supervisor roles: Supervisors' perceptions of supervision. *Journal of Counseling Psychology, 33,* 282-291.

Ellis, M.V., Dell, D.M. & Good, G.E. (1988). Counselor trainees' perceptions of supervisor roles: Two studies testing the dimensionality of supervision. *Journal of Counseling Psychology, 35,* 315-324.

Ericson, P.M. & Rogers, L.E. (1973). New procedures for analyzing relational communication. *Family Process, 12,* 245-267.

Flavell, J.H. (1981). Cognitive thinking. In: W.P. Dickson (Ed.), *Children's oral communication skills* (pp. 35-60). New York: Academic Press.

Follett, M.P. (1951). *Creative experience.* New York: Peter Smith. (Original work published 1924).

Fredenberger, J.J. (1977). Burn-out: The organizational menace. *Training and Development Journal, 31* (7), 26-27.

French, J.R.P., Jr. & Raven, B.H. (1960). The bases of social power. In: D. Cartwright & A. Zander (Eds.), *Group dynamics: Research and theory* (2nd ed., pp. 607-623). New York: Peterson.

Friedlander, M.L. (1984). *Hill counselor verbal response category system – revised* (Tests in microfiche; Test collection, No. 012397, Set I). Princeton, NJ: Educational Testing Service.

Friedlander, M.L., Keller, K.E., Peca-Baker, T.A. & Olk, M.E. (1986). Effects of role conflict on counselor trainees' self-statements, anxiety level, and performance. *Journal of Counseling Psychology, 33,* 1-5.

Friedlander, M.L. & Schwartz, G.S. (1985). Toward a theory of strategic self-presentation in counseling and psychotherapy. *Journal of Counseling Psychology, 32,* 483-501.

Friedlander, M.L., Siegel, S.M. & Brenock, K. (1989). Parallel processes in counseling and supervision: A case study. *Journal of Counseling Psychology, 36,* 149-157.

Friedlander, M.L. & Snyder, J. (1983). Trainees' expectations for the supervisory process: Testing a developmental model. *Counselor Education and Supervision, 22,* 342-348.

Friedlander, M.L. & Ward, L.G. (1984). Development and validation of the supervisory styles inventory. *Journal of Counseling Psychology, 4,* 541-557.

Friedlander, M.L., Ward, L.G. & Ferrin, H. (1984, August). *A behavioral analytic model for evaluating counselor training programs.* Paper presented at the annual meeting of the American Psychological Association, Toronto, Canada.

Friedler, F. (1950). A comparison of therapeutic relationships in psychoanalytic, nondirective and Adlerian therapy. *Journal of Consulting Psychology, 14,* 436-445.

Garfield, S.L. (1994). Research on client variables in psychotherapy. In: A.E. Bergin & S.L. Garfield (Eds.), *Handbook of psychotherapy and behavior change* (4th ed., pp. 190-228). New York: John Wiley.

Garner, R. (1987). *Metacognition and reading comprehension.* Norwood, NJ: Ablex.

Gendlin, E. (1962). *Experiencing and the creation of meaning.* New York: Free Press.

Glaser, R. (1984). Education and thinking: The role of knowledge. *American Psychologist, 39,* 93-104.

Goldberg, D.A. (1985). Process, notes, audio and videotape: Modes of presentation in psychotherapy. *The Clinical Supervisor, 3,* (3), 3-13.

Goodyear, R.K. (Producer). (1982). *Psychotherapy supervision by major theorists* (Video-tape series). Manhattan: Kansas State University, Instructional Media Center.

Goodyear, R.K. (1990) Gender Configurations in supervisory dyads: Their relation to supervisee influence strategies and to skill evaluation of the supervisee. *The Clinical Supervisor, 8* (3), 67-79.

Goodyear, R.K., Abadie, P.D. & Efros, F. (1984). Supervisory theory into practice: Differential perception of supervision by Ekstein, Ellis, Polster, and Rogers. *Journal of Counseling Psychology, 31,* 228-237.

Goodyear, R.K. & Bradley, F. (1983). Theories of counselor supervision: Points of convergence and divergence. *The Counseling Psychologist, 11,* 59-68.

Goodyear, R.K. & Robyak, J.E. (1982). Supervisors' theory and experience in supervisory focus. *Psychological Reports, 51,* 978.

Greenberg, L.S. & Pinsof, W.M. (Eds.). (1986). *The psychotherapeutic process: A research handbook.* New York: Guilford.

Guest, P.D. & Beutler, L.E. (1988). Impact of psychotherapy supervision on therapist orientation and values. *Journal of Consulting and Clinical Psychology, 56,* 653-658.

Gutierrez, F.J. (1982). Working with minority counselor education students. *Counselor Education and Supervision, 21,* 218-226.

Gysbers, N.C. & Johnston, J.A. (1965). Expectations of a practicum supervisor's role. *Counselor Education and Supervision, 2,* 68-75.

Hansen, J.C. (1965). Trainee's expectations of supervision in the counseling program. *Counselor Education and Supervision, 2,* 75-80.

Hansen, J.C. & Barker, E.N. (1964). Experiencing and the supervisory relationship. *Journal of Counseling Psychology, 11,* 107-111.

Hansen, J.C., Pound, R. & Petro, C. (1976). Review of research on practicum supervision. *Counselor Education and Supervision, 16,* 107-116.

Hansen, J.C., Robins, T.H. & Grimes, J. (1982). Review of research on practicum supervision. *Counselor Education and Supervision, 2,* 68-75.

Harrar, W.R., Vandecreek, L. & Knapp, S. (1990). Ethical and legal aspects of clinical supervision. *Professional Psychology: Research and Practice, 21* (1), 37-41.

Harvey, O.J., Hunt, D.E. & Schroder, H.M. (1961). *Conceptual systems and personality organization.* New York: John Wiley.

Hector, M.A. (1977, March). *Competency-based counselor supervision.* Paper presented at the annual convention of the American Personnel and Guidance Association, Dallas, TX.

Helms, J.E. (1984). Toward a theoretical explanation of the effect of race on counseling: A black and white model. *The Counseling Psychologist, 12* (4), 153-165.

Heppner, P.P. & Handley, P.G. (1982). The relationship between supervisory expertness, attractiveness, or trustworthiness. *Counselor Education and Supervision, 8,* 23-31.
Heppner, P.P. & Roehlke, H.J. (1984). Differences among supervisees at different levels of training: Implications for a developmental model of supervision. *Journal of Counseling Psychology, 31,* 76-90.
Hess, A.K. (Ed.) (1980). *Psychotherapy supervision: Theory, research and practice.* New York: John Wiley.
Hess, A.K. & Hess, K.A. (1987). Psychotherapy supervision: A survey of internship training practices. In: R. Dana & W.T. May (Eds.), *Internship training in professional psychology* (pp. 328-340). Washington, DC: Hemisphere.
Hester, L.R., Weitz, L.H. & Anchor, K.N. (1976). Supervisor attraction as a function of level of supervisor skillfulness and supervisees' perceived similarity. *Journal of Counseling Psychology, 23,* 254-258.
Hill, C.E., Charles, D. & Reed, K.G. (1981). A longitudinal analysis of changes in counseling skills during doctoral training in counseling psychology. *Journal of Counseling Psychology, 28,* 428-436.
Hillerbrand, E. & Clairborn, C.D. (1990). Examining reasoning skill differences between expert and novice counselors. *Journal of Counseling and Development, 68,* 684-691.
Hinde, R.A. (1979). *Towards understanding relationships.* New York: Academic Press.
Hirsch, P.A. & Stone, G.L. (1983). Cognitive strategies and the client conceptualization process. *Journal of Counseling Psychology, 30,* 566-572.
Holloway, E.L. (1982). Interactional structure of the supervision interview. *Journal of Counseling Psychology, 29,* 309-317.
Holloway, E.L. (1984). Outcome evaluation in supervision research. *The Counseling Psychologist, 12*(4), 167-174.
Holloway, E.L. (1987). Developmental models of supervision: Is it development? *Professional psychology: Research and Practice, 18,* 209-216.
Holloway, E.L. (1988). Models of counselor development or training models for supervision: Rejoinder to Stoltenberg and Delworth. *Professional Psychology: Research and Practice, 19,* 138-140.
Holloway, E.L. (1992a, July). *A bridge of knowing: The scholar-practitioner of supervision.* Keynote address presented at the International Conference on Supervision, Roehampton Institute, London.
Holloway, E.L. (1992b). Supervision: A way of teaching and learning. In: S.D. Brown & R.W. Lent (Eds.), *Handbook of counseling psychology* (pp. 177-214). New York: John Wiley.
Holloway, E.L. (1994). Overseeing the overseer: Contextualizing training in supervision. *Journal of Counseling and Development, 72,* 526-530.
Holloway, E.L. & Acker, M. (1988, May). *Engagement and power in clinical supervision.* Workshop presented at the Oregon Association of Counselor Education and Supervision, Corvallis, OR.
Holloway, E.L., Freund, R.D., Gardner, S.L., Nelson, M.L. & Walker, B.E. (1989). Relation of power and involvement to theoretical orientation in supervision: An analysis of discourse. *Journal of Counseling Psychology, 36,* 88-102.
Holloway, E.L. & Neufeldt, F.A. (in press). Supervision: Contributors to treatment efficacy. *Journal of Consulting and Clinical Psychology.*

Holloway, E.L. & Poulin, K. (1995). Discourse in supervision. In: J. Siegfried (Ed.), *Therapeutic and everyday discourse as behavior change: Towards a micro-analysis in psychotherapy process research* (pp. 245-273). New York: Ablex.

Holloway, E.L. & Roehlke, H.J. (1987). Internship: The applied training of a counseling psychologist. *The Counseling Psychologist, 2,* 205-260.

Holloway, E.L. & Wampold, B.E. (1983). Patterns of verbal behavior and judgments of satisfaction in the supervision interview. *Journal of Counseling Psychology, 30,* 227-234.

Holloway, E.L. & Wampold, B.E. (1986). Relation between conceptual level and counseling-related tasks: A meta-analysis. *Journal of Counseling Psychology, 33,* 310-319.

Holloway, E.L. & Wolleat, P.L. (1980). Relation of counselor conceptual level to clinical hypothesis formation. *Journal of Counseling Psychology, 27,* 539-545.

Holloway, E.L. & Wolleat, P.L. (1981). Style differences of beginning supervisors: An interactional analysis. *Journal of Counseling Psychology, 28,* 373-376.

Holloway E.L. & Wolleat, P.L. (1994). Supervision: The pragmatics of empowerment. *Journal of Educational and Psychological Consultation, 5*(1), 23-43.

Hosford, R.E. & Barmann, B. (1983). A social learning approach to counselor supervision. *The Counseling Psychologist, 11*(1), 51-58.

Hunt, D.E. & Sullivan, E.V. (1974). *Between psychology and education.* Hinsdale, IL: Dryden.

Inskipp, F. & Proctor, B. (1989). *Skills for supervising and being supervised* (Principle of Counseling audiotape series). East Sussex, UK: Alexia.

Ivey, A.E. (1993). *Instructors manual for counseling and psychotherapy: A multicultural perspective.* Boston: Allyn & Bacon.

Jakubowski-Spector, P., Dustin, R. & George, R.L. (1971). Toward developing a behavioral counselor education model. *Counselor Education and Supervision, 10,* 242-250.

Jackson, S.E., Schwab, R.L. & Schuler, R.S. (1986). Toward an understanding of the burnout phenomenon. *Journal of Applied Psychology, 71* (4), 630-640.

Jones, E.E. & Pittman, T.S. (1982). Toward a general theory of strategic self-presentation. In: J. Suls (Ed.), *Psychological perspectives on the self* (Vol. 1, pp. 237-262). Hillsdale, NJ: Lawrence Erlbaum.

Kadushin, A. (1985). *Supervision in social work* (2nd ed.). New York: Columbia University Press.

Kagan, N.L. & Kagan, H. (1990). IPR – Validated model for the 1990s and beyond. *The Counseling Psychologist, 18,* 436-440.

Kennard, B.D., Stewart, S.M. & Gluck, M.R. (1987). The supervision relationship: Variables contributing to positive versus negative experiences. *Professional Psychology: Research and Practice, 18,* 172-175.

Kolb, D.A. (1984). *Experiential learning.* Englewood Cliffs, NL: Prentice Hall.

Lambert, M.J. (1974). Supervisory and counseling process: A comparative study. *Counselor Education and Supervision, 14,* 54-60.

Lambert, M.J. (1980). Research and the supervisory process. In: A.K. Hess (Ed.), *Psychotherapy supervision: Theory, research and practice* (pp. 423-452). New York: John Wiley.

Lambert, M.J. & Wertheimer, M. (1988). Is diagnostic ability related to relevant training and experience? *Professional Psychology: Research and Practice, 19*(1), 50-52.

Leary, T. (1957). *Interpersonal diagnosis of personality: A theory and a methodology for personality evaluation.* New York: Ronald Press.

Lemons, S. & Lanning, W.E. (1979). Value system similarity and the supervisory relationship. *Counselor Education and Supervision, 19,* 13-19.

Littrell, J.M., Lee-Borden, N. & Lorenz, J. (1979). A developmental framework for counseling supervision. *Counselor Education and Supervision, 19,* 129-136.
Loevinger, J. (1976). *Ego development: Conceptions and theories.* San Francisco: Jossey-Bass.
Loganbill, C., Hardy, E. & Delworth, U. (1982). Supervision: A conceptual model. *The Counseling Psychologist, 10* (1), 3-42.
Marikis, D.A., Russell, R.K. & Dell, D.M. (1985). Effects of supervisor experience level on planning and in-session supervisor verbal behavior. *Journal of Counseling Psychology, 32,* 410-416.
Martin, J.S., Goodyear, R.K. & Newton, F.B. (1987). Clinical supervision: An intensive case study. *Professional Psychology: Research and Practice, 18,* 225-235.
Martin, J.S., Slemon, A.G., Hiebert, B., Hallberg, E.T. & Cummings, A.L. (1989). Conceptualizations of novice and experienced counselors. *Journal of Counseling Psychology, 36,* 395-400.
McNeil, B.W., Stoltenberg, C.D. & Pierce, R.A. (1985). Supervisees' perceptions of their development: A test of the counselor complexity model. *Journal of Counseling Psychology, 32,* 630-633.
McRoy, R.G., Freeman, E.M., Logan, S.L. & Blackmon, B. (1986). Cross-cultural field supervision: Implications for social work education. *Journal of Social Work Education, 22,* 50-56.
Menne, J.M. (1975). A comprehensive set of counselor competencies. *Journal of Counseling Psychology, 22,* 547-553.
Miars, R.D., Tracy, T.J., Ray, P.B., Corneld, J.L., O'Farrell, M. & Gelson, C.J. (1983). Variation in supervision process across trainee experience levels. *Journal of Counseling Psychology, 30,* 403-412.
Miller F.E. & Rogers, L.E. (1987). Relational dimensions of interpersonal dynamics. In: M.E. Roloff & G.R. Miller (Eds.), *Interpersonal processes: New directions in communication research* (pp. 117-139). Newbury Park, CA: Sage.
Miller G.R. (1976) *Explorarions in interpersonal communication.* Beverly Hills, CA: Sage.
Morton, T., Alexander, C. & Altman I. (1976). Communication and relationship definition. In: G. Miller (Ed.), *Explorations in interpersonal communication* (pp. 105-125). Beverly Hills, CA: Sage.
Mueller, W.J. & Kell, B.L. (1972). *Coping with conflict: Supervising counselors and psychotherapists.* Englewood Cliffs, NJ: Prentice Hall.
Murphy, G.L. & Wright, J.C. (1984). Changes in conceptual structure with expertise: Differences between real-world experts and novices. *Journal of Experimental Psychology: Learning, Memory, and Cognition, 10,* 144-155.
Myrick, R.D. & Kelly, F.D. (1971). A scale for evaluating practicum students in counseling and supervision. *Counselor Education and Supervision, 10,* 330-336.
Najavits, L.M. & Strupp, H.H. (1994). Differences in the effectiveness of psychodynamic therapists: A process-outcome study. *Psychotherapy, 32,* 114-123.
National Association of Social Workers. (1980). *National Association of Social Workers published guidelines.* Washington, DC: Author.
National Association of Social Workers. (1980). *Standards for the private practice of clinical social work.* Washington, DC: Author.
Nelson, M.L. (1993). A current perspective on gender differences: Implications for research in counseling: *Journal of Counseling Psychology, 40,* 200-209.

Nelson, M.L. & Holloway, E.L. (1990). Relation of gender to power and involvement in supervision. *Journal of Counseling Psychology, 37,* 473-481.

Orlinsky, D.E., Grawe, K. & Parks, B.K. (1994). Process and outcome in psychotherapy. In: A.E. Bergin & S.L. Garfield (Eds.), *Handbook of psychotherapy and behavior change* (4th ed., pp. 270-378). New York: John Wiley.

Parham, T.A. (1989). Cycles of psychological nigrescence. *The Counseling Psychologist, 32,* 431-440.

Patterson, C.H. (1983). A client-centered approach to supervision. *The Counseling Psychologist, 11* (1), 21-26.

Pederson, P. (Ed.). (1985). *Handbook of cross-cultural counseling and therapy.* Westport, CT: Greenwood.

Penman, R. (1980). *Communication process and relationships.* London: Academic Press.

Perry, W.G., Jr. (1970). *Forms of intellectual and ethical development in the college.* New York: Holt Rinehart & Winston.

Polanyi, M. (1967). *The tacit dimension.* New York: Anchor.

Poole, M.S., Folger, J.P. & Hewes, D.E. (1987). Analyzing interpersonal interaction. In: M.E. Roloff & G.R. Miller (Eds.), *Interpersonal processes: New directions in communication research* (pp. 221-256). Newbury Park, CA: Sage.

Pope, K.S., Levenson, H. & Schover, L.R. (1979). Sexual intimacy in psychology training: Results and implications of a national survey. *American Psychologist, 34,* 682-689.

Pope-Davis, D.B., Reynolds, A.L. & Vasquez, L.A. (1992). *Multicultural counseling: Issues of ethnic diversity* (Videotape series). Iowa City: University of Iowa, AVC Marketing.

Poulin, K.L. (1994). Towards a grounded pedagogy of practice: A dimensional analysis of counseling supervision. *Dissertation Abstracts International, B54*(09), 4931. (University Microfilms No. 9505214).

Putney, M.W., Worthington, E.L., Jr. & McCullough, M.E. (1992). Effects of supervisor and supervisee theoretical orientation and supervisor-supervisee matching on interns' perceptions of supervision. *Journal of Counseling Psychology, 39*(2), 258-265.

Rabinowitz, F.E., Heppner, P.P. & Roehlke, H.J. (1986). Descriptive study of process and outcome variables of supervision over time. *Journal of Counseling Psychology, 33,* 292-300.

Rappaport, J. (1986). In praise of paradox: A social policy of empowerment over prevention. In: E. Seidman & J. Rappaport (Eds.), *Redefining social problems* (pp. 141-160). New York: Plenum.

Reising, G.N. & Daniels, M.H. (1983). A study of Hogan's model of counselor development and supervision. *Journal of Counseling Psychology, 30,* 236-244.

Rickards, L.D. (1984). Verbal interaction and supervisor perception in counselor supervision. *Journal of Counseling Psychology, 31,* 262-265.

Rinas, J. & Clyne-Jackson, S. (1988). *Professional conduct and legal concerns in mental health practice.* Norwalk, CT: Appleton & Lange.

Robyak, J.E., Goodyear, R.K. & Prange, M. (1987). Effects of supervisors' sex, focus, and experience on preferences for interpersonal power bases. *Counselor Education and Supervision, 26,* 299-309.

Robyak, J.E., Goodyear, R.K., Prange, M.E. & Donham, G. (1986). Effects of gender, supervision, and presenting problems on practicum students' preference for interpersonal power bases. *Journal of Counseling Psychology, 33,* 159-163.

Rokeach, M. (1967). *Value survey.* Sunnyvale, CA: Halgeen Tests.

Rounsaville, B.J., Chevron, E.S. & Weissman, M.M.(1984). Specification of techniques in interpersonal psychotherapy. In: J.B. Williams & R.L. Spitzer (Eds.), *Psychotherapy research: Where are we and where should we go?* (pp. 160-172). New York: Guilford.

Rounsaville, B.J., O'Malley, S.S., Foley, S. & Weissman, M.M. (1988). Role of manual-guided training in the conduct and efficacy of interpersonal psychotherapy for depression. *Journal of Consulting and Clinical Psychology. 56,* 681-688.

Russell, R.K., Crimmings, A.M. & Lent, R.W. (1984). Counselor training and supervision: Theory and research. In: S. Brown & R. Lent (Eds.), *The handbook of counseling psychology* (pp. 625-681). New York: John Wiley.

Schatzman, L. (1991). Dimensional analysis: Notes on an alternative approach to the grounding of theory in qualitative research. In: D.R. Maines (Ed.), *Social organisation and social process* (pp. 303-314). New York: Aldine.

Schlenker, B.R. (1984). Identities, identifications and relationships. In: V. Dorlega (Ed.), *Communication, intimacy, and close relationships* (pp. 71-104). San Diego, CS: Academic Press

Schlenker, B.R. & Leary, M.R. (1982). Social anxiety and self-presentation: A conceptualization and model. *Psychological Bulletin, 92,* 641-669.

Schon, D.A. (1983). *Educating the reflective practitioner.* San Francisco: Jossey-Bass.

Sergiovanni, T.J. (1983). *Supervision: A perspective* (3rd ed.). New York: McGraw-Hill.

Solomon, B. (1983). Power: The troublesome factor in cross-cultural supervision. *Smith College Journal School for Social Work, 10,* 27-32.

Stein, J. (Ed.). (1975). *Random House college dictionary* (rev. ed.). New York: Random House.

Steinhelber, J., Patterson, V., Cliffe, K. & LeGoullon, M. (1984). An investigation of some relationships between psychotherapy supervision and patient change. *Journal of Clinical Psychology, 40,* 1346-1353.

Stenack, R.J. & Dye, H.A. (1982). Behavioral description of counseling supervision roles. *Counselor Education and Supervision, 21,* 295-304.

Stoltenberg, C.D. & Delworth, U. (1988). Developmental models of supervision: It is development. A response to Holloway. *Professional Psychology: Research and Practice, 19,* 134-137.

Stoltenberg, C.D., Pierce, R.A. & McNeil, B.W. (1987). Effects of experience on counselor trainees' needs. *The Clinical Supervisor, 5*(5), 23-32.

Stone, G.L. (1980). Effects of experience on supervisor planning. *Journal of Counseling Psychology, 27,* 84-88.

Strong, S.R. (1968). Counseling: An interpersonal influence process. *Journal of Counseling Psychology, 15,* 215-224.

Strong, S.R., Hill, H.I. & Nelson, B.N. (1988). *Interpersonal communication rating scale* (rev.). Unpublished manuscript, Virginia Commonwealth University, Richmond.

Strong, S.R. & Matross, R.P. (1973). Change process in counseling and psychotherapy. *Journal of Counseling Psychology, 20,* 125-132.

Strozier, A.L., Kivlighan, D.M. & Thoresen, R.W. (1993). Supervisor intentions, supervisee reactions, and helpfulness: A case study of the process of supervision. *Psychotherapy: Theory, Research and Practice, 24,* 13-19.

Struff, H.H., Butler, S.F. & Rosser, C.L. (1988). Training in psychodynamic therapy. *Journal of Consulting and Clinical Psychology, 56,* 689-695.

Sue, D.W. & Sue, D. (1990). *Counseling the culturally different: Theory and practice* (2nd ed.). New York: John Wiley.

Sugarman, L. (1985). Kolb's model of experiential learning: Touchstone for trainers, students, counselors, and clients. *Journal of Counseling and Development, 64,* 264-268.

Sundland, D.M. (1977). Theoretical orientations of psychotherapists. In: A.S. Gurman & A.M. Razin (Eds.), *Effective psychotherapy: A handbook of research* (pp. 189-222). New York: Pergamon.

Sundland, D.M. & Feinberg, L.B. (1972). The relationship of interpersonal attraction, experience, and supervisors' level of functioning in dyadic counseling supervision. *Counselor Education and Supervision, 12,* 187-193.

Supervision Interest Network, Association for Counselor Education and Supervision. (1993). ACES ethical guidelines for counseling supervisors. *ACES Spectrum, 53*(4), 5-8.

Swain, D. (1981). *Behaviorally anchored rating scale for recipients of psychotherapy supervision: Instrument construction.* Unpublished masters' theses, Auburn University.

Tannenbaum, S.I., Green, V.J. & Glickman, A.S. (1989). The ethical reasoning process in an organizational consulting situation. *Professional Psychology, Research and Practice, 20,* 229-235.

Teyber, E. (1988). *Interpersonal process in psychotherapy: A guide for clinical training.* Chicago: Dorsey.

Tracey, T.J., Ellickson, J.L. & Sherry, P. (1989). Reactance in relation to different supervisory environments and counselor development. *Journal of Counseling Psychology, 36,* 336-344.

Tracey, T.J., Hays, D.A., Malone, J. & Herman, B. (1988). Changes in counselor response as a function of experience. *Journal of Counseling Psychology, 35,* 119-126.

Truax, C.B. & Carkhuff, R.R. (1967). *Toward effective counseling and psychotherapy: Training and practice.* Chicago: Aldine.

Walsh, J.F. (1994). One-way between subjects and design: Simulated data and analysis using SAS. *Teaching of Psychology, 21,* 53-55.

Wampler, L.D. & Strupp, H.H. (1976). Personal therapy for student in clinical psychology: A matter of faith? *Professional Psychology, 6,* 195-201.

Ward, L.G., Friedlander, M.L., Schoen, L.G. & Klein, J.C. (1985). Strategic selfpresentation in supervision. *Journal of Counseling Psychology, 32,* 111-118.

Wedeking, D.F. & Scott, T.B. (1976). A study of the relationship between supervisor and trainee behaviors in counseling practicum. *Counselor Education and Supervision, 15,* 259-266.

Wessler, R.L. & Ellis, A. (1983). Supervision in Counseling: Rational-emotive therapy. *The Counseling Psychologist, 11* (1), 43-50.

Whiston, S.C. & Emerson, S. (1989). Ethical implications for supervisors in counseling of trainees. *Counselor Education and Supervision, 28,* 318-325.

Wiley, M.O. & Ray, P.B. (1986). Counseling supervision by developmental level. *Journal of Counseling Psychology, 33,* 439-445.

Winter, M. & Holloway, E.L. (1991). Effects of trainee experience, conceptual level, and supervisor approach on selection of audiotaped counseling passages. *The Clinical Supervisor, 9* (2), 87-104.

Wolleat, P.L. (1974). What the counselor needs to know: Dimensions of counselor behavior. In: G. Farwell, N.R. Gamsky & P. Mathieu-Coughlan (Eds.), *The counselor's handbook* (pp.123-131). New York: Intext Educational.

Worthington, E.L., Jr. (1984a). Empirical investigation of supervision of counselors as they gain experience, *Journal of Counseling Psychology, 31,* 63-75.

Worthington, E.L., Jr. (1984b). Use of trait labels in counseling supervision by experienced and inexperienced supervisors. *Professional Psychology: Research and Practice, 15,* 457-461.
Worthington, E.L. (1987). Changes in supervision as counselors and supervisors gain experience: A review. *Professional Psychology: Research and Practice, 18,* 189-208.
Worthington, E.L. & Roehlke, H.J. (1979). Effective supervision as perceived by beginning counselor-in-training. *Journal of Counseling Psychology, 26,* 64-73.
Worthington, E.L., Jr. & Stern, A. (1985). The effects of supervisor and supervisee degree level and gender on the supervisory relationship. *Journal of Counseling Psychology, 32*(3), 252-262.
Zuniga, M.E. (1987). Mexican-American clinical training: A pilot project. *Journal of Social Work Education, 23*(3), 11-20.

Personenverzeichnis

Stichwortverzeichnis

S

Sprache der Supervision

Denn
unsere Sprache formt den Raum, der zwischen uns ist;
wir äußern sie, damit der Sinn verstanden wird.
Die Brücke über den Abgrund unserer Verschiedenheit liegt im Schatten
der Geschichte und vergangener Gespräche.
Jetzt wird die Bedeutung zum Besitz des anderen;
ihr Gestalt und Form geben, sie noch einmal überdenken
und dann in Sprache mitteilen.
Den Kreis von Absicht, Sinn und Zweck
umhüllt die Zeit mit Schicht und Schicht und trübt
die Seelenklarheit.
Die Seele, die vielleicht in ihrer Fülle und Verwundbarkeit
beim nächsten Mal, im nächsten Wort sich zeigt.
Wir reden in der Supervision. Wir setzen einen Satz zum andern,
um eine Sprache zu erschaffen, die dem Verständnis dient und
die Geschichtsbeziehung knüpft.
Das Netz für unser Reden ist Beziehung.
Sie schützt sich gegen Sprachverirrungen und
falsche Worte, Ungesagtes,
gegen die Mißverständnisse, die unsere Geschichte birgt;
Der Faden läuft von dir zu mir, von mir zu dir. Man spürt
den Rhythmus, den das Netz Beziehung schafft, wenn Spannung
in Bewegung einmal wächst, dann wieder sinkt, im Wechsel
ein gewebtes Muster bildet, das Form und Farben unsrer Absicht zeigt
und so Gestalt für die Bedeutung wird.

Das SAS-Modell
Systemorientiertes Arbeiten mit Supervision in psychosozialen Feldern

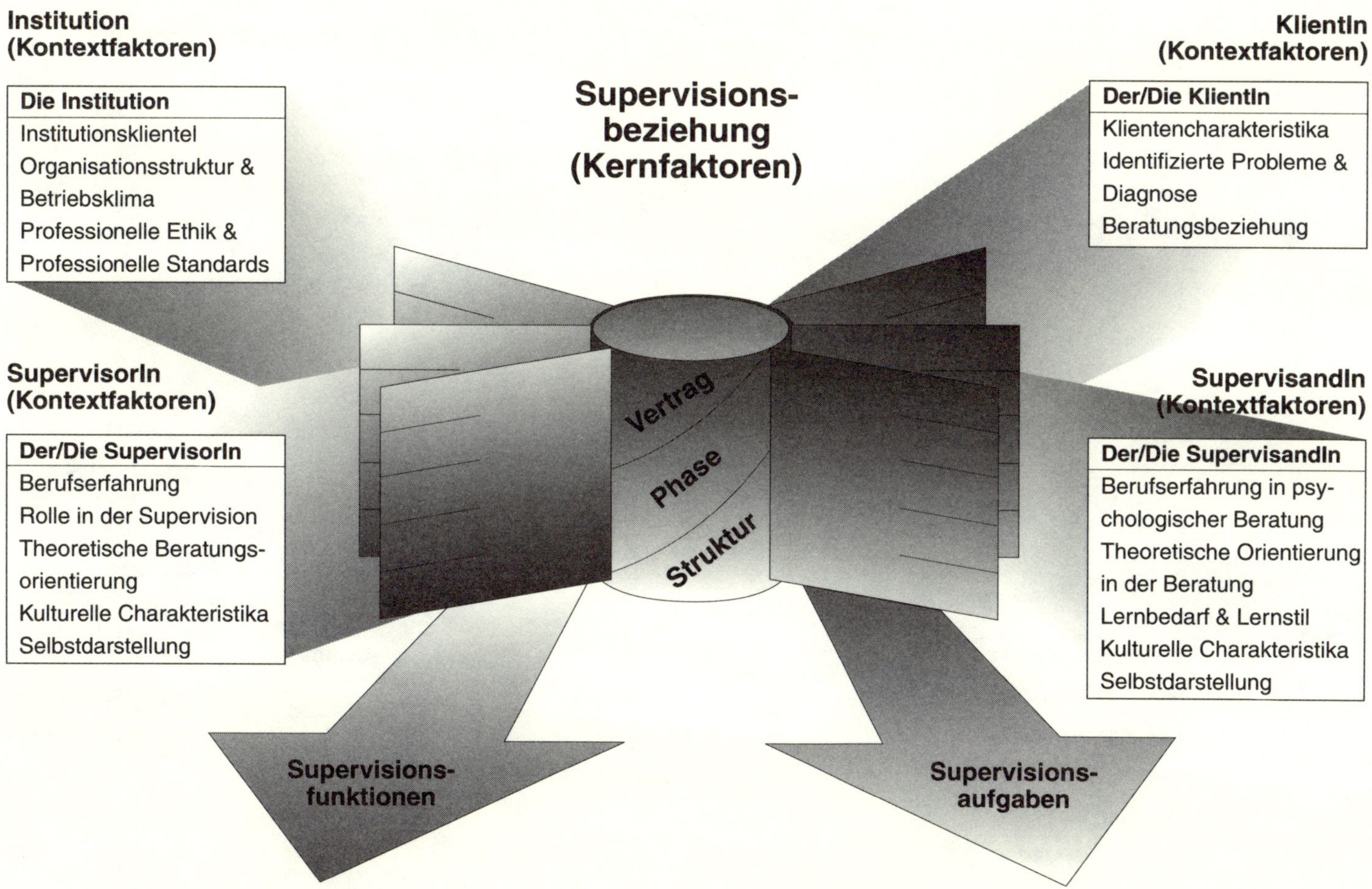
Institution
(Kontextfaktoren)
Die Institution
Institutionsklientel
Organisationsstruktur &
Betriebsklima
Professionelle Ethik &
Professionelle Standards
Supervisions-
beziehung
(Kernfaktoren)
KlientIn
(Kontextfaktoren)
Der/Die KlientIn
Klientencharakteristika
Identifizierte Probleme &
Diagnose
Beratungsbeziehung
SupervisorIn
(Kontextfaktoren)
Der/Die SupervisorIn
Berufserfahrung
Rolle in der Supervision
Theoretische Beratungs-
orientierung
Kulturelle Charakteristika
Selbstdarstellung
Vertrag
Phase
Struktur
SupervisandIn
(Kontextfaktoren)
Der/Die SupervisandIn
Berufserfahrung in psy-
chologischer Beratung
Theoretische Orientierung
in der Beratung
Lernbedarf & Lernstil
Kulturelle Charakteristika
Selbstdarstellung
Supervisions-
funktionen
Supervisions-
aufgaben

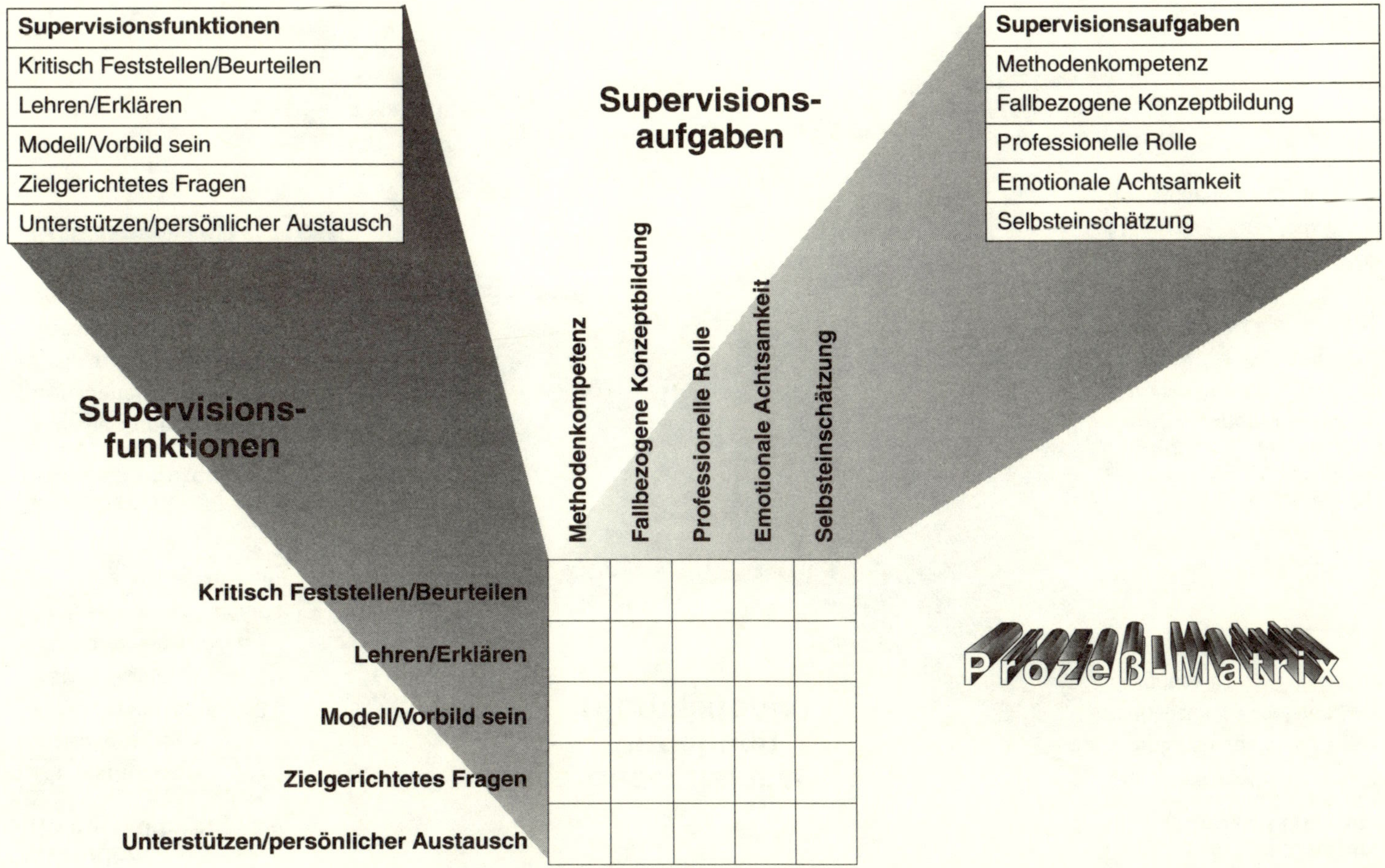
Supervisionsfunktionen
Kritisch Feststellen/Beurteilen
Lehren/Erklären
Modell/Vorbild sein
Zielgerichtetes Fragen
Unterstützen/persönlicher Austausch
Supervisions-
aufgaben
Supervisionsaufgaben
Methodenkompetenz
Fallbezogene Konzeptbildung
Professionelle Rolle
Emotionale Achtsamkeit
Selbsteinschätzung
Supervisions-
funktionen
Methodenkompetenz
Fallbezogene Konzeptbildung
Professionelle Rolle
Emotionale Achtsamkeit
Selbsteinschätzung
Kritisch Feststellen/Beurteilen
Lehren/Erklären
Modell/Vorbild sein
Zielgerichtetes Fragen
Unterstützen/persönlicher Austausch
Prozeß-Matrix

Nachwort

Methodenübergreifende Supervision „Made in USA" und „Made in Europe" – zwei Supervisionskulturen begegnen sich

Hilarion G. Petzold

Das vorliegende Buch von *Elizabeth L. Holloway* ist in vielfacher Sicht beachtenswert. Seine Übersetzung ist ein Gewinn für die Supervisionsszene im deutschsprachigen Bereich. Hier wird ein Brückenschlag zur amerikanischen Supervision und den Erträgen ihrer Forschung geboten, es werden Gedanken und Konzepte angeboten, die bislang – schaut man auf die deutsche Supervisionsliteratur – kaum zur Kenntnis genommen worden sind. Der Originaltitel des Buches, „Clinical Supervision", verweist schon auf eine Spezifik der amerikanischen Situation: Im amerikanischen Sprachraum wird unter dem Begriff „Supervisor" eine aufsichtsführende Person mit Kontrollfunktion in Industrie und Verwaltung verstanden. Supervision in psychosozialen Feldern, die dem Supervisionsverständnis hierzulande nahekommt, wird deshalb als „Clinical Supervision" bezeichnet, auch wenn es sich um supervisorische Arbeit im sozialarbeiterischen oder agogischen Feld handelt, es also nicht nur um Supervision im speziellen Bereich klinischer Institutionen oder Behandlungssettings geht. *Holloways* Ansatz ist von einer bestechenden Pragmatik gekennzeichnet. Er systematisiert die Erträge amerikanischer Supervisionstradition und Supervisionsforschung aus dem sozialarbeiterischen, agogischen und klinischen Bereich – wobei allerdings sozialpsychologische, sozialbehavioristische und entwicklungsbezogene Ansätze dominieren.

Die psychoanalytische Supervisionstradition, die im amerikanischen Bereich außerhalb der psychoanalytischen Szene allerdings relativ unbedeutend ist, wird nicht berücksichtigt. *Holloways* Ansatz ist vor dem Hintergrund europäischer Supervisionsmodelle und -konzepte einer integrativen und mehrperspektivischen

Orientierung (*Petzold* 1978c, 1998; *Schreyögg* 1991, 1994a) noch am nächsten. Sie selbst kennzeichnet ihren Ansatz als „systemisch", aber bei Durchsicht der von ihr verwendeten Literatur findet sich kein Autor, der für die europäischen Orientierungen „systemischer" Supervision charakteristisch wäre (z.B. *Maturana, von Foerster, von Glaserfeld* etc.). Hier wird kein „radikalkonstruktivistischer" Diskurs vertreten, sondern allenfalls ein „sozialkonstruktivistischer", wie man den abschließenden „words of supervision" (S. 231) entnehmen kann, aber die zentralen Referenztheoretiker für symbolische Interaktion und „gesellschaftliche Konstruktion der Wirklichkeit" (*Mead, Berger, Luckmann* etc.) fehlen auch hier. Überhaupt läßt uns *Holloway* über ihren Systembegriff und ihre systemische Orientierung im unklaren. Deutlich ist nur: Mit systemischer Supervision, wie man sie hierzulande versteht und praktiziert, hat dies wenig zu tun. Auch auf die europäischen Traditionen der Mehrperspektivität (*M. Merleau-Ponty*) wird kein Bezug genommen. Die Referenzen liegen vielmehr in der amerikanischen „*counseling psychology*" und „*educational psychology*" und den dort vorfindlichen Entwicklungen zur mehrdimensionalen Betrachtung (*Poulin* 1994; *Patterson* 1983) sowie bei den auch in der amerikanischen Psychotherapieszene immer deutlicher werdenden Tendenzen zu methodenübergreifenden Modellen und zu integrativen Ansätzen (*Norcross, Goldfried* 1992). Diese haben sich weitgehend unabhängig von den um gut ein Jahrzehnt früher stattfindenden Entwicklungen im deutschsprachigen Raum zu integrativen Formen der Psychotherapie vollzogen (*Petzold* 1974k, 1992g). Im amerikanische Bereich war es u.a. *Albert Ellis*, der ein Integrationsmodell mit seiner „Rational Emotiven Therapie" entworfen hatte, und zwar in einer Form, daß es nicht zu einer eklektischen Aneinanderreihung von Techniken kam, sondern Grundprinzipien großer Theorieströme bzw. Paradigmen konsistent in einem übergeordneten Rahmen verbunden wurden. Soziale Rollen-Modelle und entwicklungszentrierte Modelle werden gleichfalls als „crosstheoretical models" gesehen (vgl. auch *Petzold* 1998).

Holloway ortet ihren Ansatz für die Supervision derartigen theorieübergreifenden Bemühungen zu. Sie will nicht an bestimmte Therapieschulen oder Strömungen des Counseling mit ihrem Supervisionsansatz gebunden bleiben, sondern ein eigenes supervisionsspezifisches Modell entwickeln, in dem sicherlich einzelne Elemente therapeutischer oder beraterischer Methoden eingewoben sind, ohne daß man von einer „kognitiv-behavioralen" oder „humanistisch-psychologischen" oder „system-therapeutischen" Orientierung sprechen könnte. Sie sieht sich den *methoden-* und *theorieübergreifenden* Ansätzen (cross-theoretical approaches) verbunden und steht damit in einer ähnlichen Orientierung wie die Bemühungen der „Integrativen Supervision", ein *theorienplurales* und *multimethodisches* Verfahren der Supervision zu entwickeln (*Schreyögg* 1991, 1994a; *Petzold* 1998), das auf die Entwicklung von *Kompetenz* und *Performanz* gerichtet ist, wobei der Performanzaspekt von deutschsprachigen AutorInnen weitgehend vernachlässigt wird. Neben Gemeinsamkeiten zeigen sich aber auch gewichtige Unterschiedlichkeiten in der europäischen und der von *Holloway* repräsentierten amerikanischen Herangehensweise, die es wert sind, beachtet zu werden, denn beide Seiten können davon Gewinn haben.

Holloway – und darin liegt ihr besonderes Verdienst – führt eine didaktische Systematisierung supervisorischer Arbeit mit ihrem SAS-Modell ein, die nicht nur eine überzeugende Stringenz aufweist, sondern auch Komplexität strukturiert und reduziert, ohne dabei simplizistisch zu werden. Sie erschließt Möglichkeiten zu prozessualen Analysen, ohne daß der Prozeßcharakter unbillig verkürzt würde. Dies ist eine beachtliche Leistung. Das SAS-Modell ist ein differentieller und integrativer Ansatz der Betrachtung supervisorischer Prozesse. Es macht aber zugleich auch die unterschiedlichen „Kulturen" (US-amerikanischer und europäischer – spezifisch deutschsprachiger – Supervision) deutlich. Letztgenannte ist, wo sie einem differentiellen und integrativen Ansatz verpflichtet ist, noch weitergreifend im Hinblick auf die Erfassung und Erschließung von Komplexität, als dies in *Holloways* Modell geschieht. Sie ist noch stärker prozessual ausgerichtet und darauf, den Kontingenzen postmoderner Lebensvielfalt, den sozialen, politischen und ökologischen Problemen einer „radikalisierten Moderne" in supervisorischen Beobachtungen, Analysen, Reflexionen und Metareflexionen Raum zu geben. Im Unterschied zum amerikanischen Ansatz könnte man vom integrativen Ansatz der Supervision sagen: er ist philosophischer und politischer, aber auch stärker an sozialpsychologischen, soziologischen, allgemeinpsychologischen Theorienbeständen orientiert. Andererseits ist seine empirische Absicherung derzeit gegenüber dem Ansatz von *Holloway* noch deutlich schwächer ausgeprägt. Systematische Supervisionsforschung wird erst in neuerer Zeit betrieben (*Schreyögg* 1994b; *Schigl*, *Petzold* 1997). *Holloways* Ansatz – und darin liegt eine besondere Stärke – ist ganz grundsätzlich „forschungsbasiert". *Holloways* Buch ist eine Konfrontation und Herausforderung für die Mainstreams der europäischen – zumeist an Psychotherapieverfahren orientierten – Supervision, die von dem weitgehenden Fehlen supervisionsspezifischer, sozialwissenschaftlicher Forschung bestimmt ist, eine Situation, die sich erst allmählich zu verändern beginnt. Dabei wird sich im europäischen Raum – dies ist jetzt schon abzusehen – eine andere Forschungskultur entwickeln, die allerdings von der amerikanischen Supervisionsforschung, wie sie *Holloway* repräsentiert (ihre Verdienste als Forscherin sind beachtlich), durchaus profitieren kann.

Die Publikation des vorliegenden Buches wird, so hoffe ich, für die Supervision „im psychosozialen Feld" – so haben wir in der Titelfindung das amerikanische

„clinical" übersetzt – fruchtbare Anstöße geben. Das SAS-Modell wird als äußerst praxisnahe Heuristik für die Ausbildung von Supervisoren und Supervisorinnen und für die konkrete Supervisionsarbeit in unterschiedlichen Feldern nützliche Strukturierungshilfen geben und Möglichkeiten für Forschungsprozesse eröffnen. Es werden allerdings Zupassungen auf die unterschiedliche Supervisionskultur erforderlich werden, aber auch auf die unterschiedlichen Praxissituationen, die man im europäischen Raum findet, um eine gute „Anschlußfähigkeit" des SAS-Modells zu gewährleisten. Dabei geht es weniger um die metatheoretischen Gedanken, insbesondere die erkenntnistheoretischen und anthropologischen Fragestellungen oder um die wissenschaftstheoretische Verortung. Diese können für den Ansatz von *Holloway* in den neuen Strömungen zur *multitheory* and *multimethodology*, den methodenübergreifenden Theorieentwicklungen gefunden werden (*Mingers, Gill* 1997; *Petzold* 1998). Es geht vielmehr um Fragen der Theorie-Praxis-Verschränkung, der Verbindung einer sozialwissenschaftlich orientierten Hermeneutik, die die soziale Wirklichkeit durch Prozesse „sozialen Sinnverstehens" (*Metzmacher, Petzold, Zaepfel* 1995) zu durchdringen sucht mit Strategien der interventiven Praxis. Komplexe Praxisfelder und die in ihnen sich vollziehenden Handlungen muß man „*wahrnehmen, erfassen, verstehen* und *erklären*" und auf dieser Grundlage gezielt *verändern* können.

Das SAS-Modell bedarf hier einer hermeneutischen Vertiefung und verlangt nach einer weiteren Kontextualisierung und Temporalisierung. Die Dimensionen Vergangenheit und Zukunft müssen beachtet werden, um der Komplexität und Kontingenz gerecht zu werden, wie sie in den europäischen Supervisionstraditionen mit ihrer noch breiter ansetzenden Betrachtungsweise in das Zentrum der Analyse und der Entwicklung von Interventionsstrategien gestellt werden. Dabei werden die Dimensionen des amerikanischen SAS-Modells durch Perspektiven europäischer Folien der Betrachtung erweitert. Es wird auf diese Weise noch mehr an Komplexität und Prozeßhaftigkeit zugänglich, wodurch eine gewisse Enggriffigkeit und Eingrenzung im Ansatz von *Holloway* ergänzt wird. Andererseits bietet das SAS-Modell wiederum eine Möglichkeit, die freigesetzte Vielfalt, wo es nötig ist, zu strukturieren, also auch Komplexitätsreduzierungen zu ermöglichen. Die Verbindung des amerikanischen Modells differenzierender und theoriepluraler Supervisionsarbeit mit dem hierzulande entwickelten Konzept differentieller und integrativer Supervisionsarbeit – und beide sind als „systemisch" und „entwicklungsorientiert" zu bezeichnen – bietet eine ausgezeichnete Grundlage für moderne, forschungsgestützte Arbeit im supervisorischen Feld, sei es in Ausbildung oder in Therapie. Diese Verbindung sei durch die Integration europäischer Perspektiven in das SAS-Modell aufgezeigt.

Holloway (S. 25f) definiert:
»*Klinische Supervision ist fachbezogene Ausbildung ... Deshalb besteht das vorrangige Ziel der Supervision darin, eine dauerhafte Beziehung einzugehen, innerhalb derer der Supervisor ganz spezifische Lernaufgaben und Lehrstrategien entwickelt, die auf den professionellen Entwicklungsstand des Supervisanden zugeschnitten sind.*« Dabei ist es »*das Ziel klinischer Supervision, Wissenschaft und Praxis miteinander zu verbinden. Kompetente klinische Supervisoren müssen nicht nur den Bereich der wissenschaftlichen Psychologie beherrschen, sondern in gleichem Maße die Arbeit mit Klienten und die Förderung Auszubildender*« (*Holloway, Wolleat* 1994, cit. ibid. S. 20).

Wir definieren:
»*Supervision ist ein praxisgerichtetes Reflexions-und Handlungsmodell, um komplexe Wirklichkeit mehrperspektivisch zu beobachten, multitheoretisch zu integrieren und methodenplural zu beeinflussen. Sie ist auf die Generierung flexibler, inter- und transdisziplinär fundierter theoretischer Erklärungsmodelle gerichtet, um die Förderung personaler, sozialer und fachlicher* ***Kompetenz*** *und* ***Performanz*** *von Berufstätigen zu ermöglichen und Effizienz und Humanität professioneller Praxis zu sichern und zu entwickeln. Sie verwendet hierfür ein breites Spektrum sozialwissenschaftlicher Theorien und greift auf erprobte Methoden psychosozialer Intervention zurück. Sie vermittelt in supervisorischen Settings und in der supervisorischen Beziehung Ergebnisse der Forschung an die Praxis und transportiert Fragestellungen der Praxis auf die Ebene von theoretischen Konzepten, die Grundlagen für sozialwissenschaftliche Forschung bilden können und einen „Praxis-Theorie-Forschung-Theorie-Praxis-Zyklus“ konstituieren*« (*Petzold* 1990g).

Beide Definitionen lassen Gemeinsamkeiten und Divergenzen gut erkennen. Übereinstimmung besteht in beiden Ansätzen darin, daß von besonderer Wichtigkeit für supervisorisches Handeln ein differenziertes Verstehen der Handlungsfelder und Handlungsperspektiven ist, eine Erkenntnis, der man sich im Feld der Supervision verstärkt zuwenden muß, weil sich hieraus wichtige Perspektiven der Theorie- und der Praxisentwicklung ergeben. Es ist deshalb ein mehrperspektivisches Modell für die Supervision unverzichtbar, und das sieht aus „integrativer Sicht“ so aus:

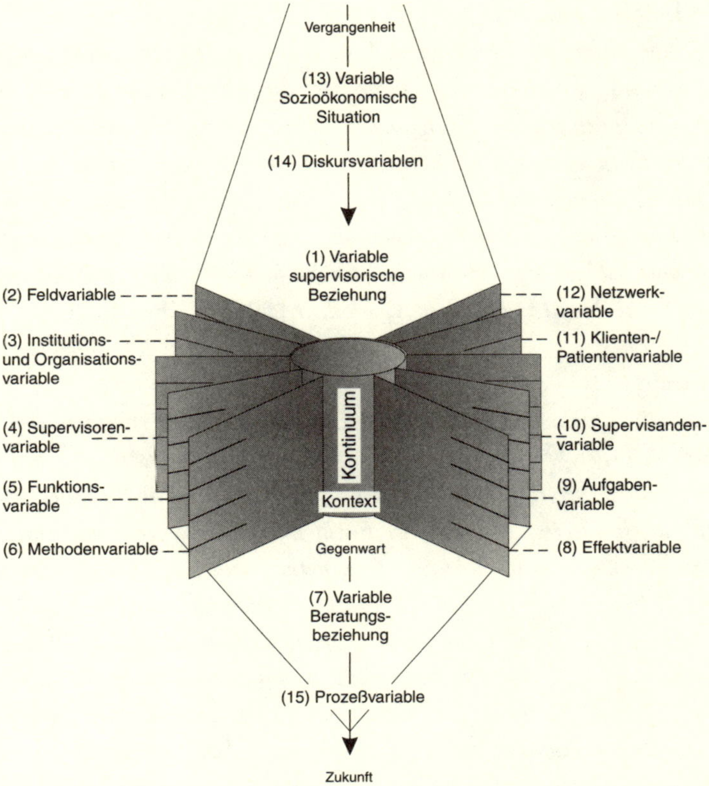

Abb. 1: Ein mehrperspektivischer *„Dynamic Systems Approach to Supervision"*, der *Holloways* (1995, 8; dieses Buch, S. 28) Systemperspektive erweitert und sie um die Faktoren 2, 6, 8, 12, 13, 14 und um 15, die Kontinuums- und Prozeßdimension, ergänzt.

Hier wird als systemtheoretische Grundlage deutlich auf einen *„dynamic systems"* approach verwiesen (*Thelen, Smith* 1994; *Kelso* 1995; *Petzold* 1994a; *Vallacher, Nowak* 1997), also auf einen non-linearen Ansatz. Die von *Holloway* aufgezeigten Dimensionen decken sich mit denen unseres Modells in vielen Bereichen. *Holloway* bleibt aber sehr strikt fallbezogen, d.h. verzichtet – wie im amerikanischen Bereich üblich – darauf, Feldvariablen, übergeordnete ökonomische, politische und soziale Einflüsse, relevante historische Diskurse (im Sinne *Foucaults*), die hinter der Supervision als solcher und hinter den jeweiligen Feldern (Heimwesen, Altenarbeit, Suchtkrankenarbeit) und institutionellen Kontexten (Heim, Krankenhaus, Gefängnis etc.) stehen, einzubeziehen. Die 15 verwandten Variablen/Faktoren des Integrativen Supervisionsansatzes seien im folgenden kurz aufgewiesen, wobei das Visualisierungsschema von *Holloway* in erweiterter Form angewandt wird.

Legende:

(1) Variable supervisorische Beziehung (*the supervising relationship – core factor I*)

Die Beziehungsvariable ist bekannterweise das Kernstück (*core factor*) der supervisorischen Arbeit, ganz gleich, ob es sich um ein dyadisches Setting (Einzelsupervision), Kleingruppensupervision, Gruppensupervision oder Teamsupervision handelt. Zentral stehen das Arbeitsbündnis und eine gute, intersubjektive Beziehungsqualität, in der die Formen der Relationalität (Kontakt, Begegnung, Beziehung, vgl. *Petzold* 1991b) in klarer Weise zum Tragen kommen, so daß die supervisorische Arbeit, d.h. die Beobachtung des interpersonalen Prozesses, der Diskurse zwischen Supervisor und Supervisand, die Beobachtung und Verarbeitung der Beziehung Supervisand/Klient, die Betrachtung etwaiger Beziehungsprobleme des Klienten in seinem Umfeld und die Reflexion dieses ganzen Geschehens in Kontext und Kontinuum erfolgen kann.

(2) Feldvariable (*the field – context factor*)

Supervision findet in der Regel in „Feldern" statt: im Feld der Psychiatrie, des Heimwesens, der Drogenarbeit etc. Diese Felder zählen zu den Kontextfaktoren der Supervision und haben jeweils spezifische unterschiedliche Traditionen, Strukturmerkmale, andere gesellschaftliche Bedeutung, Ressourcenlagen, die für die Arbeit mit dem Klientensystem, aber auch für die Positionen und die Möglichkeiten von Supervision sowie für die Durchführung von Supervision insgesamt starke Einflußgrößen bilden, die betrachtet, reflektiert und metareflektiert werden müssen, und dies nicht zuletzt im Hinblick auf das Wirksamwerden feldspezifischer Diskurse (im Sinne von *Foucault*). Die Feldbedingungen können derartige Besonderheiten aufweisen, daß ohne eine fundierte „Feldkompetenz" seriöse Supervision nicht erfolgen kann.

(3) Institutions- und Organisationsvariable (*the institution/organization – context factor*)

Patienten werden in der Regel in Institutionen oder Organisationen behandelt, Klienten zum Teil in Organisationen betreut. Die Bedingungen der Institution (Krankenhaus, Heim) oder der Organisation (karitative Verbände und Vereine, Beratungsfirmen) gilt es zu verstehen, um die Einflüsse, die durch institutionelle Bedingungen und Organisationsdynamiken sich für den Berater-/Klientprozeß, aber auch für den Supervisor/Supervisandenprozeß ergeben, erkennen und nutzen zu können.

(4) Supervisorenvariable (*the supervisor – personal factor*)

Der Supervisor wird als Einflußgröße im Supervisionsprozeß gesehen, und seine Expertenkompetenz, Vertrauenswürdigkeit, Kreativität, sein Einfühlungsvermögen, seine Rollenflexibilität spielen für das Gelingen von Supervisionsprozessen eine zentrale Rolle. Deswegen ist seine personale, soziale und professionelle Kompetenz und Performanz zentraler Gegenstand des Ausbildungsprozesses.

(5) Funktionsvariable (*the function of supervision – technical factor*)

Supervision hat bestimmte Funktionen, die den Supervisionsprozeß bestimmen. *Holloway* (1995, 33 ff.) hat folgende herausgestellt:

- Begleiten/Bewerten (*monitoring/evaluating*); Unterweisen/Anweisen (*instructing/advising*);
- Modellfunktionen (*modeling*);
- Beraten (*consulting*);
- Unterstützung und empathische Begleitung (*supporting and sharing*).

Wir stellen folgende noch weitere Funktionen heraus:

- die Metabeobachtung (Beobachten des Beobachtens);
- die Metareflexion als bedeutendste Funktion supervisorischer Arbeit;

- die generelle Kompetenz- und Performanzförderung (*enlargement of general competence and performance*);
- die Bereicherung der persönlichen und professionellen Arbeit (*enrichment of personal and professional work*),
- die Bekräftigung des professionellen Selbstbewußtseins und der persönlichen Souveränität (*empowerment of professional self-esteem and fostering of personal sovereignty*).

Die Funktionen haben eine gewisse Parallelität mit den Basisstrategien, die wir für sozialinterventives, psycho-und soziotherapeutisches Handeln herausgearbeitet haben: Curing/Heilen, Coping/Bewältigen, Support/Stützen, Enlargement/Erweiterung, Enrichment/Bereicherung, Empowerment/Selbstermächtigung (vgl. *Petzold* 1994a, 276). Die praktische Umsetzung dieser Funktionen des supervisorischen Prozesses bestimmt die Prozeßqualität.

(6) Methodenvariable (*the methods of supervision – technical factor*)

Die Methoden, Techniken, Medien, die in der Supervision zum Einsatz kommen, zählen zu den „technischen Faktoren" von Supervision und sind eine wichtige Komponente, die auch die Qualität und den Verlauf der Supervision bestimmt. Rein verbales Vorgehen, wie es manche Supervisionsformen kennzeichnet, führt zu einer anderen Qualität des Supervisionsgeschehens wie die Kombination von verbalen und aktionalen Methoden (Rollenspiel, Bewegungsarbeit, Imaginationsansätze etc.) und kreativen Medien (*Petzold/Orth* 1990a). Die systematische theoretische Reflexion und die Beforschung der Methodenvariable sowie der Variable des sozioökonomischen Kontextes stehen noch in den Anfängen. Prozesse der Supervision sind über die Institutions- (1) und Feldvariable (2) sowie über die Klientenvariable (11) und die Lebens- und Netzwerksituation (12) mit dem übergeordneten „globalen Kontext" verbunden. Zeitgeist, politische Situation, soziale und ökonomische Bedingungen beeinflussen über diese Variablen das Geschehen in der supervisorischen Beziehung wie in der Supervisand/Klient-Beziehung, d.h. der Beratungsbeziehung (7).

(7) Variable Beratungsbeziehung (*the supervisee/client relation – core factor II*)

Neben dem Kernfaktor der supervisorischen Beziehung (1) stellt die Beratungsbeziehung, d.h. das Beziehungsgeschehen zwischen Supervisand/Berater und Klient/Patient, einen weiteren Kernfaktor, ja ein Zentrum des supervisorischen Prozesses dar (er taucht bei *Holloway* nicht auf, weil es in der Supervisionsliteratur symptomatisch ist, das „Klientensystem", d.h. die Beziehung Berater/Patient bzw. Patient/Angehöriger, zu vernachlässigen). Diese Beziehung, in der sich die Alltagsprobleme und Netzwerksituationen des Patienten artikulieren, wird in ihrem dynamischen Verlauf (Viationen) bestimmt durch die Psychodynamik des Klienten und des Beraters und muß daher mit Bezug auf Übertragung/Gegenübertragung, Widerstands- und Abwehrphänomene und auf die Gestaltung von Kontakt, Begegnung, Beziehung, Bindung und Abhängigkeiten, die Relationalitätsmodi also (vgl. *Petzold* 1991b), betrachtet werden. Sie spiegelt auch in die supervisorische Beziehung (1) hinein. Die Handhabung der Beratungsbeziehung bestimmt maßgeblich das Ergebnis der Beratung bzw. Behandlung und muß deshalb in der Feinstruktur reflektiert und bearbeitet werden.

(8) Effektvariable (*the effects of supervision – technical factor*)

Die Effekte bzw. Ergebnisse von Supervision, wie sie durch die impliziten und expliziten Zielsetzungen im gesellschaftlichen und institutionellen Auftrag, durch die bewußten und unbewußten Zielvorstellungen von Supervisor/Supervisand, ihrer „antizipatorischen Leistungen" gegeben sind, bestimmen als technische Faktoren die supervisorische Beziehung (1) und den Supervisionsprozeß (15). Nicht nur Faktoren der Vergangenheit als Nachwirkungen („**Propulsoren**") und Gegebenheiten der Gegenwart als Einwirkungen („**Generatoren**"), sondern auch Konditionen, die in Zukunft entstehen werden und als Auswirkungen gegenwärtigen Handelns erwartet werden können, die gegebenenfalls sogar geplant sind, bestimmen zugleich als „Attraktoren" die Ereignisse im aktualen Supervisionssystem und im Klientensystem. Diese „teleologische Dimension", wie sie durch *A. Adler* in den Bereich psychosozialer Hilfeleistung eingebracht wurde (*Titze* 1979), wird in vielen Supervisionsansätzen noch zu wenig berücksichtigt. „**Attraktoren**" (so nennen wir Zugkräfte, die aufgrund bewußt und unbewußt gesetzter Ziele, bzw. antizipierbarer Bedingungen in der Zukunft stehen) sind für das Handeln des Klienten genauso wesentlich wie für das Handeln des Supervisanden. Supervisionsprozesse sind per se meist zukunftsorientiert, nämlich auf das weitere Handeln des Supervisanden nach der Supervisionssitzung im Klienten/Patienten-Kontakt. Auch das zunehmende Wissen über die Wirksamkeit und den Outcome von Supervisionsprozessen, aufgrund eines wachsenden Fundus von Forschungsergebnissen, wirkt bestimmend auf das Supervisionsgeschehen, denn das Handeln wird auch durch das geprägt, was man begründeterweise erwarten kann.

(9) Aufgabenvariable (*the tasks of supervision – technical factor*)

Supervision hat neben mehreren Funktionen auch verschiedene Aufgaben, die den Prozeß bestimmen. *Holloway* (1995, 38 ff.) hat folgende Aufgaben herausgestellt: Förderung von Beratungsfertigkeiten (*counceling skills*); Strukturierung der Klientensituation (*case conceptualization*); Handhabung der professionellen Rolle (*professional role*); Förderung der emotionalen Bewußtheit (*emotional awareness*); Selbsteinschätzung (*self evaluation*).

Wir fügen hinzu: Handhabung der Berater/Klient-Beziehung und der in ihr auftauchenden Beziehungsmodalitäten und psychodynamischen Faktoren (Übertragung, Gegenübertragung, Widerstand, Abwehr); Handhabung der eigenen Psychodynamik (Eigenübertragung, Gegenübertragung, Viationen); Förderung der Fähigkeiten zur theoretischen Explikation des Geschehens; Förderung des Verständnisses von Kontexteinflüssen als mikroökologischen Faktoren (*affordance/effectivity, Petzold* 1994a).

Die Art und Weise, wie die Aufgaben in der Supervision umgesetzt werden – wir sprechen hier von technischen Faktoren der Supervision –, beeinflußt maßgeblich Supervisionsprozesse und natürlich auch die Supervisor/Klient-Beziehung.

(10) Supervisandenvariable (*the supervisee – personal factor*)

Der Supervisand (Berater, Therapeut, Sozialarbeiter, Personalchef, Manager, Krankenschwester, Altenhelfer etc.) bringt mit seiner Persönlichkeit, seinen Stärken und Schwächen, seiner professionellen Qualifikation ein wichtiges Moment in den Prozeß ein, von dem wiederum das Gelingen erfolgreicher Supervision, d.h. der Optimierung professioneller Kompetenz und Performanz, abhängig ist. Teamsupervisionen wurde bislang in der Supervisionsforschung noch kaum in ausreichender Weise Rechnung getragen. Dies ist um so verwunderlicher, als es sich bei der Teamsupervision genauso wie bei der dyadischen Supervision auch um ein Instrument zur Entwicklung von Persönlichkeiten handelt.

(11) Klienten-/Patientenvariable (*the client/patient – personal factor*)

Natürlich ist es nicht unerheblich, ob der Klient/Patient, um den es bei einem Supervisionsprozeß geht, eine schwere Depression hat, ein dissozialer Jugendlicher ist, ein dementer Alterspatient, ein Ratsuchender in einer Eheberatungsstelle oder ein Manager in einem Unternehmen der freien Wirtschaft. Das Problem des Klienten, seine Persönlichkeit, seine Erkrankung, sein Lebenszusammenhang sind wesentliche Größen in Supervisionsprozessen. Supervisor wie Supervisand versuchen ja, die Lebenswelt des Klienten und seine „Sozialwelt" (*social world, Strauss* 1978; *Petzold* 1995a) – d.h. seine Sicht des Lebens – zu verstehen, um ihm bei Prozessen seines Selbst- und Kontextverständnisses behilflich zu sein.

(12) Netzwerkvariable (*the social network of the client – context and personal factor*)

Das soziale Netzwerk, die soziale Vorstellungswelt (social world) und die mikroökologische Situation des Patienten/Klienten ist eine wichtige Größe im supervisorischen Prozeß, liegt hier in diesen Kontextfaktoren doch ein Großteil der Probleme, um die es in Beratung und Therapie geht. Netzwerkdynamik (z.B. ein Beziehungsproblem zwischen Partnern, zwischen Vater und Sohn usw.) kann sich in die Supervisand/Berater/Klient-Beziehung, ja bis in die Supervisor/Supervisand-Beziehung hineinspiegeln. Hier kommen die Prinzipien des „Mehrebenenmodells" (*Petzold* 1994a) zum Tragen. Da Beratung und Therapie, auch im dyadischen Setting, immer als Arbeit in Netzwerken (der Berater wird hier selbst Teil des Netzwerkes seines Klienten) und an Netzwerken anzusehen ist, kommt der Bearbeitung der Netzwerke und damit auch den „Convoy-Situationen" (*Kahn/Antonucci* 1980; *Röhrle* 1994; *Petzold* 1995a) große Bedeutung zu. Da es innerhalb eines Netzwerkes unterschiedliche *social worlds* (d.s. Perspektiven auf die Welt, normative Systeme) gibt, müssen auch diese in den Blick genommen werden, denn oftmals liegen die Konflikte in dem „Aufeinandertreffen von Welten". Die Netzwerkdynamik wird oft von der ökologischen Situation (Wohnung, Haus, Quartier) mitbestimmt und wird gleichfalls Gegenstand der Betrachtung, da auch von hier Wirkungen in den Supervisionsprozeß eingehen.

(13) Die Variable: Sozioökonomische Situation (*socioeconomic situation – global factor*)

Die Situation des Klienten, seines Netzwerkes, der Institution und des Feldes sind von der übergeordneten sozioökonomischen Situation (wirtschaftliche Lage, Arbeitslosigkeit, gesundheitspolitischer Kontext, Rezession, Prosperität etc.) als globalen Faktoren wesentlich bestimmt. Diese Faktoren gilt es auch für das supervisorische Geschehen zu berücksichtigen, weil sie für das Klientensystem oftmals große Relevanz haben und klimatisch oder auch recht konkret, z.B. bei Arbeitslosigkeit oder Armutsproblematik, zum Tragen kommen und auch die Möglichkeiten von Institutionen als Hilfsagenturen beeinflussen.

(14) Diskursvariablen (*relevant discourses – global factor*)

Bei den Diskursvariablen gehen wir unter Zugrundelegung des „Diskurskonzeptes" von *Michel Foucault* (1974), wie er es in seinen Werken „Überwachen und Strafen" für den Bereich des Gefängniswesens und „Wahnsinn und Gesellschaft" für den Bereich der Psychiatrie dargestellt hat, davon aus, daß in Institutionen/Organisationen und Feldern offene und verdeckte Prinzipien der machtvollen Strukturierung von Situationen (**Diskurse**) zum Tragen kommen; globale Faktoren, deren Kenntnis für das Verständnis des Klientensystems, der Situation eines Patienten, der Arbeitsbedingungen eines Teams, das Funktionieren einer Institution von zentraler Bedeutung sind (*Petzold* 1994a). Das Geschehen im supervisorischen Prozeß (15) und der supervisorischen Beziehung (1), wie der Beratungsbeziehung (7), ist im hohen Maße von derartigen **Diskursen** bestimmt, die deshalb offengelegt, aufgedeckt werden müssen. Die Auseinandersetzung mit der Geschichte des Feldes, der Institution/Organisation, ihren normativen Systemen und übergeordneten gesellschaftlichen und historischen Einflußgrößen muß deshalb stets ein konstitutiver Teil des Supervisionsprozesses (15) sein.

(15) Prozeßvariable (*the process-factor*)

Die explizite Einbeziehung der Prozeßdimension unter konsequenter *Temporalisierung* des Supervisionsgeschehens sowie die Berücksichtigung und Konnektierung psychodynamischer (bei Team- und Gruppensupervision gruppendynamischer) Konstellationen und ökologischer Einflußgrößen weist Supervision als ein noch komplexeres systemisches Geschehen aus, als dies in diesem Buch von *Holloway* dargestellt ist. Es entstehen auf diese Weise *multiple Kausalitäten, nonlineare Vernetzungen*, deren Komplexität durch systemische Matrix-Betrachtung, wie sie *Holloway* praktiziert, zu einem Teil heuristisch durch den Matrix-Ansatz erfaßt werden kann, wobei aber auch seine Grenzen aufgezeigt werden müssen und Übergänge zu anderen Modellen notwendig werden, z.B. zu einem „Dynamic System Approach" unter Bezug auf komplexe Systemansätze, wie die von *Luhmann* (1992), *Haken* (1984), *Kelso* (1995). Hier sind weiterführende Arbeiten für diesen sehr nützlichen heuristischen Ansatz von *Holloway* erforderlich (vgl. *Petzold* 1998).

Das supervisorische Geschehen ist ein Prozeß. Dieser muß in seinem Verlauf, in seiner Dynamik und in seiner Struktur betrachtet werden, mit den *internalen* (Variable 4, 19, 5, 6, 1) und *externalen* (z.B. die Variablen 2, 3, 11, 12, 13, 14) Momenten, die ihn bestimmen. In der Supervision als „Mehrebenen-Modell" ist die *Prozeßvariable* immer mindestens „dreischichtig" zu sehen. Einmal der Prozeß der supervisorischen Beziehung (1) zwischen Supervisor und Supervisand (z.B. einem Berater), dann der Prozeß zwischen dem Berater und seinem Klienten, schließlich der Prozeß der Institution, Team- und Institutionsdynamiken, unter denen der Supervisand arbeitet. Die Konnektierung dieser Ebenen bzw. Teilprozesse muß gelingen, sonst wird keine konstruktive Arbeit möglich sein. Verwirrungen und Strömungen sind deshalb zu klären und Verbundenheiten zu fördern, weil nur so ein positiver Synergieeffekt eintreten kann. Mit der Prozeßvariable wird die Temporalität von Supervision, die Kontinuums-Dimension (Vergangenheit, Gegenwart, Zukunft) unter „chronosophischer Perspektive" (*Petzold* 1991o) beobachtet. Das hier aufgezeigte, den Ansatz von *Holloway* ergänzende Modell ermöglicht ein höchst komplexes Beobachten und Reflektieren und eine sehr differenzierte Strategienbildung.

Der Ansatz von *Holloway* wiederum ermöglicht durch seine Konzentration auf eine geringe Zahl von Variablen, freigesetzte Komplexität zu reduzieren und pragmatisch Kompetenz- und Performanzförderung zu optimieren. Die durch das vorliegende Buch ermöglichte Begegnung von Supervisions*kulturen* wird – das ist zu hoffen – für das supervisorische Feld in den deutschsprachigen Ländern in Ausbildung und praktischer Supervisionsarbeit fruchtbare Impulse bringen.

Prof. Dr. Dr. Hilarion Petzold
Lehrstuhl für Psychologie – postgradualer
Studiengang Supervision
Free University of Amsterdam

Literatur

(Die in dieser Literatur nicht aufgeführten Autoren befinden sich in der Gesamtliteratur dieses Buches.)

Foucault, M., Die Ordnung des Diskurses, Hanser, München 1974, 1977.

Holloway , E.L., Clinical supervision: a systems approach, Sage Publications, Thousand Oaks 1995

Kahn, R.L., Antonucci, T.C., Convoys of social support: A life course approach, in: *Kiesler, I.B., Morgan, J.N, Oppenheimer, V.K.* (eds.) Aging, Academic Press, New York 1980a, 383-405.

Kahn, R.L., Antonucci, T.C., Convoys over the life course: Attachment, roles and social support, in: *Baltes, P.B., Brim, O.G.* (eds.), Life-span development and behavior, Academic Press, New York 1980b, 253-286.

Kelso, J.A.S., Dynamic patterns. The self-organization of brain and behavior, MIT-Press, Cambridge, Massachusetts 1995.

Luhmann, N., Beobachtungen der Moderne, Westdeutscher Verlag, Opladen 1992.

Metzmacher, B., Petzold, H.G., Zaepfel, H. (Hrsg.), Therapeutische Zugänge zu den Erfahrungswelten des Kindes. Theorie und Praxis der Integrativen Kindertherapie, Bd. 1, Junfermann, Paderborn 1995.

Mingers, J., Gill, A. (eds.), Multimethodology. The theory and practice of combining management science methodologies, Wiley, New York 1997.

Norcross, J.C., Goldfried, M.R. (eds.), Handbook of psychotherapy integration, Basic Books, New York 1992.

Petzold, H.G. (Hrsg.), Psychotherapie und Körperdynamik, Junfermann, Paderborn 1974j, 7. Auflage 1994.

Petzold, H.G., Integrative Bewegungstherapie, 1974k, in: *Petzold* (1974j) 285-404, revid. in (1988n/1996a) 59-172.

Petzold, H.G., Das Ko-respondenzmodell in der Integrativen Agogik, *Integrative Therapie* 1 (1978c) 21-58.

Petzold, H.G., Integrative Bewegungs- und Leibtherapie. Ausgewählte Werke Bd. I/1 und I/2, Junfermann, Paderborn 1988n; 3. revid. und überarbeit. Auflage 1996a.

Petzold, H.G., Vorlesungen zur Sozialgerontologie I: Nonverbale Interaktion, II: Prinzipien der Organisationsentwicklung im Heimwesen, Vorlesungen auf dem Studientag von Pro Senectute Österreich, 7.12.1990, Batschuns, Vorarlberg 1990g.

Petzold, H.G., Die Chance der Begegnung. Dapo, Wiesbaden, 1991b; repr. in: *Petzold* (1993a) 1047-1086.

Petzold, H.G., Zeit, Zeitqualitäten, Identitätsarbeit und biographische Narration – Chronosophische Überlegungen, 1991o in: *Petzold* (1991a) 333-395.

Petzold, H.G., Integrative Therapie. Ausgewählte Werke Bd. II, 2: Klinische Theorie, Junfermann, Paderborn 1992a.

Petzold, H.G., Das „neue" Integrationsparadigma in Psychotherapie und klinischer Psychologie und die „Schulen des Integrierens" in einer „pluralen therapeutischen Kultur", 1992g, in: *Petzold* (1992a) 927-1040.

Petzold, H.G., Integrative Therapie. Ausgewählte Werke Bd. II, 3: Klinische Praxeologie, Junfermann, Paderborn 1993a.

Petzold, H.G., Mehrperspektivität – ein Metakonzept für die Modellpluralität, konnektivierende Theorienbildung und für sozialinterventives Handelns in der Integrativen Supervision, *Gestalt und Integration* 2 (1994a) 225-297 und in: *Petzold* (1998).

Petzold, H.G., Weggeleit und Schutzschild. Arbeit mit protektiven Prozessen und sozioökologische Modellierungen in einer entwicklungsorientierten Kindertherapie, 1995a, in: *Metzmacher, Petzold, Zaepfel* (1995) 169-280.

Petzold, H.G. (Hrsg.), Integrative Supervision und Organisationsentwicklung, Band I, Junfermann, Paderborn 1998.

Petzold, H.G., Orth, I., Die neuen Kreativitätstherapien. Handbuch der Kunsttherapie, 2 Bde., Junfermann, Paderborn 1990a; 3. Aufl. 1994.

Rappe-Giesecke, K. (Hrsg.), Corporate Identity. Schwerpunktheft *Supervision* 30, Fachhochschulverlag, Frankfurt 1996.

Rappe-Giesecke, K., Giesecke, M., Supervision und CI-Entwicklung: Soziale Selbstreflexion als gemeinsamer Nenner, in: *Rappe-Giesecke* (1996) 9-23.

Röhrle, B., Soziale Netzwerke und soziale Unterstützung, Beltz, Weinheim 1994.

Schigl, B., Petzold, H.G., Evaluation einer Ausbildung in Integrativer Supervision mit Vertiefungsschwerpunkt für den klinisch-geriatrischem Bereich – ein begleitendes Forschungsprojekt, *Integrative Therapie* 1-2 (1997) 85-145.

Schreyögg, A., Integrative Supervision – ein integratives Modell, Junfermann, Paderborn 1991.

Schreyögg, A., Wieviele „Brillen verwenden Berater"? Zur Bedeutung von Mehrperspektivität in Supervision und Organisationsberatung, *Organisationsberatung, Supervision, Clinical Management* (*OSC*) 1 (1994a) 5-28.

Schreyögg, A., Supervision – Didaktik und Evaluation, Junfermann, Paderborn 1994b.

Strauss, A.L., A social world perspective, in: *Denzin, M.K.*, Studies in symbolic interaction, Vol. I, JAI Press, Greenwich 1978, 119-128.

Thelen, E., Smith, L.B., A dynamic systems approach to the development of cognition and action, Bradford Books, Cambridge MA 1994.

Titze, M., Lebensziel und Lebensstil, Grundzüge der Teleoanalyse nach *A. Adler*, Pfeiffer, München 1979.

Vallacher, R.R., Nowak, A., The emergence of a dynamical social psychology, *Psychological Inquiry* 2 (1997) 73-99.

Notizen

Notizen

Notizen

JUNFERMANN

Verändern Sie Ihre Gedanken, und Sie verändern Ihre Welt

240 Seiten, kart.
DM 39,80
ISBN 3-87387-366-4

Dieses Buch vermittelt eine Schritt-für-Schritt-Methode für Berater und Therapeuten, die mit coabhängigen Klienten arbeiten. Unabhängig vom therapeutischen Hintergrund der Berater und Therapeuten werden diese Techniken deren Fähigkeit, Co-Abhängigen zu helfen, deutlich erweitern. Die Leser können Schritt für Schritt an Themen arbeiten wie: geringes Selbstwertgefühl, schwache Grenzen oder Unklarheit über die eigene Identität, Mangel an Selbstbehauptung, Beziehungsprobleme, Depressionen, Eßstörungen, Drogenmißbrauch, Ängste, Kindheitstraumen.

Die Prozesse, die in diesem Buch verwendet werden, entstammen dem Neurolinguistischen Programmieren. Jede der angeführten Strategien wurde erfolgreich in Einzel- und Gruppenarbeit angewandt. Das in diesem Arbeitsbuch beschriebene Verfahren vollbringt keine Wunder, aber es wird Therapeuten und Beratern dabei helfen, Klienten auf ihrem Weg in die Unabhängigkeit schneller voranzubringen als andere Verfahren.

„Dieses Buch ist genau das, was man in dem Bereich braucht. Die Autorinnen verbanden ihr Wissen über Co-Abhängigkeit mit den machtvollen Methoden des NLP. Ich empfehle es!" – *Veli-Matti Toivonen,* Psychologe, Präsident der finnischen NLP-Gesellschaft

Sally Chamberlaine, NLP-Master-Practitioner, hat seit 1983 eine Praxis für Psychotherapie in Boulder, Colorado.

Jan Prince ist Kommunikationsberaterin und Therapeutin. Sie hat seit 1984 eine Praxis in Denver, Colorado.

JUNFERMANN VERLAG • Postfach 1840
33048 Paderborn • Telefon 0 52 51/3 40 34